Imperialismo y revolución en Centroamérica

Roque Dalton nació el 14 de mayo de 1935 y fue asesinado el 10 de mayo de 1975 en San Salvador, El Salvador. Es, sin duda, uno de los intelectuales más interesantes y audaces del siglo XX en Centroamérica, por sus propuestas estéticas de ruptura y por su coherencia vital. Dalton, no obstante las reticencias de algunos de sus contemporáneos, se ha convertido en el escritor que más ha influido en las nuevas generaciones. Su amplia e intensa obra literaria aún se encuentra en fase de divulgación. Desde 1961 hasta 1973 (año en el que ingresó de forma clandestina a su país para integrarse al incipiente movimiento guerrillero) vivió en Cuba y en Checoslovaquia, y viajó a diversos lugares del mundo como México, Francia, Vietnam, Corea del Norte y Chile, estancias que están expresamente registradas en sus escritos. Su poesía, el género más conocido y difundido dentro de su creación literaria, lo ha legitimado como una de las voces más originales de América Latina. Sin embargo, su obra es de amplio espectro: *La ventana en el rostro* (poesía, 1961); *César Vallejo* (ensayo, 1963); *Taberna y otros lugares* (poesía, 1969); «*¿Revolución en la revolución?*» y la crítica de derecha (ensayo, 1970); *Miguel Mármol. Los sucesos de 1932 en El Salvador* (relato testimonial, 1972); *Caminando y cantando* (teatro, 1973); *Las historias prohibidas del Pulgarcito* (poema-collage, 1974); *Pobrecito poeta que era yo* (novela, 1976), entre otros títulos.

Imperialismo y revolución en Centroamérica

Roque Dalton

La Habana, 1972

ocean
sur

una editorial latinoamericana

ISBN: 978-1-921700-90-3
Library of Congress Control Number: 2012956359

Primera edición 2011
Impreso por Asia Pacific Offset Ltd., China

PUBLICADO POR OCEAN SUR
OCEAN SUR ES UN PROYECTO DE OCEAN PRESS

EE.UU.:   E-mail: info@oceansur.com
Cuba: E-mail: lahabana@oceansur.com
El Salvador: E-mail: elsalvador@oceansur.com
Venezuela: E-mail: venezuela@oceansur.com

DISTRIBUIDORES DE OCEAN SUR
Argentina: Distal Libros • Tel: (54-11) 5235-1555 • E-mail: info@distalnet.com
Australia: Ocean Press • E-mail: info@oceanbooks.com.au
Bolivia: Ocean Sur Bolivia • E-mail: bolivia@oceansur.com
Canadá: Publisher Group Canada • Tel: 1-800-663-5714 • E-mail: customerservice@raincoast.com
Chile: Faundes y Fernández Limitada (El Retorno a Itaca Ltda) • http://www.imagoweb.cl/retornoaitaca/ • E-mail: el_retorno_a_itaca@imagoweb.cl
Colombia: Ediciones Izquierda Viva • Tel/Fax: 2855586 • E-mail: edicionesizquierdavivacol@gmail.com
Cuba: Ocean Sur • E-mail: lahabana@oceansur.com
EE.UU.: CBSD • Tel: 1-800-283-3572 • www.cbsd.com
El Salvador y Guatemala: Editorial Morazán • E-mail: editorialmorazan@hotmail.com • Tel: 2235-7897
España: Traficantes de Sueños • E-mail: distribuidora@traficantes.net
Gran Bretaña y Europa: Turnaround Publisher Services • E-mail: orders@turnaround-uk.com
México: Ocean Sur • Tel: 52 (55) 5421 4165 • E-mail: mexico@oceansur.com
Puerto Rico: Libros El Navegante • Tel: 7873427468 • E-mail: libnavegante@yahoo.com
Uruguay: Orbe Libros • E-mail: orbelibr@adinet.com.uy
Venezuela: Ocean Sur Venezuela • E-mail: venezuela@oceansur.com

ocean
sur

www.oceansur.com
www.oceanbooks.com.au
www.facebook.com/OceanSur

Índice

Primera parte

El aparato imperialista en Centroamérica

«[…] el monopolio está sentado, como un gigante implacable, a la puerta de todos los pobres».

JOSÉ MARTÍ

Pórtico editorial

El texto que el lector tendrá ante su vista tras estas líneas introductorias constituye el primer volumen de las notas que Roque Dalton dejó redactadas en 1973 para un ensayo cuyo título había decidido ya: *Imperialismo y revolución en Centroamérica*. Esta primera parte, *El aparato imperialista en Centroamérica*, se refiere, como su nombre lo indica, a las estrategias de dominación neocolonial en la región en su conjunto y, por su carácter más general, tal vez el autor la dejó ordenada en notas —cincuenta y cuatro en total— con vistas a regresar sobre ellas antes de publicarlas. La segunda parte, *El Salvador en la revolución centroamericana*, se concentra en la experiencia de su país, vivida por él con intensidad y sentido genuino de la militancia.

El lector puede preguntarse con toda legitimidad por qué publicar ahora un análisis del imperialismo escrito hace ya más de un cuarto de siglo, o hallar razón suficiente en el propósito de completar la edición de los ensayos políticos de Roque, posiblemente tan relevantes como su poesía. Sin embargo, este texto, que podría caracterizarse como un estudio de coyuntura, contiene valoraciones ante las que llama la atención que hayan sido formuladas tantos años atrás, pues muchas de ellas preservan una actualidad impresionante, y son indispensables para la comprensión de los resortes contemporáneos de la dominación y la búsqueda de horizontes alternativos.

La experiencia guerrillera se expandió después del triunfo de la Revolución cubana, y parejamente a ella, la ingeniería contrainsurgente del imperio como poder de contención represiva, probado ya a escala local contra los movimientos liderados por Augusto C. Sandino, Farabundo Martí, Jacobo Arbenz, y otras expresiones de rebeldía en Centroamérica, región que ha permanecido como su más cercana esfera de influencia dentro de una periferia en plena formación.

El asesinato del Che en Bolivia en 1967 se convirtió en un signo de la imposibilidad de reproducir la experiencia guerrillera con éxito en el sur del continente. Que fuese precisamente el Che quien sufriera ese revés devino argumento para aceptar que el camino se había cerrado, aunque el largo plazo demostraría que lo que se daba por cerrado con él, mucho más allá del uso del fusil, su muerte acabaría por abrirlo. También el inesperado movimiento revolucionario de los militares peruanos encabezados por Velasco Alvarado en 1968 se apagaría pocos años después bajo la conducción de su sucesor, Morales Bermúdez; y el Gobierno de Unidad Popular que Salvador Allende trató de encauzar desde la presidencia ganada en las urnas fue brutalmente aplastado por el golpe de Pinochet, devenido paradigma de fascismo neocolonial bajo la sombrilla de Washington. En el resto del cono sur las dictaduras militares hicieron pagar con sangre, desde entonces, cualquier sospecha de oposición.

Quedó demostrado que no se trataba de un problema de inviabilidad de la lucha armada, sino de que la violencia imperialista se iba a interponer ante cualquier camino alternativo, partiera de las armas, de la resistencia pacífica, del interior de las fuerzas armadas, o de la vía electoral.

En la década de 1970 el escenario de la confrontación armada antiimperialista se logró sostener solamente en la América Central, donde la victoria alcanzada en 1979 coronaría la larga lucha librada por el Frente Sandinista de Liberación Nacional (FSLN) en Nicaragua, al tiempo que en Guatemala y en El Salvador se mantuvo con intensidad la contienda durante los años setenta y ochenta. Mientras tanto, Omar Torrijos hacía emblemática la defensa de la soberanía panameña al lograr la firma de los acuerdos de devolución del Canal, y también moriría poco tiempo después en un sospechoso accidente aéreo.

Roque Dalton, que encontró la muerte, como muchos esclarecidos luchadores de la izquierda latinoamericana de entonces, en el camino de las armas, asesinado, como lo fue el Che, dejó en esta obra inconclusa una reflexión certera, articulada y enjundiosa de aquella etapa en la región centroamericana. Roque fue sin duda uno de los grandes intelectuales de su generación, poeta y narrador, premio Casa de las Américas de poesía de 1969 con *Taberna y otros lugares*, autor de, entre muchos otros libros, *El turno del ofendido* y *Las historias prohibidas del Pulgarcito*, y maestro, como pocos, en el uso de una sutil ironía como arma para desnudar la injusticia, la opresión, la maldad y el error.

Miembro del Partido Comunista de su país desde los veintidós años de edad, conoció desde dentro las vacilaciones, los dogmas y el sectarismo que padecieron todos los partidos comunistas del continente, y los enfrentó, como militante, sin claudicar nunca de los objetivos revolucionarios. Roque Dalton, como es sabido, no se limitó a la poesía y la narración literaria, sino plasmó su reflexión revolucionaria en la ensayística que una muerte temprana interrumpió. Sus últimos libros están atravesados por una lectura de la realidad fuertemente arraigada a la línea de pensamiento que vincula a Lenin con el Che Guevara y con Fidel Castro; más que a un modelo definido en el plano doctrinal, al pensamiento que se plantea como inseparables la confrontación con el dominio imperialista y la lógica del capital, y una crítica consistente del reformismo en el seno del pensamiento comunista. «Excluimos también la visión exclusivamente tacticista, es decir, politiquera, que en nombre del "marxismo prudente" pretende enfrentarse a los hechos dejando fuera a la revolución» nos dice sin matices.

Roque recorre la aventura de dominación norteamericana desde las campañas de William Walker, que es sabido que gozaron del patrocinio imperial hasta que se mostraron insostenibles y el imperio giró hacia la política de manejo del traspatio de corte neocolonial, hechura de Washington, en la cual las oligarquías locales aliadas sirven de enmascaramiento al sistema de dominación foránea. Descarta así del todo el intento de identificar una burguesía nacional con intereses propios, diferenciados del capital transnacional, con la cual se pudieran establecer alianzas en busca de soberanía económica. Como única diferencia señala Roque la que observa en torno a la distinción del *partner* indígena. «Para las burguesías nacionales —nos dice— los indígenas son los indígenas reales, pero para el capital transnacional los indígenas son las burguesías locales, aunque de indígenas no tengan nada. Y los indígenas reales ni existen».

Diferente de su modelo en Puerto Rico o en Filipinas, estas relaciones de poder harían de la intervención militar un hecho casuístico, supuestamente anómico, forzado por las circunstancias. En efecto, la intervención solo se utiliza en esta modalidad de dominación cuando las relaciones de poder se ven en peligro o cuando los dominadores sienten la necesidad de recordar quién manda, pero no cabe duda de que, como toda relación de poder, se da siempre en la misma dirección.

No corresponde al prólogo recorrer todos los vericuetos de un ensayo que, sin ser extenso, es rico en aristas. Después de acudir a vastas glosas, valiosos testimonios y artículos especializados, Roque se concentra en el tratamiento de aspectos económicos, políticos, militares e ideológicos de la dominación, característicos para la región en su totalidad. Me voy a detener en el tema de la guerra, al cual se dedican muchas páginas en este libro.

Roque caracteriza la guerra como un conflicto derivado de la lógica del propio sistema capitalista centroamericano, desarticulado e incapaz de unirse frente a la dominación imperial. Desde Estados Unidos había cobrado fuerza, después de la victoria de la Revolución cubana y de la impotencia para revertirla por vías convencionales, el concepto de «guerra especial». Roque la analizó en el contexto centroamericano y también en otros textos tuvo ocasión de valorarla en algunas experiencias del sur del continente. No vivió para ver la derrota completa del imperialismo en Vietnam, pero logró reconocer su fracaso y las señas de atascamiento que allí sufrió la «guerra especial». Años después, en la Guerra del Golfo, quizás por vez primera, con el uso de «armas inteligentes» aparecía la variante de «guerra sin pérdidas» para la parte del león en el conflicto.

Para la teoría de la revolución la guerra no era un objetivo en sí misma. Se planteaba en los sesenta y en los setenta la inexistencia de vías legales para el acceso del pueblo al poder en la América Latina. Era cierto, no las había entonces, y lo demostraba la vulnerabilidad de cualquier gobierno que no se sometiera al diseño de dominación marcado por los intereses asociados del imperio y los oligarcas locales. Difícilmente se pueda citar uno solo que no haya sido desmontado por medio del golpe militar. Roque lo analiza con claridad.

Hoy, en un escenario distinto, en el cual el auge democratizador ha demostrado la posibilidad para los pueblos de imponer a sus mandatarios, también se ha creado un clima de contención de los militares. Por tal motivo, el curso que tome el conflicto hondureño generado por el derrocamiento militar del presidente Zelaya conduciría, en el peor de los casos, a un retroceso estratégico a nivel continental. Es interesante que el autor haya glosado un artículo de Susanne Jonas publicado en *Nacla Newsletter*, en el cual recuerda cómo en 1963, cuando el golpe militar al Gobierno legalmente electo de Villeda Morales en Honduras, John F. Kennedy decretó la suspensión de los programas de ayuda al Gobierno golpista que después logró establecerse. Apenas un mes después del golpe, el 22 de noviembre, Kennedy fue asesinado en Dallas, Texas.

Roque deja en estas líneas un análisis excepcional del conflicto armado de 1970 entre Honduras y El Salvador, que la prensa bautizó, despectivamente tal vez, como «guerra del fútbol». Advierte que si atendemos a las versiones oficiales de los Gobiernos, en esta guerra, que duró seis días, no hubo perdedor: «Los Ejércitos ganaron la guerra, ambos tenían que ganar la guerra para poder seguir planteando la guerra contra los pueblos», aun si los intereses zonales del imperialismo necesitaban, y obtuvieron, la victoria de El Salvador. Lo necesitaban para prestigiar al Ejército local, ya en conflicto con un movimiento guerrillero que ganaba fuerza. En tanto, analiza Roque, Honduras traducía su debilidad estructural económica en la debilidad de sus fuerzas armadas (país poco poblado, de acentuada pobreza, mal controlado militarmente, montañoso, desintegrado en zonas económicas dispersas, ubicado entre los dos países donde el conflicto revolucionario había alcanzado los niveles más altos: Guatemala y Nicaragua): «una montaña entre dos movimientos guerrilleros», la llamaría entonces Roque. De aquel conflicto surge precisamente la coartada del «peligro salvadoreño» para justificar la modernización del aparato militar en Honduras de cara al avance del sandinismo.

La pobreza en Honduras no ha sido resuelta ni mitigada, pero la oligarquía hondureña se afianzó y las fuerzas armadas del país, sostenidas con el apoyo de Estados Unidos, son más organizadas, entrenadas y eficaces en la represión que en los tiempos en que Roque escribió.

Otro tema que merece atención es el de la integración económica, que recuerda ha sido impuesta como lo que llama «armazón de explotación diferenciada». Vista desde finales de la Segunda Guerra Mundial como un esquema subalterno a los intereses imperialistas, reporta una larga cadena de frustraciones, que aborda a través de la crítica del Mercomún como instrumento del imperialismo. La obligación de las organizaciones revolucionarias centroamericanas «[...] es plantear a las masas un programa que signifique una alternativa de desarrollo, contra la dependencia y la actual explotación clasista [...] En definitiva será el socialismo el sistema que hará posible una integración auténticamente popular». Roque pudo observar los primeros signos de pérdida de operatividad del proyecto del Mercomún con la complementación por otros supuestos instrumentos de integración, todos los cuales con posterioridad se desvanecieron progresivamente en el curso de la implantación de los esquemas del nuevo pacto del capital impuesto dentro del modelo neoliberal. Previó, a pesar de no llegar a vivirla, la involución de las economías subalternas en el pacto comercial neoliberal cuando intuyó: «[...] ni siquiera desarrollo dependiente sino enclave: América Central como zona franca», y le opuso, como propuesta, «una integración basada en la liberación nacional y la perspectiva socialista».

Debemos recordar también que en su tiempo las inversiones y los movimientos de capital que se presentaban en la fase de la dominación monopolista, constituían el elemento central de la articulación de las economías periféricas con el centro imperialista, en tanto la deuda externa no se había convertido en lo que hoy es.

De modo que el análisis de la realidad de la época hace que se caracterice el nivel de dependencia a partir de las inversiones, y esto es correcto en la relación que prevalecía: no había llegado todavía la época de la burbuja financiera y los paraísos fiscales, la época en que se hizo posible mover grandes masas de capital sin producir un alfiler, pero no escapaba a su vista lo que tocaría a la América Central en ese mundo por venir.

No es posible detenerse, en el prólogo, en la totalidad del recorrido realizado por el autor, que atiende cuidadosamente también el control de los medios masivos de comunicación como instrumento de dominación por parte del imperio y de las oligarquías subalternas. Sobre la prensa plana glosa un estudio de Leonardo Acosta, y sobre la televisión otro de Armand Mattelart, así como se refiere especialmente a la radio como medio de «imposición hegemónica», ya que «no todos pueden leer pero todos pueden oír».

Observa también desde entonces, en el campo religioso, la división dentro del catolicismo y la influencia positiva de «un clero progresista nacional y extranjero», al tiempo que constata la influencia norteamericana por la vía del crecimiento de mormones y de testigos de Jehová: en otras palabras, la religiosidad manipulada con propósitos hegemónicos desde los centros imperialistas, en confrontación con el mensaje de rebeldía del evangelio que había comenzado a expandirse en el continente y, en particular, en el contexto centroamericano.

En las líneas finales subraya que ha intentado «[...] una visión [que sabe limitada y parcial] del aparato de dominación y explotación del imperialismo en Centroamérica, y de la *propuesta nacional* que el imperialismo hace a los pueblos centroamericanos en forma tan instrumentadamente coercitiva». El subrayado de la propuesta nacional es suyo y con ello advierte al lector contra un relato meramente descriptivo.

La visión de la región como un todo prevalece en el análisis de las estrategias del imperio, aunque en una de sus notas finales aclara que el manejo de la situación en Panamá y en Costa Rica no lo ha podido abordar aún y queda pendiente, junto a profundizaciones necesarias en aspectos económicos, jurídicos y otros. Estas lagunas, aunque dan cuenta de que estamos ante una obra inconclusa, no afectan, sin embargo, el alcance de su perspectiva integral.

AURELIO ALONSO
La Habana, 2009

1

Desde la intervención filibustera contra Nicaragua, encabezada por el agente esclavista sureño William Walker a mediados del siglo pasado, hasta la intervención yanqui en El Salvador (realizada a través de las secciones guatemalteca y nicaragüense de las fuerzas armadas centroamericanas, reunidas bajo la dirección del CONDECA, organismo de inspiración norteamericana) del 25 de marzo de 1972, la historia de la dominación del imperialismo en Centroamérica es una historia larga, complicada, tan llena de oscuras lagunas y de vacíos difíciles de integrar al análisis, como de crímenes evidentes y aleccionantes. Este mismo enunciado presenta ya una dificultad para el centroamericano promedio: a él le han hablado en todos los tonos y por todos los medios —tradicionales y modernos— de la historia de Centroamérica (a partir de la historia del país centroamericano en que nació y vive) como de una interminable sucesión de personajes y hechos —buenos y malos ambos— que puede o no incluir al Walker anecdótico y puede o no incluir la noticia, el hecho de que el 25 de marzo de 1972 un golpe militar fue aplastado en San Salvador «por medio de un bombardeo aéreo», pero jamás le han develado las fuerzas sociales que se movieron detrás de esos hombres y esos hechos, los intereses económicos y políticos que llevaron a las situaciones concretas; ni, mucho menos, le enseñaron la historia de esa fuerza que ha llegado a constituirse en elemento principal de nuestro desarrollo social enajenado: el imperialismo.

2

Un presupuesto básico, indispensable, para que el imperialismo norteamericano pueda ejercer su dominación y su explotación neocolonialistas sobre nuestros pueblos, es la ocultación de la naturaleza extranjera y antinacional de su sistema: trabaja sobre naciones con independencia política formal y con una historia transcurrida, con bandera, símbolos, mitos y personalidad nacionales, y debe usar —por lo tanto— instrumentos que parezcan nacionales: Gobierno, Administración, Policía, Ejército, programas ideológicos, medios masivos de comunicación, estilo local. Sin duda, una gran parte de la fuerza del imperialismo norteamericano en Centroamérica está en su capacidad de ocultarse en la maraña de su aparataje local. Cada vez que el imperialismo aparece directamente en el escenario local de la lucha de clases (Vietnam, Santo Domingo, etcétera) es porque ha sido obligado a ello por la fuerza popular, o sea, porque ha perdido ya una parte de la batalla. No resulta entonces extraño saber que uno de los objetivos principales de la estrategia imperialista para Centroamérica sea cumplir con la necesidad de ocultarse perennemente en su calidad de *enemigo principal* de nuestros pueblos, ni tampoco que una de las necesidades principales de la estrategia y la táctica revolucionarias de los pueblos centroamericanos sea la de ubicar inequívocamente a ese *enemigo principal*, sus formas de actuación, sus bases sociales de actuación en nuestra zona.

3

Definir a las clases dominantes locales a partir del imperialismo es una tarea que los revolucionarios salvadoreños y centroamericanos no hemos cumplido aún cabalmente. Muchas veces, en nombre de la formación del «amplio frente antiimperialista», definimos como sectores democrático-nacionalistas a capas que son precisamente las bases locales de sustentación del sistema explotador antinacional. Hay que aceptar que en cada país centroamericano tenemos nuestros propios y muy complejos problemas de formación social y de desarrollo histórico, pero ello no es obstáculo para intercambiar experiencias en este terreno. Una síntesis muy felizmente lograda de este problema en Panamá podría llevarnos en El Salvador a tentaciones de simplismo; pero con el debido cuidado ante las posibles transposiciones mecánicas podremos enriquecernos mutuamente. En ello pensamos cuando leímos el último párrafo del artículo de Nils Castro «Panamá: entre la oligarquía y la dignidad nacional» (*Casa de las Américas*, mayo-junio, La Habana, 1972):

> La historia posterior a 1903 —dice— que actualmente ha llegado a su expresión más alta, se sustanció en la renovación, una y otra vez, de las mismas condiciones: un pueblo explosivo frente al yanqui, cuyas grandes luchas son mediatizadas por una oligarquía entreguista, incapaz de sostenerse por sí misma, brazo político del imperialismo. Hasta el momento en que el Gobierno actual desplazó de posiciones decisivas a esa oligarquía y empezó a dar algunas muestras de dignidad nacional, los grandes momentos de la nacionalidad y de la lucha contra la explotación de clases han sido los mismos: 1925, cuando frente a las primeras manifestaciones propiamente sociales —la «lucha inquilinaria»— la oligarquía solicitó la intervención de las tropas norteamericanas; 1947, cuando las grandes movilizaciones populares contra la entrega de nue-

vas porciones del territorio nacional para bases norteamericanas; las grandes «siembras» de banderas panameñas por las masas en la llamada Zona del Canal, en 1958 y 1959; y sobre todo las heroicas y trágicas jornadas del 9, 10 y 11 de enero de 1964, cuando un pueblo inerme se enfrentó a los carros blindados del imperialismo —lavándose en sangre y luto, pero poniendo contra la pared a sus enemigos en el foro mundial—, para ser, al cabo de los meses, lenta, sibilinamente, traicionado de nuevo por su propia oligarquía —más comercial que panameña— ante la mesa de negociaciones del imperialismo (proyectos de los tres tratados, desenmascarados ante los hombres de la tierra por Floyd Britton en la Conferencia Tricontinental de La Habana). Todo demuestra que la oligarquía ha cumplido la nefanda misión histórica de enajenar, frustrar y pervertir la independencia y la nacionalidad hasta un límite que llegó a ser intolerable hasta para los propios militares. La tercera y verdadera independencia tendrá un carácter popular: LA LUCHA CONTRA EL IMPERIALISMO Y LA LUCHA CONTRA LA OLIGARQUÍA SON UNA SOLA Y A LA PLENA DIGNIDAD SOLO SE LLEGARÁ PROFUNDIZANDO EL PROCESO REVOLUCIONARIO. Todavía, el enemigo no solo está en el Norte, sino dentro de la propia casa.

La forma de apropiación imperialista con respecto a la nación salvadoreña ha sido distinta: el «canal de Panamá» salvadoreño une otros mares, los de la agroexportación y los del «desarrollo» dependiente, y por ello «nuestra» oligarquía ha bailado con otro ritmo y otros trajes. Pero un hecho fundamental nos hermana a panameños y salvadoreños: nuestra nacionalidad se define en términos antiimperialistas. Para llegar a ser salvadoreños y panameños plenos debemos partir de la lucha de liberación nacional antiimperialista, pero es evidente que ella tiene que comenzarse dentro de la propia casa, eliminando a la oligarquía como base de sustentación de la antipatria y de la explotación clasista. El enemigo *inmediato* es simplemente la avanzada local, «nacional», del enemigo principal.

4

Comencemos a insistir en aspectos como este: el «canal de Panamá» de El Salvador es la producción y el comercio exterior del café, los transportes aéreos y marítimos desde y hacia el país, los ferrocarriles, la importación de maquinaria y bienes de consumo, las inversiones directas en la industria, sobre todo a través de las llamadas empresas de capital mixto, los medios masivos de comunicación (prensa, radio, TV) y el aparataje de penetración cultural, la llamada industria turística (hoteles, centros de diversiones), empresas de seguros, bancos, núcleos financieros locales manipulados, etcétera, etcétera. En todos esos lugares están los yanquis presentes, dominando. Ello quiere decir, hablando en el mismo lenguaje, que hay también un «canal de Panamá» en Guatemala, en Nicaragua, en Honduras y en Costa Rica, y la Integración Económica Centroamericana es un gran canal yanqui que atraviesa de largo a largo el istmo. Como el verdadero canal de Panamá, todos estos «canales» tienen un gobierno al lado, fuerzas armadas, administradores, etcétera, un puñado de explotadores y un horizonte de explotados.

5

Cuando Centroamérica se independizó de España, la situación del capitalismo en el mundo era tal que la potencia imperialista más poderosa, Inglaterra, no estaba en capacidad de sustituir a España en el terreno de la dominación colonial. El sistema capitalista mundial incorporó a Centroamérica por medio del comercio. El añil y el cacao centroamericanos, que eran antes objetos del monopolio español, pasaron a ser objetos, luego sustituidos por el café, del mercado mundial en desarrollo. Y Centroamérica, como conjunto de producción económico-social, pasó a ser campo de batalla de los intereses encontrados de los varios imperialismos en ascenso que dominaban el panorama mundial junto con Inglaterra. Esta, así como Alemania, Francia y los jóvenes Estados Unidos, pugnó con diferentes fuerzas y con diversos medios a lo largo del siglo pasado y a principios de este siglo por la hegemonía en la zona. Mientras tanto, en derredor de los centros urbanos por medio de los cuales la metrópoli española había gobernado las provincias del Reino de Guatemala (Cartago, León de Nicaragua, Comayagua de Honduras, San Salvador, Villa de Santa Ana, Guatemala, Quetzaltenango, etcétera), los propietarios y beneficiarios de la agroexportación y del comercio se convertían en núcleos burgueses concentrados (los gérmenes de las actuales oligarquías centroamericanas) que, al mismo tiempo que explotaban al resto de la sociedad, entraban en contradicción con los otros núcleos (en tanto concurrían como competidores al mismo mercado internacional) y se aliaban con una u otra fuerza imperialista. Esta situación —en los términos más generales y, desde luego, sin tomar en cuenta los variadísimos zigzag y recomposiciones de cada historia local— impuso un rumbo separatista a la historia centroamericana, que se fragmentó en una historia guatemalteca, una historia salvadoreña, una historia hondureña, una historia nicaragüense y una historia costarricense. En la historia de las luchas interimperialistas en Centroamérica y la historia del desarrollo y la consolidación de las oligarquías agroexportadoras, los muertos y los sufrimientos, la producción de las riquezas y el trabajo diario, fueron puestos por los pueblos de la patria grande hecha pedazos.

6

Estados Unidos surgió como potencia hegemónica indiscutida en el campo imperialista al finalizar la Segunda Guerra Mundial; pero para lo que a Centroamérica respecta, el imperialismo norteamericano había desalojado ya en lo fundamental los intereses alemanes, ingleses, franceses, etcétera, desde el final de la década de los treinta. En el período de la Segunda Guerra Mundial la palabra de orden para el sometimiento de nuestros países sonaba muy bien por su temporal sonido antifascista: «Las Américas unidas, unidas vencerán». Pero en la misma consigna subyacía la Doctrina Monroe y, sobre todo, las señales de una relación absorbente para el futuro inmediato, en el que ya el imperialismo norteamericano podría explotarnos sin la premura de aquella lucha a muerte contra el imperialismo nazi-fascista alemán. Cuando los monopolios yanquis comenzaron a ejercer su hegemonía sobre Centroamérica, se encontraron con una formación histórica, social y económica compleja que no podía ser desconocida mecánicamente: la realidad de una Centroamérica separada, fragmentada en varias «republiquetas» —como despectivamente le han llamado a nuestros países los propios *especialistas* del imperio—. El imperialismo enfrentó esa realidad tal como se presentaba y trazó una política para cada país, una línea de dependencia para cada economía «nacional». Su propia situación en el mundo no le aconsejaba en esta zona proyectos inmediatos de gran envergadura. Al terminar la guerra, el imperialismo norteamericano debió dar primacía a su labor de penetración en Europa y en Asia y el centro de su estrategia agresiva pasó a ser el anticomunismo, con las características de lo que se llamó «la guerra fría» (basada en el monopolio del arma nuclear y las ventajas de entonces en lo referente al desarrollo militar: aviación estratégica, flota, etcétera). La situación política latinoamericana no constituía en general una amenaza directa a los intereses norteamericanos bien consolidados y, en todo caso, no se perfilaba tan siquiera una amenaza global, de conjunto, sino, a lo más, situaciones políticas difíciles o complejas en tal o cual país, que recibían en su momento la atención adecuada. En Centroamérica la situación se desarrollaba de país a país con características propias, aunque hubo en esos momentos un fenómeno político (de carácter incluso latinoamericano) que hizo marchar al unísono por lo menos las esperanzas de nuestros pueblos: el fenómeno de la caída de las dictaduras tradicionales que casi abarcó la totalidad del istmo. Con las excepciones de Costa Rica, donde no existía una dictadura, y de Nicaragua, donde la dictadura de Somoza se mantuvo merced a una serie de maniobras políticas y la concurrencia de factores particulares que es importante estudiar por la actualidad que cobra ese momento para la lucha de hoy, las dictaduras de Centroamérica (cuyas veleidades profascistas habían sido notorias) cayeron estrepitosamente en el centro de verdaderas situaciones revolucionarias, finalmente frustradas por el escaso nivel de experiencia política de los pueblos y, sobre todo, por la inexistencia de organizaciones populares revolucionarias (casos de El Salvador y Honduras) o en el inicio de un proceso democratizador que se prolongaría varios años (caso de Guatemala) y que constituiría una situación especial para el mismo imperialismo. Sin embargo, a pesar de esa variedad situacional unificada momentáneamente o, más bien, *presidida* por la caída de las dictaduras tradicionales, habían surgido ya los elementos básicos de una «unidad centroamericana de nuevo tipo», «unidad» de términos generales que presuponía incluso las diferencias nacionales que había impuesto la historia del separatismo. No la unidad, desde luego, por la que peleara tanto don Francisco Morazán en el siglo pasado, ni la unidad que nuestros pueblos mantienen como tradición progresista, como tendencia hacia un futuro ideal más o menos utópico. Habían surgido los elementos de la «unidad»

centroamericana, enajenada con respecto al imperialismo norteamericano. Esos elementos eran los mismos que han operado en el
resto de América Latina, pero su importancia se acrecentaba de
manera terminante en el istmo centroamericano por las características históricas, sociales, económicas y hasta geográficas de este. El
primer elemento por el cual es posible definir esa nueva unidad es
precisamente *el explotador único en lo fundamental*: todos los países
centroamericanos habían comenzado a ser explotados principalmente por el imperialismo de Estados Unidos. El otro factor es la
vía de desarrollo económico escogida por las clases dominantes
locales en cada país (y determinada, desde luego, por la presencia del explotador único): la vía capitalista-dependiente de Estados
Unidos. Estos factores y el hecho de la simultaneidad relativa del
proceso político en los países del istmo, mayor que en otras zonas
de América Latina, unida a los aspectos comunes heredados de la
colonización española unitaria —lengua, religión, mezcla étnica
predominante, costumbres, etcétera—, serían la base real, objetiva, sobre la que posteriormente el imperialismo norteamericano
(después de incorporar a su modo de producción a las oligarquías
locales y a las burguesías incipientes que se nucleaban a su alrededor, y que perdieron así la posibilidad, la capacidad de llegar
a ser «burguesías nacionales») habría de impulsar el nuevo aparataje de la unidad centroamericana enajenada que comenzó con
la tan desprestigiada Organización de Estados Centroamericanos
(ODECA) y que se concretó en la llamada Integración Económica
de Centroamérica y el Mercado Común Centroamericano, instrumental del llamado «desarrollo económico de la zona», que tiene
su aseguramiento militar en las fuerzas armadas centroamericanas comandadas por el Consejo Centroamericano de Defensa
(CONDECA).

7

Desde su incorporación por España al sistema mercantil-capitalista, el área centroamericana, al igual que el resto de América Latina, desempeña un rol subordinado a las necesidades e intereses de los centros hegemónicos en el marco del sistema internacional capitalista. En forma contraria a la que comúnmente se sostiene, el subdesarrollo actual de la región latinoamericana constituye un subproducto histórico del desarrollo de los países occidentales-capitalistas hoy industrializados. Es decir, que estos últimos alcanzaron su desarrollo y continúan superando sus niveles de vida, sobre la base del subdesarrollo progresivo de las áreas o regiones primero «colonizadas» y luego «imperializadas». Se conformó así la actual estructura internacional del desarrollo-subdesarrollo o del «centro-periferia». Ella permite comprender y caracterizar a los países centroamericanos como sociedades capitalistas subdesarrolladas y dependientes. En este marco global es posible situar los rasgos básicos que definen el modelo de integración e industrialización centroamericanos, la estructura de dominación y demás procesos sociopolíticos que tienen lugar en la región [...] La idea más importante asociada a la integración centroamericana ha sido la de acelerar el proceso de desarrollo socioeconómico del área. Se pensó que automáticamente la integración y el mercado común creaban las condiciones necesarias que faltaban antes para un rápido desarrollo, principalmente porque se centraban en la industrialización. Subyacente a este planteamiento se encontraba la tesis de que el «desarrollo» se puede alcanzar a través de la libre empresa capitalista en un marco «proteccionista», pero siempre dentro de la estructura actual de dominación-dependencia que caracteriza a la sociedad centroamericana. Esta tesis constituye lo que se ha dado en llamar «el desarrollismo», que toma en cuenta los aspectos técnicoeconómicos, relegando la consideración de las estructuras de poder y dominación social y política. Pero como quiera que sin transformación no puede haber desarrollo real, ¿cuál es la significación de un proceso de crecimiento económico estructural sin un cambio cualitativo de la sociedad, en un contexto no modificado o en un *statu quo* no alterado? La industrialización y la integración se realizan en el marco de la antigua estructura agraria, cuya modificación aparece como condición sine qua non del desarrollo, pero que en Centroamérica permanece inmóvil, y aun más, se garantiza que así sea, configurándose una contradicción en la mecánica integracionista que repercute continuamente en toda la marcha del proceso. De esta forma la industria se introduce y expande de manera superpuesta a la estructura latifundista tradicional, del enclave bananero y de las haciendas cafetalero-algodoneras, en las que coexisten relaciones capitalistas y precapitalistas de producción y diferentes modos de dominación social, contribuyendo a una mayor desarticulación del sistema productivo. Es una industria insertada en una matriz productiva atrasada, a la que no modifica y sobre la que no ejerce presión favorable una reforma agraria que reordene la propiedad y redistribuya el ingreso en el campo. Por el contrario, esta industrialización o seudoindustrialización se apoya en dicha estructura y se limita a realizar un proceso de «sustitución de importaciones» de productos manufacturados para el consumo. Pero en vez de los productos manufacturados se importan ahora los insumos y bienes de capital que se requieren para «producirlos», y en muchos casos se realiza un simple ensamblado o armado de partes y piezas producidas en los países capitalistas desarrollados, especialmente en Estados Unidos. En estas condiciones se configura un proceso de industrialización dependiente comercial, financiera y tecnológicamente y, lo más importante, dependiente, en su orientación, de las necesidades e intereses metropolitanos. Los monopolios norteamericanos e internacionales realizan así un control estrecho sobre dicho proceso.

Guillermo Molina Chocano: «La Integración Centroamericana y el nuevo carácter de la dominación internacional», en *Repertorio*, CSUCA, diciembre, 1970.

8

El carácter reaccionario de la integración económica centroamericana y del Mercomún Centroamericano como supuestas soluciones para los problemas del desarrollo económico de la zona ha sido denunciado desde hace tiempo por las organizaciones de izquierda y por autores progresistas de nuestros países. El PC de El Salvador, por ejemplo, en los años 1957 y 1958 denunciaba que la fórmula de la integración estaba destinada principalmente a propiciar una mayor y más fácil y rentable penetración del capital norteamericano en las economías de nuestros países, y el emprendimiento de un relativo desarrollo industrial *sin necesidad de efectuar los cambios de estructura* (reformas agraria, tributaria, bancaria, presupuestaria, etcétera) *necesarios para la creación de un mercado interno estimulante en cada país,* ya que la integración implicaba el simple crecimiento cualitativo del mercado, con la aglomeración de cinco pequeños mercados originales que permanecerían idénticos en sí. Una integración tal obedecía a la mentalidad y a los intereses del imperialismo y de las oligarquías locales basadas en el capital agrario (que recién inauguraban —estas últimas— sus operaciones industriales asociadas con el capital extranjero y que creaban nuevos núcleos financieros para enfrentar con nuevas posibilidades el proceso de «industrialización»). En esta maniobra antihistórica, ampliamente organizada y embanderada con las consignas del progreso y la racionalización, de la modernización, los pueblos tenían poco o nada que ganar; inclusive, a la larga —y no muy a la larga, como ya lo han demostrado los hechos de la guerra El Salvador-Honduras, entre otros— la integración acabaría por ser una trampa para las embrionarias burguesías locales y para las mismas oligarquías, y ya en los años de que hemos hablado lo indicaban así diversos materiales progresistas que se alcanzaron a publicar. En su obra *El Salvador: una democracia cafetalera* escribía en 1957 Abel Cuenca:

La unión centroamericana es, ya todos lo sabemos, la más vieja y noble aspiración de nuestros pueblos, expresada a través de la lucha de nuestros más grandes hombres. Por lo tanto, dicen los nuevos líderes del «unionismo», quienes en esta hora de «rectificaciones históricas» no se sumen a la algarabía unionista, estarán traicionando los más altos y mejores ideales de nuestros pueblos. ¡Así será! Sin embargo, quien quiera dar solución a los problemas de la democracia salvadoreña, del progreso, la independencia y la libertad, soslayando la lucha a fondo contra la oligarquía cafetalera y las dificultades que implica la promoción del mercado interno, o desviando la lucha hacia las áreas de consumo que potencial y aleatoriamente ofrece el mercado centroamericano, estará procurando, consciente o inconscientemente, posponer y dejar sin solución el problema de la democratización del país, el problema de la independencia nacional, y condenar al hambre y la miseria por muchos años a las masas trabajadoras salvadoreñas. La política de promoción del mercado centroamericano (integración) es la fórmula que la oligarquía cafetalera ha ideado para resolver el problema de las presiones internas que plantea el desarrollo industrial salvadoreño, y tendrá las siguientes seguras consecuencias: a) alejará indefinidamente el momento de la «distribución equitativa del ingreso nacional»; b) hará disminuir en el sector industrial la necesidad de elevar el nivel de salarios de jornales en las plantaciones; c) debilitará el respaldo popular que potencialmente tiene el régimen del 48, con el consiguiente debilitamiento de sus posiciones políticas [Cuenca se refiere aquí a los regímenes de Osorio y Lemus, a quienes él consideraba como representantes de la «revolución democrático-burguesa» sin tomar en cuenta sus ya decisivas relaciones de dependencia imperialista, y que, efectivamente, se vinieron abajo en 1960 ante el empuje de la lucha popular. N. de R.D.], *provocará la resistencia de los industriales de los otros países centroamericanos menos desarrollados que El Salvador* [lo subrayo particularmente. N. de R.D.].

Ya en 1960 el mismo autor salvadoreño podía decir lo siguiente:

> El Mercomún Centroamericano, en el que tantas esperanzas depositaron los «técnicos» de la burguesía, ha comenzado a fallar y a convertirse en factor de discordia centroamericana más que en un instrumento de unidad. La integración económica no marcha y la misma ODECA viene confrontando dificultades casi insuperables. En estas circunstancias la burguesía se ve obligada a plantear de nuevo el problema del mercado interno [...] La solución satisfactoria de estos problemas —agregaba Cuenca— se está transformando en una necesidad apremiante para la burguesía salvadoreña *en su conjunto.*

Aquellas denuncias y previsiones —claras, aunque lesionadas por una serie de debilidades en lo que se refiere a la posibilidad de integrarlas a una línea verdaderamente revolucionaria— fueron acalladas o aisladas por las fanfarrias integracionistas; a pesar de lo cual los planteamientos contrarios al Mercomún llegaron a expresarse en términos elementales de divulgación con el entonces clásico ejemplo de la industrialización del calzado, que se expresaba para el nivel popular, en los mítines y en los volantes, más o menos así:

> La industrialización es progresista para El Salvador únicamente si se relaciona con un mercado interno a desarrollar. Así, la

firma de zapatos ADOC estará teóricamente de acuerdo con la reforma agraria, porque esta elevará el estándar de vida y la capacidad adquisitiva de la población rural y entonces los millones de campesinos descalzos comprarán zapatos ADOC. Pero si dicha firma de zapatos acepta la simple aglomeración de los sectores que en las actuales condiciones pueden comprar zapatos en Guatemala, Honduras, Nicaragua y Costa Rica, no estará interesada en que el campesinado salvadoreño mejore o no sus condiciones de vida y no será un factor de progreso en el país, sino todo lo contrario.

El argumento era convincente, con todo su candor de economía política elemental, dentro de la concepción de la «revolución democrático-burguesa» que campeaba en la izquierda latinoamericana antes de la Revolución cubana; pero aun en este contexto ese punto de vista podría haberse acercado más escrutadoramente a la naturaleza de la «nueva industria salvadoreña», surgida del *modus operandi* y de las investigaciones directas del imperialismo (y ya sabemos cuáles son los alcances de esas «inversiones directas»), y del capital agrario en busca de la diversificación limitada de sus actividades, en el seno de una economía que seguirá siendo básicamente agraria por mucho tiempo. Además, se pasaba por alto un hecho que habría resultado evidente desde entonces para un analista cuidadoso: la burguesía centroamericana en su conjunto había optado ya por la línea del imperialismo, la del desarrollo capitalista dependiente, y de esa línea (sobre todo cuando advino la Revolución cubana y la otra *alternativa real* comenzó a ser para nuestros países el socialismo) no la desviarían las declaraciones más o menos líricas de las organizaciones de izquierda ni, inclusive, la evidencia de que el imperialismo es un socio rapaz que no se conforma con llevarse la parte del león sino que suele engullirse a los *partners* indígenas, que pasan en último término a ser simples dueños del capital acumulado que las empresas yanquis harán pasar, bien pronto y en uso de los más diversos medios, a sus bolsillos, y que invertirán y reinvertirán en la misma y otras zonas después de sacar las ganancias anuales del caso. Burguesías nacionales nonatas son como los rebaños enloquecidos que no advierten ni al lobo real que las persigue ni el despeñadero real al que corren; sin embargo, lograron deslumbrar hasta a algunos Partidos Comunistas con sus falsas posibilidades. Pero independientemente de estos enfoques que podrían repetirse en lo fundamental desde cada país, la Integración Económica Centroamericana resultaba un absurdo económico para nuestros países, que solamente favorecería al imperialismo norteamericano (y a los socios de este en las empresas multinacionales que vendrían después: Japón, la RFA, Israel, etcétera): nos referimos a la integración de economías ni siquiera verdaderamente integradas en el ámbito nacional del que se partía, de economías difícilmente integrables por sus exportaciones básicas competitivas, etcétera. De ahí que coincidamos plenamente con el enfoque que hiciera en *Granma*, órgano oficial del Comité Central del Partido Comunista de Cuba, el comentarista R. Pérez Pereira, el 30 de julio de 1969:

> El Mercado Común Centroamericano, impuesto por Estados Unidos a estos países a contrapelo de sus realidades económicas y sociales, se asentó sobre una base completamente falsa al invertir el proceso de desarrollo, forzando un programa multinacional que buscaba ampliar los mercados y facilitar las inversiones extranjeras, lo que, lejos de ser un factor de integración, lo ha sido en realidad de disolución, agudizando las contradicciones entre los países miembros. Las exigencias de la integración tuvieron, en consecuencia, el efecto de obligar a los intereses económicos de cada país a tomar medidas de protección contra los demás. Resulta totalmente absurdo pretender crear un mercado común de países económicamente subdesarrollados, cuyo comercio depende casi exclusivamen-

te de productos básicos primarios similares que, lejos de ser objeto de intercambio, provocan una feroz competencia entre dichos países por lograr los necesarios mercados. La revista *The Economist* de Londres, por ejemplo, recordaba que «las exportaciones de los distintos países de la zona son competitivas en vez de ser complementarias: en las exportaciones de café, El Salvador, Guatemala, Nicaragua, Honduras y Costa Rica —en este orden— participan, todos de manera notable; en las exportaciones de algodón concurren en cantidades similares Guatemala y El Salvador, con Nicaragua destacada al frente; Honduras y Costa Rica son, los dos, importantes exportadores de bananas; en el sector de la carne, Nicaragua y Costa Rica concurren con Guatemala; y los tres participan por valores similares en las exportaciones de azúcar». Como consecuencia de esta política económica irreal y disolvente los monopolios norteamericanos radicados en Centroamérica obtuvieron grandes beneficios, por ejemplo, en la eliminación de impuestos para las importaciones con vistas al fomento de nuevas empresas de su conveniencia, en la obtención de la mano de obra barata y de menores costos de elaboración de sus productos. Pero para los países centroamericanos, en cambio, los resultados, como era de esperar, han sido muy distintos. El MCCA, con su eliminación de barreras arancelarias entre los países de la zona, dio lugar a una verdadera guerra por los mercados, limitados por cierto, grandemente, por el bajo poder adquisitivo en los cinco países. Se llegó a casos extremos, demostrativos de cómo el Mercado Común agravaba situaciones ya de por sí desesperadas y llevaba a los países integrantes a una verdadera guerra de intereses. Honduras importó camisas belgas a las que puso la etiqueta de «Hecho en Honduras» y las lanzó a precios competitivos al resto del área. Nicaragua respondió cerrando la entrada al país de las confecciones hondureñas, mientras que Costa Rica, agobiada por los excedentes de arroz (excedentes en el concepto capitalista, porque en ese país, como en los otros, el nivel de alimentación es bajísimo), cerró el paso a las importaciones salvadoreñas de ese grano, y El Salvador, por su parte, respondió suspendiendo las compras de lácteos de Costa Rica, lo que imitó Nicaragua, que extendió la prohibición al frijol y el maíz. Hace justamente un año la situación se hizo tan crítica que el entonces presidente de Estados Unidos, Lyndon Johnson, visitó Centroamérica y se reunió con los jefes de los cinco Gobiernos para salvar el Mercomún y hacer entrega de 65 millones de dólares que serían prorrateados entre los distintos países como compensación por las reducciones de ingresos a consecuencia de la *integración*.

Hasta aquí la cita de Pérez Pereira. Agreguemos por nuestra parte, casi cuatro años después, que en el seno de aquella integración falaz ha resultado poco sorprendente que los problemas económicos, políticos y sociales de cada país se agravaran hasta el grado de apresurar la agudización de diversos conflictos en todos los niveles, incluido el de la guerra entre El Salvador y Honduras. Con haber sido este conflicto uno de los más graves planteados hasta la fecha por el sistema capitalista dependiente en Centroamérica, los antecedentes hacen prever nuevos conflictos (de similar y de distinto tipo) entre nuestros países, cuya unidad fraternal inspirara las luchas de Francisco Morazán. Y debemos decir, antes de terminar este numeral, que nos hacemos cargo de estar reiterando conceptos harto conocidos, pero preferimos machacar sobre su elementalidad, pues nos dirigimos a una comprensión política de conjunto del problema centroamericano y no a buscar novedades sociológicas, academicistas, que hablan de la influencia imperialista incluso en el método de investigar nuestros procesos sociales. Por eso hemos excluido aquí las visiones que nos llegan a través de los alumnos de la escuela sociológica norteamericana tradicional (que ya han producido buena cantidad de materiales enajenantes desde los días del nacimiento del Mercomún), como excluimos también la visión extremadamente tacticista, es decir, politiquera, que en nombre del «marxismo prudente» pretende enfrentarse a los hechos dejando fuera a la revolución.

9

Cuando hablamos de la Integración Centroamericana y caemos en el mundo de las instituciones, los nombres y las siglas que más comúnmente se barajan son: el Banco Centroamericano de Integración Económica (BCIE), la Secretaría Permanente del Tratado General de Integración Económica Centroamericana (SIECA), y la Organización de Estados Centroamericanos (ODECA, que es el organismo jurídico básico, cuyos principales órganos son el Consejo Supremo, formado por los cinco presidentes de las repúblicas; el Consejo de Defensa [CONDECA], por los cinco ministros de Defensa; el Consejo Legislativo, compuesto por quince diputados, tres por cada Estado miembro; la Corte Suprema de Justicia Centroamericana; el Consejo Económico, para regular el Mercomún [organismo que ha perdido operatividad en presencia de la SIECA, etcétera]; el Consejo Cultural y Educativo; la reunión de Ministros de Relaciones Exteriores; y la Secretaría General). Pero esta trama de instituciones, muchas de ellas, como la ODECA propiamente tal, meramente formales y de cobertura, no nos dice nada claro si no agregamos los nombre y las siglas a través de las cuales el imperialismo ejerce el dominio real: entre otras, la Agencia Internacional de Desarrollo de Estados Unidos (USAID), que tiene en la zona su oficina regional (ROCAP: AID Regional Office for Central America and Panama), y el Banco Interamericano de Desarrollo. Esto, independientemente de la penetración directa de los organismos norteamericanos en las instituciones locales de la Integración y de hechos organizacionales como el que evidencia que el CONDECA no depende de la ODECA en la realidad, sino del Departamento de Defensa de Estados Unidos, como lo veremos en un organigrama posterior. Hay que agregar las siglas de la CIA en la labor de unificar bajo su mando a las Policías y cuerpos de seguridad «nacionales» de Centroamérica «para proveer seguridad al sistema de integración».

10

Para los salvadoreños (y centroamericanos) que aún crean que la CIA «existe pero no tanto» y que sus agentes son entes abstractos, personajes de película, actuantes en último caso en Estados Unidos y Europa y contendientes únicamente en el seno de los problemas mundiales definitorios: choque EE.UU.-URSS, grandes operaciones de la actividad revolucionaria como la del Che, etcétera; y que pierden de vista por lo tanto que la CIA actúa entre nosotros *diariamente*, desde su fundación, ramificadamente, a través de muchos agentes yanquis y «nativos», en todos los ámbitos de la vida nacional, demos algunos datos que aunque reveladores no son sino hechos concretos y muy aislados en el seno de la gran conspiración imperialista y antinacional.

Por ejemplo, he aquí algunos nombres de oficiales de la Agencia Central de Inteligencia (CIA) de Estados Unidos que han operado en San Salvador de manera *oficial,* o sea, adscritos a la embajada norteamericana en San Salvador o en programas oficiales del Gobierno de Estados Unidos, independientemente de los «clandestinos»:

> THOMAS JOSEPH AHERN, nacido el 12 de abril de 1940. De 1963 a 1965 fue analista del Servicio de Inteligencia Militar del Departamento de Defensa; desde 1965 trabaja para la CIA en el Departamento de Estado. En San Salvador ha sido agregado asistente en la embajada.

PAUL A. ARSENAULT, nacido el 21 de agosto de 1926. De 1944 a 1946 estuvo en la Marina, desde 1956 trabaja para la CIA en el Departamento de Estado. Además de en San Salvador, ha operado en Maracaibo, Asunción y Argentina (fue cónsul en Córdoba).

JAMES A. BROOKE, nacido el 30 de marzo de 1934. Entre 1956 y 1962 fue primer teniente del Servicio de Inteligencia Militar del Departamento del Ejército. Desde 1964 trabaja en la AID y la CIA. Ha operado en San Salvador como oficial de seguridad.

CECIL RAYMOND BUMS, nacido el 22 de julio de 1907. De 1930 a 1942 fue capitán de policía. De 1942 a 1963 fue comandante en el Ejército. Desde 1963 trabajó en la CIA-AID. En San Salvador ha ejercido como oficial de seguridad.

JOHN E. CAVADINE, nacido el 7 de mayo de 1913. Fue analista del FBI y del Departamento de Justicia. De 1944 a 1946 estuvo en la Infantería de Marina. 1952-1955 integró el Cuerpo de Contrainteligencia del Ejército. Desde 1955 ha estado involucrado en la CIA-Departamento de Estado. Fue agregado en la embajada estadounidense en San Salvador y en Santiago de Chile.

EDWARD GLION CURTIS JR. En 1957 fue oficial encargado de Asuntos Interamericanos de Seguridad Militar en el Departamento de Estado, donde trabajó desde 1935. Desde 1961 trabaja para la CIA. Fue cónsul general en San Salvador. Nació el 8 de septiembre de 1909.

WALTER HERMANN DUSTMANN JR., nació el 9 de febrero de 1916. De origen alemán. Ha sido teniente coronel del Servicio de Inteligencia Militar del Departamento de Defensa, oficial de Prensa y oficial de Inteligencia en la Oficina de Asuntos Alemanes del Departamento de Estado. Operó en San Salvador y fue oficial político en Guatemala.

ALVA REVISTA FITCH, nació el 19 de septiembre de 1907. 1930-1942: estuvo en el ejército estadounidense en Filipinas. 1948-1950: fue agregado militar en San Salvador. En 1951 fue jefe de la Sección Latinoamericana del G-2 en el Departamento del Ejército. En 1952-1953 estuvo en Corea con el noveno cuerpo de artillería. En 1966 fue teniente general del Ejército y director representante de la Agencia de Inteligencia de Defensa (DIA) del Pentágono. Ha trabajado en las academias y en el Colegio de la Guerra en la preparación del personal extranjero. Estuvo relacionado con el ex presidente salvadoreño Fidel Sánchez Hernández.

COMER WILEY GILSTRAP, nació el 6 agosto de 1926. 1950-1955: trabajó en el G-2 del Departamento del Ejército y desde 1956 en el Departamento de Estado para la CIA. Fue agregado en la embajada en San Salvador. Operó en Quito, en Río y en Montevideo.

JOHN W. HENNESSY, nació el 29 de mayo de 1926. Fue vice-cónsul en San Salvador.

JACK R. JOHNSTONE, nació el 3 de septiembre de 1914. Desde 1954 trabajó en la CIA. Fue consejero de Asuntos Económicos en Amman. Operó en La Habana y en Manila después de haber operado en San Salvador.

11

En ocasiones el «aparataje secreto» del imperialismo en Centroamérica deja ver los colmillos más o menos claramente, inclusive a través de los medios masivos públicos de difusión. El siguiente aviso apareció en *La Prensa Gráfica* de San Salvador en varias ocasiones entre 1970 y 1971 y, por su texto, es de suponer que apareció también en otros diarios centroamericanos:

ÚLTIMA OPORTUNIDAD

EXCELENTE REMUNERACIÓN A ASESORES Y COLABORADORES.

INVESTIGACIÓN SOBRE LA EXTREMA IZQUIERDA EN

CENTROAMÉRICA.

Un prestigioso grupo de investigadores científicos está terminando su estudio definitivo del comunismo y sus causas y de otros movimientos de extrema izquierda en Centroamérica. Forman la base de este estudio las contribuciones de información y el asesoramiento de miembros actuales y ex miembros de estos grupos izquierdistas. Esta es la última oportunidad de participar.

Como hemos anunciado en previos avisos, cada ayuda será recompensada generosamente según el valor de la información y el asesoramiento recibidos, y cada respuesta a este aviso quedará en la más estricta confidencia.

Los interesados en colaborar en el estudio necesitan ser genuinamente vinculados con los partidos comunistas en otros grupos de extrema izquierda en Centroamérica. Podrán mantener su anonimidad hasta poder confirmar por sí mismos la honestidad y garantías que caracterizan la labor del grupo investigador.

En tal caso, para que podamos respetar sus deseos de seguridad personal, sírvanse incorporar en su primera contestación las instrucciones y medidas especiales de protección que estimen convenientes. Valiéndonos de esto, seguiremos paso a paso sus instrucciones hasta arreglar las condiciones adecuadas para una relación fructífera.

Dirigirse a:

INSTITUTO DE INVESTIGACIONES SOCIALES

APARTADO POSTAL 2043

Ciudad de Guatemala,

Guatemala, C.A.

12

Los compañeros del Partido Comunista de Honduras (sector agrupado en derredor del periódico *Unidad* después de la división del PCH original) examinan en los documentos del V Pleno de su Comité Central el problema de la penetración imperialista en la estructura económica hondureña. Aunque discrepamos con ellos en el uso de algunos conceptos (lo «feudal», por ejemplo, a pesar de que ellos tratan de hacerlo específico para su país), el enfoque del problema imperialista y los datos que aportan hacen valiosa la transcripción de los siguientes párrafos:

Después de 1821 —afirman— Honduras dejó de ser una colonia pero continuó siendo feudal, aunque conviene señalar que la sociedad feudal hondureña defiere en muchos aspectos de la sociedad feudal de los países europeos o asiáticos, por ejemplo, donde ella alcanzó un desarrollo más alto, en condiciones históricas diferentes. Hoy podemos afirmar que somos un país menos feudal pero más dependiente. Veamos: Honduras es un país eminentemente agrícola, la mayoría de la población, el 66,7%, trabaja en la agricultura; de cada 100 hondureños, 53 son campesinos. La mayor parte de las mejores tierras están acaparadas por unos pocos grandes terrateniente. Los dueños de los grandes latifundios (1 923 fincas), con una extensión total de 1 328 206 manzanas, poseen tres veces más tierras que los miles de campesinos más pobres (120 441 latifundios), que cuentan con solo 427 463 manzanas. Según cálculos, hay aproximadamente 250 000 campesinos sin tierra. Los campesinos pagan altas rentas por la tierra que alquilan para trabajar. En zonas como la costa norte y otras estas rentas generalmente se pagan en dinero efectivo, pero hay zonas donde se cubren con parte de la cosecha o con trabajo personal en las fincas de los propietarios de la tierra. En algunas regiones del país aún subsisten en el campo relaciones de servidumbre. La técnica empleada por los campesinos en sus cultivos es extremadamente atrasada, no tienen créditos ni ninguna ayuda estatal, tienen poco acceso a los mercados de venta por falta de vías de comunicación. Exceptuando los renglones bananero y algodonero, la agricultura aporta apenas el 29% del producto nacional bruto, tiene una productividad de 700.00 lempiras por persona (1 lempira: medio dólar). El ingreso anual per cápita del campesino es de 70.00 lempiras, uno de los más bajos del mundo. La mayor parte de la producción agrícola, cerca del 90%, es consumida por los mismos productores, aunque en los últimos tiempos se observa un incremento de las relaciones mercantiles. *Los principales acaparadores de tierras son las compañías norteamericanas que han empujado al país por la senda del monocultivo.* La Tela Railroad Co. y la Standard Fruit Co. se han adueñado de 286 000 manzanas de las mejores tierras labrantías en los departamentos de Atlántida, Cortés, Colón y Yoro. Últimamente se han ido apoderando de grandes extensiones de tierras en los departamentos de Morazán, Olancho y Choluteca. La penetración imperialista cercenó el desarrollo capitalista autónomo en cuya vía había entrado Honduras desde el siglo pasado, coexistiendo con las formas y relaciones feudales caducas; y si bien es cierto impulsó algún desarrollo de las nuevas fuerzas productivas capitalistas, no es menos cierto que por su carácter mediatizado ese «desarrollo» fue y es deformado. El sector industrial, además de débil y mediatizado, es de reciente formación. Todavía en 1950 la gran mayoría, el 94% de los establecimientos, eran de tipo artesanal. Constituían la excepción algunas fábricas, principalmente la Tabacalera y la Cervecería, que comenzaron sus operaciones en 1928 y 1915, respectivamente, dominadas por el capital extranjero. En las décadas del cincuenta y del sesenta ha habido un relativo crecimiento de la industria en relación con las décadas del treinta y del cuarenta. La tasa de crecimiento del producto bruto industrial de 1930 a 1940 fue de 2,4%, de 1950 a 1962 al 6,7%, en 1965 alcanzó el 10%, y en 1967 fue de 11,8%. Este relativo crecimiento industrial se realiza dentro del marco de la dominación de los monopolios y de los planes imperialistas de «desarrollo», especialmente el de la Integración y el Mercado Común Centroamericano. Las llamadas industrias «de integración» y las «empresas mixtas» son mascarones del capital financiero imperialista. No es casual que, coincidiendo con este «desarrollo industrial», se hayan multiplicado las inversiones norteamericanas, que de 225 millones de dólares en 1950 pasaron a 375 en 1963 (en Centroamérica). Honduras es el país más atrasado de Centroamérica y también el más dependiente del imperialismo. Las continuas acumulaciones de capital no han sido reinvertidas en el país, han ido a parar a los bancos norteamericanos, produciendo una descapitalización que se ha traducido en un exiguo crecimiento de los diversos renglones de la economía nacional y en ausencia de obras de beneficio público. De 1925 a 1952 las compañías yanquis remitieron a Estados Unidos como utilidades y dividendos la suma de 825 millones de lempiras. En lo que se refiere a la producción bananera, asciende a 1 200 millones de lempiras la suma remitida al exterior por las empresas fruteras en los últimos cincuenta años. Los monopolios yanquis controlan casi toda la economía del país, intervienen en la vida social y cultural y determinan las cuestiones básicas de la política del Estado hondureño. *En sus manos están las principales industrias, las más grandes empresas agrícolas, todas las minas en explotación, las plantas de energía eléctrica, el transporte aéreo, marítimo y ferroviario* (con excepción del ferrocarril nacional), etcétera. El comercio exterior está orientado al mercado norteamericano. Y no solo se trata de que este absorbe el 55,8% de las exportaciones y controla el 49,8% de las importaciones (datos de 1966), sino de que, además, la explotación de los principales productos de exportación la realizan directamente o la controlan los monopolios de Estados Unidos. El banano y los metales, por ejemplo, que en 1967 ocuparon el 56,9% del total de las exportaciones, están controlados por ellos en un 100%; la carne, la madera, el algodón y el tabaco, que ese mismo año ocuparon el 16% de las exportaciones, las controlan en un 50%. El café es una excepción, en su mayor parte es cultivado por hondureños; sin embargo, también está supeditado a la demanda de Estados Unidos, con sus vaivenes. Puede decirse que la economía hondureña es apendicitaria de la economía imperialista. El grado de atraso de nuestro país está determinado por el grado de dependencia y saqueo imperialista.

13

El 86% de las inversiones extranjeras directas en Guatemala son norteamericanas. En El Salvador ese porcentaje baja al 60%. Pero en Honduras asciende al 95%, en Nicaragua es del 80% y en Costa Rica del 75% (Fuente: Gert Rosenthal: «The Role of Private Foreign Investment in the Development of the C.A. Common Market», 1971, que se basa en informaciones de los bancos centrales de cada uno de los cinco países).

14

Salvador Cayetano Carpio, posiblemente el más destacado dirigente obrero salvadoreño de los últimos veinticinco años, ex secretario general del Partido Comunista, probado en los fuegos de la prisión, de la tortura y de la clandestinidad, a la luz del movimiento de masas y del desarrollo del sindicalismo revolucionario nacional, construye un claro cuadro de la penetración en el movimiento sindical salvadoreño en su trabajo «Las corrientes sindicales en El Salvador» (Revista *La Universidad*, noviembre-diciembre, San Salvador, 1969):

En cuanto al Gobierno y los monopolios yanquis, que tienen
enormes intereses económicos en América Latina, así como el
dominio militar, político, cultural, etcétera, han organizado, a
través de los dirigentes sindicales norteamericanos dirigidos
por ellos (de la AFL-CIO), la llamada Organización Regional
Interamericana de Trabajadores (ORIT), que sigue al pie de la
letra la política que traza el Gobierno de Estados Unidos y el
Pentágono, tanto en las cuestiones mundiales en general, como
en lo que se refiere a América Latina. En el interior de cada
país esta organización amolda su política laboral a las conve-
niencias de la penetración y explotación de los monopolios
yanquis y a los planes de los imperialistas norteamericanos en
contra de los intereses de cada uno de los pueblos latinoamericanos. Se coloca contra las fuerzas revolucionarias de cada
país, contra cada acto de liberación y emancipación nacional
enfilado contra el imperialismo; apoya a los Gobiernos anti-
populares y militaristas que el imperialismo sostiene; incluso,
propicia las invasiones de los marines norteamericanos cuando el Gobierno de esa potencia estima conveniente enviarlos
(caso de República Dominicana). Sin embargo, la ORIT no es
en este momento el canal más directo que está usando el Gobierno norteamericano para su penetración en el movimiento
sindical de cada país. En los últimos años ese instrumento es
el INSTITUTO AMERICANO PARA EL DESARROLLO DEL SINDICA-
LISMO LIBRE (IADSL), organismo que tiene vínculos directos con
la CIA. A cargo del Instituto está no solo la penetración ideológica, sino toda una serie de esferas que le permiten establecer
el total control sobre las organizaciones que han caído bajo su
órbita. En 1962 los monopolios y el Gobierno de Estados Unidos
encomendaron a los declarados agentes de la CIA en la American Federation of Labor y el Congress of Industrial Organi-
zations (AFL-CIO), George Meany y Jay Lovestone, la creación
del IADSL. Ellos colocaron al frente del mismo a William C.
Doherty Jr., habiendo sido director del Instituto hasta 1966 el
connotado agente imperialista Serafino Romualdi. El IADSL

depende directamente del Gobierno de Estados Unidos y de
los monopolios yanquis. Su presupuesto anual, que asciende
a varias decenas de millones de dólares, lo aportan el Gobierno de Estados Unidos, la CIA, unas sesenta y cinco compañías
industriales que tienen fuertes inversiones en América Latina
y (en una mínima parte) la AFL-CIO. Para el presupuesto de
1965, solamente la Agencia Internacional de Desarrollo (US-
AID) dio al IADSL más de 3 millones de dólares. En el Consejo
Administrativo del IADSL, a la par de los dirigentes sindicales
norteamericanos y de la ORIT, están los ejecutivos de los más
grandes monopolios yanquis. Su presidente es J. Peter Grace
(ejecutivo de la W.R. Grace y Co. y de una impresionante lista
de grandes compañías que operan en América Latina). El vicepresidente del Consejo es Brent Friela, ejecutivo de varias compañías, y son miembros: Juan Trippe (presidente de la Panam),
Charles Brienkerhoff (presidente de la Anaconda Copper, la
compañía explotadora del cobre chileno), William N. Hickey
(de la United Corporation), Roberto C. Hill (de Merck and Co.)
y otros directores de consorcios imperialistas. El IADSL organiza escuelas sindicales en muchos países de América Latina,
cursillos, seminarios, y proporciona becas de acuerdo a un escalonamiento de estudios hasta culminar con los cursos que
imparte en Washington a los dirigentes de alto nivel sindical,
que se han convertido, a través de escalas menores de «educación sindical», en incondicionales servidores de la política yanqui en nuestros países. Para Centroamérica el IADSL ha creado
una filial llamada IESCA (Instituto de Estudios Sindicales Centroamericanos), que tiene su sede en San Pedro Sula (cerca de
los dominios de la United Fruit Company). En El Salvador, el
Ministerio de Trabajo se ha convertido en un instrumento de
las actividades antinacionales del IADSL (o sea, de la CIA), ya
que sus planes de «educación sindical» se combinan en una
medida con labores de dicho Instituto y funcionarios del Ministerio imparten clases junto con los instructores yanquis y de
otras nacionalidades que sostiene el IADSL y que son agentes

directos de la CIA. El Ministerio de Trabajo «salvadoreño» ha puesto a disposición del IADSL, para la organización de cursillos y seminarios, algunos de los balnearios y casas de descanso (Conchalío, Coatepeque, La Palma) que controla como organismo del Estado. Allí, a la par de la bandera de El Salvador, durante tales cursillos ondea retadora la bandera de Estados Unidos, como un símbolo inequívoco del rumbo neocolonialista que el Instituto está tratando de imprimir a nuestro país. El IADSL tiene un campo de acción en nuestro país mucho más amplio que el de la ORIT. Su esfera de actividades abarca no solo la Confederación General de Sindicatos (CGS), sino que se extiende a la Central de Trabajadores Organizados Salvadoreños (CTOS) y a algunos sindicatos neutrales. Sin embargo, es de notar que por las dificultades habidas con la CGS (por el excesivo apadrinamiento gubernamental que ha llegado a «quemarla») el IADSL ha adoptado como su campo principal de operaciones a la CTOS y, en el seno de ella, a la FESINCONS-TRANS. Entre los directivos de esa central, cada vez se apoya más en Felipe Antonio Zaldívar y René Barrios Amaya. Estos están sustituyendo de manera creciente a los dirigentes de la CGS en la confianza de los jefes del Instituto: los monopolios y la CIA.

Para aclarar más aún el cuadro ofrecido por Carpio, hay que decir que, además de las uniones mencionadas, existen en El Salvador la Unión Nacional de Obreros Cristianos (UNOC), de orientación democristiana, y la Federación Unitaria Sindical (FUS-FESTIAVTSCES), de orientación progresista, en cuyo seno están integrados los sectores sindicalizados revolucionarios.

15

Personal oficialmente autorizado de los Grupos Consultivos de Asistencia Militar (MAAG's), Misiones Militares y Grupos Militares de Estados Unidos en países centroamericanos (datos del 1ro. de julio, 1971):

Costa Rica	5
El Salvador	18
Guatemala	30
Honduras	17
Nicaragua	19
Panamá	8

Estas cifras solamente incluyen al personal con nombramiento oficial trabajando en el seno de las fuerzas armadas del país en referencia.

16

Toda dominación supone una «ideología de la dominación», una ideología que las clases dominantes imponen a las clases dominadas. De allí que el imperialismo yanqui desarrolle una intensa y permanente labor de agresión ideológica contra nuestros pueblos para asimilarlos y para hacer pasar su sistema de explotación como algo connatural, como el mejor de los mundos posibles, para cubrir el carácter extranjero y antinacional del sistema de vida capitalista-dependiente. Y, modernamente, una «ideología de la dominación» supone un aparato difusor y transmisor de la misma. En Guatemala, El Salvador, Honduras, Nicaragua y Costa Rica funciona en la actualidad ese aparato, basándose en las facilidades que ofrece la tecnología moderna encarnada en los llamados «medios masivos de comunicación», que en su actividad deformadora totalizante están absorbiendo inclusive campos antes independientes como función estatal, como es la educación pública. Una lista completa de los componentes de ese aparataje al servicio de la cultura imperialista en un país centroamericano podría ser la siguiente:

- Medios masivos de comunicación (prensa diaria, radio, cine y televisión, industria editorial mayormente de importación). En este terreno el dominio imperialista se caracteriza porque se ejerce a nivel global centroamericano en forma coordinada y, en la mayoría de los casos (prensa y TV, por ejemplo), en forma prácticamente monopólica.

- Aparato de educación preprimaria, primaria, secundaria y técnica, educación militar y administrativa, sindical, educación de adultos, alfabetización, TV educativa, educación agropecuaria, etcétera, de los Estados, al servicio de los intereses fundamentales del capitalismo dependiente de Estados Unidos. En algunos terrenos el imperialismo orienta directamente los lineamientos de contenido y los canales de la educación: textos oficiales centroamericanos de lectura de la ROCAP; reforma educacional «salvadoreña» confeccionada «de punta a cabo» por los expertos de la Universidad de Stanford, Estados Unidos; orientación de programas universitarios mediante la financiación por parte de las fundaciones yanquis, etcétera. En este terreno el imperialismo ha encontrado oposición nacional de envergadura, sobre todo a partir de: a) movimiento estudiantil universitario e intelectualidad progresista de origen universitario; b) movimientos de maestros que, a partir de sus luchas por reivindicaciones económicas, se han radicalizado políticamente y levantan banderas de reinvidicaciones político-ideológicas de tipo progresista y antiimperialista en el terreno de educación. La contrarrespuesta imperialista no ha sido ya «ideológica», sino militar: represión contra los movimientos magisteriales de Guatemala, El Salvador y Honduras; ocupaciones militares de las universidades de Guatemala, El Salvador, Nicaragua, etcétera.

- Uso del aparataje ideológico-religioso de las diversas iglesias actuantes en la zona, principalmente de la Iglesia católica. Últimamente la instrumentalización tradicional de este canal para el mensaje imperialista se ha visto limitado por la lucha ideológica surgida en el seno de la Iglesia católica y la actividad de sectores progresistas del clero nacional y extranjero. Hay diversas iglesias de origen norteamericano, sin embargo, como la de los Mormones y los Testigos de Jehová, que siguen surtiendo de cobertura a los agentes de campo de la CIA.

- Aparato propio de difusión y propaganda y de guerra y operaciones psicológicas del Gobierno de Estados Unidos en cada país centroamericano.

- Penetración por los medios culturales en el sentido restringido del término: arte, literatura, intercambios culturales.

Volveremos sobre estos aspectos en las próximas páginas.

17

«¿Quiénes son nuestros enemigos?» —se pregunta Orlando Fernández en su trabajo «Situación y perspectivas del movimiento revolucionario guatemalteco». Y responde:

La oligarquía (terratenientes y burgueses), el imperialismo yanqui y todos sus agentes conscientes. (Es necesario hacer diferencia entre los que sirven al imperialismo y a sus lacayos inconscientemente, como es el caso de muchos soldados y policías, y los que son sus agentes con plena conciencia, porque los primeros pueden rectificar cuando comprenden la situación, pero los segundos son los *peores* enemigos nuestros). La oligarquía es el enemigo *inmediato* (ya nos estamos enfrentando de lleno contra él), pero los yanquis son el enemigo *principal* (sin su ayuda *ningún* Gobierno de la oligarquía aguantaría mucho tiempo). Expliquemos más esto. Los imperialistas yanquis, al principio de su expansión a fines del siglo pasado, en vez de *colonizarnos directamente* como lo hicieron con Puerto Rico y Filipinas, aprovecharon las debilidades del raquítico, convulso y embrionario proceso de formación nacional que siguió a nuestra ridícula independencia de España, para infiltrarse en nuestro país por medio de tratados, etcétera, y así, apoderándose de las arterias vitales de nuestra economía, comenzó a someternos económica y políticamente. Su penetración, justificada jurídicamente por la Doctrina Monroe, paralizó el débil impulso revolucionario burgués y forzó una cierta coexistencia (no exenta de esporádicos choques, rivalidades y alternativas en el poder) entre los terratenientes feudales y la embrionaria burguesía (comercial y burocrática), dando lugar a la formación del bloque oligárquico. (Por eso Ubico, que gobernó en nombre de los liberales, representaba también los *intereses fundamentales* de los conservadores). De esta manera el imperialismo yanqui logró ir apretando su garra de dominación económica y política *sin aparecer directamente*. El Estado y la economía *parecen* dirigidos completamente por la oligarquía criolla, a través del Gobierno de turno, en sus diferentes matices políticos. Son sus representantes los que aparecen *administrando el país*, aplicando el régimen de explotación que agobia a nuestro pueblo y, por consiguiente, constituyen ellos el *enemigo visible*. Pero ¿a qué bolsillos, a qué bando van parar las riquezas producidas con el sudor del pueblo guatemalteco y por la tierra guatemalteca? *Siempre, al final, paran en las manos de los yanquis.* Los yanquis son los que más ganancias sacan del trabajo de nuestro pueblo y, con la complicidad de sus lacayos de la oligarquía que les sirven de administradores e intermediarios, su dominación sobre nuestra patria *aumenta cada día más* sin que el pueblo vea claramente el rostro del verdugo principal. ¿Cuáles son los intereses yanquis en nuestra patria? Los intereses *económicos* aparentemente no son muy grandes porque la United Fruit Co. y la International Railroads of Central America (IRCA), así como los monopolios navieros (es decir, los monstruos antediluvianos de la penetración yanqui), han perdido importancia relativa, pero en esencia esos intereses son muy considerables porque las inversiones yanquis están cobrando forma (incluyendo los viejos monopolios) de empresas capitalistas agrícolas comerciales, o industriales de carácter mixto; porque Guatemala es el país más poblado del istmo centroamericano y por lo tanto constituye el mercado de consumo más grande en el seno del Mercomún, de indiscutible interés yanqui; y porque nuestra patria es el asiento de una gran reserva estratégica de petróleo y materiales pesados (plomo, mercurio y posiblemente uranio). Los intereses políticos, la contradicción imperialismo-socialismo entrelazada con la lucha activa de liberación nacional, solamente existe en dos regiones del globo: Sudeste del Asia (Vietnam-China) y en el área del Caribe (Cuba, Venezuela, Guatemala). El hecho de que la coyuntura Cuba-Venezuela-Guatemala se dé en la zona geográfica considerada como traspatio del imperialismo, el mismo continente americano, hace particularmente peligroso para los yanquis el desarrollo de una guerra popular en esta región, hecho que quedó demostrado con la premura y celeridad con que actuaron en el caso de la República Dominicana. A esta situación regional hay que agregar que Guatemala es el país del área *donde la estructura de las clases dominantes es más débil* (la permanente inestabilidad política), donde la influencia política e ideológica del imperialismo es menor en relación con el conjunto de la población (la presencia de las grandes masas indígenas), y donde las conmociones políticas recientes han sido más profundas (la revolución democrático-burguesa de 1944-1954). Todo lo cual hace de nuestro país *un punto vital y crítico* para la estrategia continental yanqui. Aun teniendo considerables intereses económicos en el país en contubernio con los oligarcas, *los intereses políticos yanquis prevalecen* sobre los económicos por la importancia que Guatemala tiene para la zona geográfica. En un momento determinado el imperialismo no vacilará en sumir a nuestro país en una guerra de grandes proporciones, *sacrificando sus intereses económicos inmediatos* (y por supuesto, los de sus lacayos), para defender sus «intereses políticos». *Conclusión*: nuestros enemigos son la oligarquía y el imperialismo yanqui; la primera es el enemigo más inmediato y visible, pero el imperialismo es el principal y el más potente. El imperialismo tiene considerables intereses políticos prevalecientes. Guatemala es por sus condiciones concretas, a la vez, un *punto de importancia y debilidad estratégica* en el sistema imperialista continental, lo cual supone dos cosas: 1) condiciones objetivas para desarrollar la revolución; 2) choque inevitable en su desarrollo con la intervención directa y abierta de la fuerza militar yanqui. *Por lo tanto, para los revolucionarios guatemaltecos la intervención yanqui constituye una etapa estratégica de nuestra guerra revolucionaria.* Ninguna maniobra táctica puede eludirla. Ninguna actitud de «moderación» en el programa de transformaciones económicas podrá evitar que los yanquis, para garantizar lo que consideran «sus intereses políticos», intervengan con la fuerza. Toda maniobra que con el pretexto de «evitar» la intervención yanqui detenga o frene en la práctica el desarrollo de nuestra guerra, esconderá en su fondo una actitud claudicante. En la presente etapa *debemos empezar a atacar intereses y organismos ligados al imperialismo yanqui,* sin temor de que esto pueda influir o no en su intervención directa. Ella ya está determinada y *se realiza* escalonadamente en defensa de sus intereses y de su estrategia. Nosotros debemos tomar la iniciativa *para profundizar la conciencia de lucha antiimperialista de nuestro pueblo. No podemos esperar a que sea su acción la que nos obligue a hacerlo tardíamente* (1967).

18

Cuando hemos hablado, algunas páginas atrás, del «aparato ideológico» del imperialismo en Centroamérica, señalamos expresamente el aparato propio, oficial, del Gobierno de Estados Unidos operando en nuestros países abiertamente. En él se destaca la Agencia de Información de Estados Unidos (USIA) que actúa en la mayoría de los países con el nombre de Servicio de Información de Estados Unidos (USIS). En un artículo publicado en la revista *OCLAE,* la periodista cubana Juana Carrasco nos hace saber, respecto a estos organismos imperialistas y su compleja labor, lo siguiente:

La propaganda oficial norteamericana es difundida en el mundo a través de un organismo especialmente creado para este fin: la United States Information Agency (USIA) o United States Information Service (USIS), como es conocido en los países con que actúa. La USIA o USIS, indistintamente puede llamársele de ambas formas, es el principal brazo de la propaganda norteamericana en América Latina, es la voz oficial del Gobierno de Estados Unidos en ultramar. El funcionario de relaciones públicas de la USIS actúa como agente de prensa del embajador, es el «anónimo» vocero de la embajada. La tarea de la USIS, como lo declara su escudo, es «contar al mundo la historia de América». Y para ellos Estados Unidos es América. Se creó la USIA en 1953 bajo el mandato de Eisenhower; y hablando técnicamente la podríamos definir como *el buró de planificación y logística de todas las operaciones gubernamentales norteamericanas relacionadas con la estrategia psicológica.* Para hacerlo más entendible, sus 200 agencias en el extranjero constituyen la avanzada de penetración del «american way of life», la vitrina que les muestra este a las masas, que les vierte el estímulo «correcto» ante sus ojos y oídos: ese estímulo puede ser un carro último modelo, un televisor a colores, el Apolo XII, el marine yanqui «liberando» a los vietnamitas del «peligro del comunismo» o «protegiendo» la vida de los ciudadanos norteamericanos en Santo Domingo. Cada oficina de la USIA tiene cuatro objetivos fundamentales: 1) Proporcionar una imagen de Estados Unidos como líder del llamado Mundo Libre y demostrar que sus intereses fundamentales son similares a los de los otros países de ese llamado Mundo Libre; 2) presentar la vida norteamericana como un reflejo de la «vigorosa sociedad democrática», cuyas metas son similares a las de otras naciones del llamado Mundo Libre; 3) en los países donde Estados Unidos tiene programas de la llamada «ayuda económica y militar», dar publicidad a la extensión y propósito de estos programas; 4) señalar «el peligro del comunismo como una nueva forma de imperialismo que amenaza la libertad de las naciones independientes, mediante la subversión interna y la agresión externa». *En la mayoría de los puestos de la USIS, las operaciones principales de la sección de información se relacionan con la prensa local. El funcionario de información es el vocero de la embajada norteamericana y proporciona a las asociaciones de prensa y a los periódicos los puntos de vista norteamericanos sobre la actualidad interna del país en cuestión o sobre sucesos o acontecimientos mundiales.* Las oficinas de la USIS tienen una alta prioridad para recibir antes que nadie las noticias de muchos corresponsales políticos; las oficinas de prensa de la USIS son una parte integral del mayor servicio de prensa comercial del mundo; un registro diario de noticias, preparado por la jefatura de la USIA en Washington y transmitido por circuitos de radioteletipo a las oficinas de la USIS en todos los países donde existen, se lleva a cabo con material de prensa que mayormente consiste en declaraciones oficiales norteamericanas, tales como discursos presidenciales, declaraciones del Departamento de Estado y transcripciones de las conferencias de prensa del presidente. Este servicio de prensa se pone a disposición de los editores y otros dirigentes de la opinión pública en el mundo como material de consulta para darles una idea exacta de la posición norteamericana oficial sobre los asuntos importantes [...] La variedad de medios con que cuenta la USIA para su tarea de penetración es extraordinaria. La Voz de América utiliza emisoras distribuidas por casi todo el mundo. Es un hecho que no todas las personas en el mundo pueden leer, ya que el índice de analfabetismo es considerable. Pero la mayoría de la población mundial puede oír. Y es ahí donde la radio comienza a realizar su función en favor o en contra, según en manos de quiénes esté la determinación de sus usos [...] Las actividades radiales norteamericanas han atravesado desde las programaciones corrientes de «La Voz de las Américas», hasta las transmisiones de gran secreto de los órganos de inteligencia (entiéndanse, entre otras, las interferencias) [...] Otro medio que utiliza la USIA es el servicio de ilustraciones y filmes. Se calcula que unos 900 millones de personas ven películas de la USIS todos los años. Existen 210 filmotecas de la USIS en 210 ciudades de todo el mundo. Se encargan de distribuir películas que muestren el desarrollo técnico norteamericano o también trabajan a través de empresas fílmicas «privadas». Ejemplo de esto es la película sobre los boinas verdes que produjo John Wayne bajo el auspicio del Pentágono, y últimamente la USIA ha producido un documental sobre el vicepresidente Spiro Agnew en que lo muestra como un hombre amigo de la educación y enemigo de la discriminación racial [...] La TV es otro medio a disposición de la USIA. Los programas de TV de la USIS son difundidos por más de 2 000 estaciones en noventa y cuatro países [...] Los materiales de programación, la asistencia técnica y los televisores, en gran medida, proceden de Estados Unidos. Un 80% de los programas presentados en América Latina se originan en Estados Unidos [...] La American Broadcasting Company (ABC), una de las cadenas de TV de mayor tamaño de Estados Unidos, comenzó la penetración de los medios de TV latinoamericanos a través de una organización internacional que se conoce con el nombre de Worldvision, que a principios de 1968 poseía sesenta y cuatro estaciones de TV en veintisiete países (dieciséis estaciones en América Latina) y a través de ellas llegaban a más de 20 millones de espectadores y miles de horas de transmisión. La ABC realizó inversiones en cinco estaciones centroamericanas de TV. Este grupo fue denominado Central America TV Network.

Hasta aquí la transcripción del artículo de la compañera Carrasco, en el cual sigue detallando las operaciones y los medios de la USIA, sin omitir bibliotecas, editoras, promoción artificial de *bestsellers* (libros de mayor éxito), etcétera y sin olvidar «centros binacionales» donde los agentes de la USIS enseñan inglés, mantienen librerías y salas de lectura, exhiben películas y patrocinan conciertos, conferencias y exposiciones («patrocinando» a la vez a los concertistas, conferencistas y expositores) y *reclutan para diversos fines de su labor de penetración* a los ciudadanos que les resultan idóneos y que han sido contactados originalmente allí, como es el caso de nuestro superinocente Centro El Salvador-Estados Unidos.

19

Uno de los organismos más odiosos del aparataje imperialista en Centroamérica se encuentra, por cierto, muy lejos de la sofisticación de la USIS o de los conciertos del Centro El Salvador-Estados Unidos: el conjunto de organismos paramilitares clandestinos y se-

miclandestinos que se integran a la guerra especial y a la contrainsurgencia en forma aparentemente «autónoma», «independiente»,
«espontánea», «de banda», a la par y bajo la protección de las fuerzas armadas regulares y de los cuerpos de seguridad oficialmente reconocidos por el Estado. Son las tristemente célebres «Mano
Blanca», «Ojo por ojo», «NOA», «Buitre Justiciero», de Guatemala;
«La Mano» y «La Pirámide», y la semioficial «ORDEN», de El
Salvador; «La Mancha Brava», de Honduras; y el «Movimiento
Costa Rica Libre», de Costa Rica: bandas fascistas, integradas bien
por criminales o fanáticos del anticomunismo, o por individuos de
las capas más atrasadas del país, entrenados para operaciones especiales y la acción directa; fuerzas de choque que permiten a los
Gobiernos que los auspician (bajo la dirección imperialista y basados en la experiencia internacional de Estados Unidos en tareas
de represión antipopular), cometer las más atroces ilegalidades sin
que los organismos represivos del Estado aparezcan como respon-
sables directos. Sobre todo en Guatemala la actividad de estas bandas de asesinos anticomunistas ha sido especialmente feroz, tanto
en las ciudades como en la zonas rurales, pero en todos los países
centroamericanos están ya organizados, en uno u otro nivel, estos
cuerpos represivos especiales que tan bien retratan el carácter an-
tihumano y (en el fondo) antilegal del sistema capitalista dependiente.

20

El examen más superficial de la llamada «prensa seria» salvadoreña
(sobre todo la de mayor circulación: *La Prensa Gráfica* o *El Diario de
Hoy*, por ejemplo, cada uno de los cuales tira unos 70 000 ejempla-
res diarios y unos 100 000 los domingos) puede dar a toda persona
avisada una idea bastante aproximada del nivel de dependencia, de

norteamericanización de los diarios que se leen en Centroamérica; no digamos ya un examen analítico permanente, en uso de los medios y métodos modernos que nos ofrecen las ciencias sociales y bajo la orientación de un criterio marxista-leninista.

Tomemos un ejemplo normal, de un día normal de *La Prensa Gráfica* (propiedad de la familia Dutriz, que posee intereses en toda la gama del negocio de impresión y artes gráficas, publicidad y la banca). Bajo el mismo nombre del diario se nos dice que es miembro de la tristemente célebre Sociedad Interamericana de Prensa (SIP), la vieja SIP de los grandes diarios oligárquicos y del ya fallecido coronel de la CIA Jules Dubois. A la par del título, se informa que la circulación está «certificada» por el Audit Bureau of Circulation (ABC) de Estados Unidos.

Teniendo un poco de paciencia, en el ejemplar escogido al azar, de fecha sábado 18 de agosto de 1973, compuesto por sesenta y dos páginas en tamaño tabloide (en determinados días de determinadas épocas del año las páginas de este diario pueden pasar de 100), podemos comprobar que trae 111 noticias. De ellas, cincuenta y cinco son nacionales y cincuenta y seis internacionales. De estas últimas, cincuenta y cuatro son noticias elaboradas por la UPI y la AP norteamericanas, una por la agencia italiana ANSA y una por un llamado «Servicio de Información de la SIP». Nueve noticias nacionales se refieren a sucesos directamente atingentes a las relaciones Estados Unidos-El Salvador o a actividades del aparato imperialista en El Salvador. Todas las fotografías sobre sucesos internacionales son de agencias yanquis.

En la página editorial, entre once materiales, hay dos elaborados por agencias norteamericanas y obtenidos por *La Prensa Gráfica* a través de los servicios correspondientes: una columna de «chispazos y anécdotas» titulada «Esprit», y un artículo contra el Gobierno del presidente Allende, de Chile. Completan la página dos columnitas «nacionales» sobre noticias de hace cincuenta y veinticinco años, entre las cuales se destaca en esta ocasión «un acto de reconocimiento que se dio el 18 de agosto de 1948 al mayor Robert K. Horton, de nacionalidad norteamericana, jefe del Servicio Cooperativo Interamericano de Salud Pública, que regresó a su país».

Aparecen en el resto del diario las siguientes secciones fijas de origen norteamericano: «Consejos Médicos», por el Dr. T.R. Van Dellen, dañina sección seudocientífica que generaliza consultas a casos concretos de enfermedades; «Amor es…», dibujo de una pareja característica que ilustra una frase diaria sobre los valores pequeñoburgueses de la vida en común, generalmente en forma de propaganda velada al «consumo de medios de confort»; «El hermano Pablo responde», banales respuestas con base bíblica a reales y supuestas consultas de lectores de todo el continente; «Su horóscopo»; «Actualidades desde San Francisco»: crónicas escritas por un miembro de la familia propietaria del diario sobre cuestiones cotidianas de aquella ciudad californiana; «El espejo del alma», por John Conwell: muy dañina columna de consejos seudopsicológicos; «Aunque Ud. no lo crea», por Ripley, curiosidades, fantasías; «Crucigrama»; etcétera.

Un lugar especial entre las secciones fijas merecen las cintas de dibujos, «muñequitos» o *comics* que en *La Prensa Gráfica* llegan diariamente al número de quince. Todas estas historietas son proporcionadas por empresas norteamericanas como el KFS (King Features Syndicate), NEA, etcétera, y todas transmiten, más o menos veladamente, la ideología de la dependencia con respecto a Estados Unidos. Algunas de ellas, como «Dick Tracy», «Agente Secreto X-9» y otras, son rabiosamente reaccionarias y glorifican los aparatos represivos norteamericanos. (Hay que señalar que la edición de los domingos de *La Prensa Gráfica* trae muchas otras secciones norteamericanas que van desde las recetas de cocina y los consejos de belleza hasta la selección de los «mejores» crímenes que acaecen en Estados Unidos, y, asimismo, un suplemento de varias páginas (entre dieciséis y veinte) con «muñequitos» a colores.

La propaganda cinematográfica y de televisión cubre cinco páginas y media. Profusamente ilustrada, insiste en dos líneas básicas: el sexo y la violencia. Sobre un número de setenta y dos películas anunciadas, cincuenta y una son norteamericanas. En la TV la proporción de materiales yanquis es aún mayor y se refleja elocuentemente en los simples títulos de las programaciones del día.

La publicidad comercial merece, aun en el caso de esta rápida y superficial mirada, una atención mayor. Hay que decir que lo que vemos en las páginas del diario es el resultado final de una elaboración que ha pasado por el tupido engranaje de las agencias de publicidad (extranjeras, «mixtas» y nacionales), cuyo horizonte está dominado por algunas pocas grandes agencias publicitarias norteamericanas como es el caso de la McCann Erickson. Los medios masivos (prensa, radio y TV) suelen actuar asimismo como empresas publicitarias y, en definitiva, significan cierta cobertura para las agencias de publicidad propiamente dichas (sobre todo en el caso de las agencias yanquis), ya que el anuncio aparece como anuncio del órgano de difusión, *La Prensa Gráfica* en el caso que examinamos. En el ejemplar aludido resaltan los anuncios de la tienda yanqui Sears Roebuck (cuatro inserciones), de Chevrolet (General Motors) y productos yanquis importados o elaborados por plantas locales de la industria «mixta» o subsidiarias de los monopolios norteamericanos en las ramas de farmacología y cosmetología, industria del vestido, alimentos, discos, fertilizantes, aparatos electrodomésticos, etcétera. El estilo es violentamente norteamericanizante: «compre el Bush Jean Lino's»; «pruebe el único sorbete americano con dos sabores simultáneos»; «gane dinero mientras aprende, en California Aircraft Institute»; los éxitos musicales del momentos: *Papa was a Rolling Stone, Jesus is just all right, Plastic Man*, etcétera. Hay una joya en la página 30: un anuncio del Centro El Salvador-Estados Unidos, promocionando cursos de inglés de siete semanas (una hora diaria), a unos diecisiete dólares, bajo el siguiente encabezamiento: «El que sabe inglés... ¡Vale más!»; todo lo cual no le impide a la dirección de *La Prensa Gráfica* insertar un pequeño anuncio ilustrado, bajo «El espejo del alma», junto a «Rip Kirby», «Mandrake el Mago» y «El Dr. Kildare», señalando que se trata de una «campaña» del diario. El anuncio muestra una bandera salvadoreña (por cierto, sin el escudo nacional, ya que a lo largo de la franja blanca central se lee en grandes letras «Dios, Unión, Libertad») y una leyenda: «SALVADOREÑO: La Patria es lo primero. Guía tus pasos con la devoción del civismo. Respeta los símbolos de tu nacionalidad».

Sería verdaderamente muy útil que el lector salvadoreño y centroamericano (pues *La Prensa Gráfica* no es sino uno de los numerosos representantes de la prensa imperialista en el istmo) tomara en cuenta, cada vez que va a leer «su» diario, esta descripción analítica de las imágenes que trata de crear la prensa imperialista en su público, y que nos ofrece Leonardo Acosta en su trabajo «Medios masivos e ideología imperialista»:

Como padre histórico de los medios masivos —dice Acosta— la prensa escrita es probablemente el más prestigioso de ellos. Según admite Bernard Berelson, director de la División de Ciencias del Comportamiento de la Fundación Ford, la prensa diaria ofrece una serie de ventajas, como son: a) la comodidad de una lectura breve que permite, o produce, la ilusión de «estar informado», o «al día» sobre la actualidad mundial; b) la creación de un hábito de lectura que llega a hacerse compulsivo; c) el reforzamiento del sentimiento de seguridad del lector al darle opiniones «autorizadas» para evaluar un suceso o situación; d) la ilusión de que transfiere al lector ciertos valores de «prestigio». Otro efecto de la prensa escrita (y que refuerzan otros medios) es el de *saturación* del público receptor. Después de cierto límite se produce un bloqueo de memoria y una neutralización del juicio crítico. Solamente la edición dominical del *The New York Times* satura al lector de tanta información banal que se diluye el efecto de las informaciones sobre la guerra genocida contra Indochina, por ejemplo. *Un recurso opuesto es el bombardeo sistemático de informaciones amañadas sobre un tema, para crear un «estado de opinión».* El método de proyección de imágenes es aplicado aquí a la presunta misión de informar. Los procedimientos son múltiples: fragmentación de imágenes, analogías, contracciones, empleo de neologismos, sinécdoques, metáforas, uso de adjetivos (o verbos y adverbios) peyorativos, y otros recursos estilísticos, lingüísticos y hasta fonéticos. Las imágenes son diseñadas para su captación inconsciente. Algunos ejemplos conocidos los ofrecen las metáforas como «hombre fuerte» para designar a dictadores rapaces, o como la expresión «padre de los cohetes teledirigidos» para referirse a Von Braun, con la cual identifican un valor socialmente respetado como la paternidad, con el nazismo o la destrucción nuclear. Otro caso típico la ofrece la adjudicación al ex canciller y ex ministro de Finanzas de Alemania Occidental, Ludwig Erhard, de la autoría del «milagro económico alemán», con lo cual le conferían una especie de «santidad pragmática». La Segunda Guerra Mundial proporcionó abundante material analógico, aunque contradictorio, pues al terminar la contienda el propósito yanqui era reivindicar a los militaristas yanquis y japoneses y transferir la imagen del «enemigo agresor» a la Unión Soviética. La campaña antisoviética se basó tanto en fraguados artículos sensacionalistas como en *frases clisés,* verdaderos «comprimidos ideológicos», como el famoso «cortina de hierro» o el «bloque ruso» de naciones, presentados como archienemigos del supuesto «mundo libre». Se creó un mundo maniqueo en que la política internacional quedaba reducida a una lucha entre «Oriente» y «Occidente». Deliberadamente la prensa yanqui se abstuvo de traducir términos rusos como *politburó, komintern, koljós,* para convertirlos en palabras-fetiche de contenido negativo, con las connotaciones de *extranjero, enigmático* y *peligroso.* Este recurso les valió luego para aplicar arbitrariamente los mismos términos a fenómenos revolucionarios de otros países, y provocar una reacción negativa inconsciente por analogía. Mientras se reivindicaba a los antiguos fascistas, que por arte de magia se convertían en «aliados democráticos», la imagen negativa del nazismo se ha seguido usando. Un ejemplo revelador lo constituye la versión yanqui del conflicto indo-paquistaní que culminó con la independencia de Bangladesh. (Un cable de la AP ejemplifica los procedimientos a que nos referimos. En el *lead* se habla de una evacuación de tropas paquistaníes copadas por el Ejército de la India como de «la mayor evacuación militar desde la del Ejército inglés en Dunkerke durante la Segunda Guerra Mundial». Siguen dos párrafos descriptivos de la operación, y en el último se explica qué fue lo que sucedió en Dunkerke y *quiénes* obligaron a los ingleses a evacuar. El paralelo es evidente: los paquistaníes se identifican con los ingleses [buenos] y los hindúes con los alemanes [malos]). La analogía con el nazismo había sido ya utilizada en la campaña antinasserista, basándose en un artificial paralelo entre el genocidio hitleriano contra el pueblo judío y el enfrentamiento de Nasser a un Estado israelí reaccionario y expansionista patrocinando por el propio imperialismo norteamericano. Cuando durante la presidencia del general De Gaulle Francia mostró una tendencia centrífuga dentro de la OTAN, a la vez que firmaba varios pactos bilaterales con el Gobierno de Adenauer, la prensa norteamericana utilizó la fórmula «eje Bonn-París», que se asociaba inmediatamente al eje Berlín-Roma-Tokio, de tan poco grata recordación. Durante la Segunda Guerra Mundial emplearon el despectivo *japs* para referirse a los japoneses. Luego, durante la guerra fría y la de Corea, el epíteto *reds* (rojos) fue probablemente preferido a cualquier otro por su asociación fonética con *japs*. Igualmente el término *vietcong*, concebido como peyorativo, se asocia fonéticamente a Congo y por lo tanto a *negro*, connotación negativa en un país eminentemente racista. El mito del «peligro amarillo» fue igualmente explotado a partir de un contexto racista. Para Cuba inventaron la típica contracción gramatical «castrocomunismo», que luego explotaron con referencia a otros países, en los que siempre veían «motines procastristas», «guerrillas castrocomunistas» o «regímenes procastro». Como el peor enemigo del capitalismo radica en la fuerza de las masas explotadas, el repertorio al efecto de frases y palabras estereotipo de la prensa imperialista es muy amplio. La primera regla que parecen seguir es que las masas explotadas nunca se componen de seres humanos. De ahí las analogías con características y actitudes animales o subhumanas. Un ejemplo típico lo tenemos en las «hordas comunistas» u «hordas de chinos» con que intentaban justificar sus derrotas en Corea. Cualquier manifestación revolucionaria se convierte en motín en el que «turbas frenéticas» danzan, chillan o asaltan establecimientos de bebidas alcohólicas. La idea es identificar *revolución* con *orgía* y por lo general se trata de «turbas dirigidas por comunistas».

21

Un combatiente del Frente Sandinista de Liberación Nacional de Nicaragua (FSLN) caído en combate integrando un comando operativo del Frente Popular por la Liberación de Palestina, Patricio Argüello Ryan, dejó escritas algunas páginas sobre la penetración imperialista en Nicaragua y sobre el punto de vista que los revolucionarios nicaragüenses tienen sobre la falaz integración económica y otros problemas importantes de la zona centroamericana.

El desarrollo capitalista en Nicaragua y América Central en la última década —escribió el héroe nicaragüense internacionalista— ha conducido a la creación de una industria liviana, que más que nada puede ser clasificada como una industria de transformación integrada de bienes de consumo y medios de producción. A su vez, el mercado interno ha crecido poco en contraste con el proceso de urbanización que ha sido relativamente acelerado (fenómeno típico en América Latina y muchos países del Tercer Mundo: barrio de pescadores, villas miserias, ranchitos, favelas, callampas, etcétera). Este desarrollo capitalista ha formado una burguesía creciente que ocupa, en conjunto con los latifundistas, posiciones claves en el aparato del Estado, así como un reducido proletariado joven que está sujeto a las duras condiciones de vida y trabajo que caracterizan el desarrollo capitalista en los países atrasados. Pero, en verdad, Nicaragua o América Central no pueden ser consideradas como economías capitalistas plenas. El crecimiento económico ha sido deformado desde su etapa inicial por la dominación imperialista y por el monopolio latifundista. El dominio imperialista en las relaciones de intercambio con el exterior se mantiene, ya que solo el comercio con tres países capitalistas representa más del 68% de las exportaciones nicaragüenses. Las importaciones también muestran esta dependencia: el 49,97% provienen de Estados Unidos. Luego vienen las inversiones directas mediante la implantación en el país de empresas extranjeras (US Steel Co., Borden Chemical Co., United Fruit, Sears, ESSO, Magnavox) y el endeudamiento progresivo a través de empréstitos y financiamientos (antes por medio de Brown Brothers y Seligman, hoy por el BID y el Banco Centroamericano), que transforman en un mito la independencia económica del país. En 1965, el 98% de los préstamos extranjeros a Nicaragua fueron otorgados por el BID. El desarrollo de Nicaragua y América Central no es independiente, sino profundamente subordinado al sistema de dominación imperialista. El control extranjero de las posiciones claves en el sistema industrial, comercial y financiero conduce a la transferencia para el exterior de una parte importante de la renta nacional y al empobrecimiento continuo del país. La magnitud y distribución de las inversiones extranjeras directas y, en especial, norteamericanas se ignoran. Sin embargo, la CEPAL estima que son mayores que las inversiones indirectas y que sus ganancias ascienden a 65,5 millones de dólares en el período 1956-1965 (CEPAL: *Estudio económico de América Latina*, 1965). La dominación imperialista es por lo tanto uno de los principales obstáculos al desarrollo económico y social de Nicaragua y de América Central. La penetración capitalista en el sector agropecuario (algodón, plátano, granos) ha creado un predominio de trabajo asalariado temporal (limpia y corte de algodón y café) que ha creado culturas de subsistencia formadas por masas nomádicas que el 65% del año quedan sin trabajo. En la mayoría del país (áreas del norte de Matagalpa, Jinotega, y las Segovias, así como el interior) impera el latifundio precapitalista (haciendas de café en particular) y las relaciones de trabajo semifeudal y semiesclavista, la ausencia de inversiones y tecnología moderna y la baja tasa de productividad. En tres años (1964-1967) el costo de vida en Nicaragua aumentó el 10%, los alimentos en un 16% y los salarios se mantuvieron en el mismo nivel (oscilando el del proletariado rural entre 50 y 90 centavos de dólar por día). El desarrollo capitalista en la agricultura no se realiza mediante la eliminación radical del latifundio y de las relaciones precapitalistas, sino más bien en la conservación de las grandes propiedades latifundistas y su penetración gradual por las formas capitalistas de producción. El latifundismo tiene enormes áreas sin cultivar, impide la aplicación de capital y técnicas en la producción agropecuaria, evita el desarrollo del mercado interno y por eso constituye un serio impedimento para el crecimiento de las fuerzas productivas, tanto en la agricultura como en la industria. La tenencia de las tierras continúa diferenciándose poco de las relaciones feudales que existían antes de la independencia respecto a la Corona. Ha cambiado solo por el hecho de concentrarse cada vez mayores cantidades de tierra en manos de la oligarquía y monopolios yanquis como Magnavox (al que se otorgó una concesión por un millón de hectáreas para la producción maderera). Los campesinos pobres fueron y siguen siendo desalojados de las tierras por mandato de los latifundistas. La «reforma agraria» auspiciada por la ALPRO no eliminó el latifundio ni está en capacidad de hacerlo. La concentración de la tierra en manos de una minoría privilegiada arroja estas cifras: 840 propiedades, que representan el 1% del número total, ocupan el 41,9% de la superficie total. 17 940 propiedades (34,8% del total de propiedades) ocupan solo el 2,3% de la superficie (Datos ONU: 1963). Por las características de su formación histórica la estructura capitalista de Nicaragua y de América Central está estrictamente subordinada el sistema imperialista e íntimamente vinculada con el latifundismo. En estas condiciones el capitalismo es incapaz de crear una economía independiente y de superar el atraso latifundista. En tales circunstancias la burguesía nicaragüense no ejerció ni puede ejercer la misión histórica revolucionaria desempeñada por esa clase en otros países, en la época de las revoluciones burguesas. Se manifiestan sin duda contradicciones entre sectores de la burguesía y del imperialismo, en la competición del mercado interno, por las fuentes de materias primas. Pero tales contradicciones no se pueden traducir en una lucha que dé por resultado la liberación nacional, debido al hecho de que el propio crecimiento del capitalismo nacional se realiza a través de una dependencia creciente respecto al sistema imperialista. En vista de la escasez de capital y tecnología moderna, la burguesía y el Estado a su servicio, apelaron y continúan apelando a las inversiones extranjeras, que pasan a controlar los sectores básicos de la economía (Aceitera Corona es ya propiedad de la United Fruit, Metasa es ya propiedad de la US Steel Co.). Las contradicciones entre la burguesía y el imperialismo no tienen un carácter antagónico y pueden ser resueltas o por lo menos atenuadas a través de concesiones mutuas dentro del proceso de integración de la economía nacional en el sistema imperialista. La burguesía está consolidando su posición como clase dominante en una época en que el campesinado y el proletariado urbano y rural buscan cómo desempeñar un papel independiente, y el socialismo se hace un factor decisivo en el proceso de desarrollo social. Como clase explotadora y propietaria de los medios de producción, la burguesía tiene intereses diametralmente opuestos a los de las masas campesinas y proletarias. De ahí que tienda a solucionar sus contradicciones con el imperialismo y el latifundismo a través de compromisos y no por medio de una vía revolucionaria. La burguesía nicaragüense teme que la lucha antiimperialista y antilatifundista sobrepase los límites de una acción reformista y se convierta en una revolución popular, en la cual el campesinado y el proletariado urbano opten por desempeñar un papel en pro de sus propios intereses, destruyendo y erradicando los privilegios capitalistas. Los intereses de la vieja clase burguesa la conducirán a mantener el compromiso con la vieja clase latifundista y formar una alianza que domine el poder del Estado en dependencia del imperialismo yanqui (esa alianza burguesa existe ya en el sector burgués que desempeña múltiples funciones dentro de la economía nacional).

Los intentos para regenerar la desastrosa inestabilidad del sistema capitalista en la zona dieron como resultado la creación del Mercado Común Centroamericano, que pretendió presentarse como la solución más adecuada a los problemas del «desarrollo». Desde su inicio se destacó la contienda intercentroamericana para aumentar las ya existentes concesiones al capital extranjero. Con el pretexto de atraerlo se le extendió una serie de garantías con la finalidad de que fuera él y no el capital nacional, en quien recayera la tarea del desarrollo de una infraestructura para la industria liviana de transformación. En resumen: se vendió la soberanía nacional una vez más bajo el pretexto del desarrollo. Los incentivos al capital extranjero abarcan desde garantías contra la devaluación de la moneda, la nacionalización, etcétera, hasta contra guerras y revoluciones. (Ver a este respecto las aplicaciones de este concepto en el conflicto El Salvador-Honduras, en el caso de la demanda entablada por la compañía ADOC «salvadoreña», cuyas casas comerciales fueron destruidas en Tegucigalpa en los primeros días de la contienda). Además, se ofrecen facilidades para la adquisición de terrenos, seguridades de que no existirá competencia en el ramo escogido por determinada compañía, obtención y libre remisión al exterior de todas las ganancias, establecimiento de empresas exportadoras de materias primas nacionales, montaje de fábricas empacadoras, armadoras y ensambladoras de productos manufacturados extranjeros sin que tengan que pagar ningún impuesto ni cargas tributarias por sus exportaciones de materia prima, partes a montar, etcétera. (Ver: Richard Price: *International Commerce*, 1963). En fin, los llamados «incentivos para el desarrollo industrial» no hacen sino limitar los ingresos del Gobierno, forzando a este a solicitar nuevos y numerosos préstamos al imperialismo. Las inversiones públicas originan grandes importaciones para evitar el aumento de los precios, lo que a su vez deteriora la balanza de pagos (ya que el 33% de la demanda interna es abastecida por importaciones). Es así como la inversión pública depende directamente de los créditos extranjeros y, como consecuencia de ello, la deuda externa alcanzó más de los 100 millones de dólares, lo que significa que se triplicó con creces en seis años, en 1967 (*Estadísticas del Fondo Monetario Internacional*, 1967). Para Nicaragua y América Central el Mercado Común Centroamericano ha sido esencialmente el mecanismo de transformación de una economía cuasi-nacional subdesarrollada, apéndice de la economía imperialista yanqui, en una economía cada vez más deformada en su desarrollo y cada vez más sometida y dependiente de las coyunturas del mercado internacional (del algodón, carne, café, azúcar) en beneficio del capital yanqui y en perjuicio del nivel de vida del pueblo nicaragüense. El desarrollo capitalista no es capaz de liberar a Nicaragua o Centroamérica del imperialismo y del latifundismo, de la opresión y del atraso, y la burguesía portadora de las relaciones de producción capitalista no es una fuerza revolucionaria. Bajo estas condiciones es imposible que una «revolución» o cambio democrático-burgués pueda llevar a cabo los cambios necesarios que tengan como objetivos la formación de un Estado Nacional burgués y la expansión capitalista. El desarrollo económico y social de Nicaragua y América Central solo podrá ser impulsado por una revolución popular que sea capaz de derrumbar el poder de la minoría latifundista y burguesa y liberar completamente al país del dominio imperialista, eliminar el latifundio y realizar una reforma radical de la estructura agraria, abriendo de este modo el camino al socialismo. En vista de que el imperialismo y el latifundismo constituyen, desde el punto de vista inmediato, los obstáculos principales para el progreso del país, la revolución se caracteriza inicialmente como una revolución antiimperialista y antilatifundista. En virtud de factores que le son inherentes, la revolución popular, para triunfar de modo irreversible, deberá conducir a transformaciones socialistas y en ella deberá jugar el papel dirigente la alianza obrero-campesina. El programa del Frente Sandinista de Liberación Nacional está fundado en el marxismo-leninismo aplicado a las condiciones concretas de Nicaragua.

En nombre del academicismo unos y en nombre de la «táctica» y la prudencia otros, los seudorrevolucionarios y politiqueros de Nicaragua y de Centroamérica tendrán cada día más dificultades en acallar estas voces nuevas que surgen en cada país de Centroamérica y que comienzan por llamar al imperialismo por su nombre, y a sus lacayos locales por su nombre; sobre todo porque quienes alzan esas voces demuestran cotidianamente que están dispuestos a ir más allá de las simples palabras.

22

Y es que en el sistema del desarrollo capitalista dependiente del imperialismo, tal como existe en Centroamérica, las clases dominantes locales son *las clases dominantes del imperialismo*. No cabe hablar de una burguesía intermediaria como sector especial. Y mucho menos de una «burguesía nacional». La oligarquía agroexportadora tradicional se convirtió en núcleo de la burguesía local y la conformó a su imagen y semejanza. Cuando el imperialismo ha ido más allá del dominio del comercio exterior de las materias primas agrícolas y ha comenzado a explotar a Centroamérica también en términos de mercado interno, colocando inversiones para la construcción de una «industria» apendicular, la oligarquía agroexportadora-importadora hace emigrar parte de su capital acumulado al área más rentable de las empresas industriales de capital mixto. El resto de la burguesía local no tiene alternativa en los actuales marcos del sistema: o se convierte en «socia» del imperialismo, o perece. Más aún: muchos burgueses centroamericanos han comprobado en carne propia que, incluso convirtiéndose en «socios» de los monopolios imperialistas, no han tenido posibilidades de sobrevivir como empresarios y han sido más o menos rápidamente absorbidos, engullidos, por esos socios mayores con vocación y posibilidades de amos y señores.

23

Los compañeros del Partido Comunista («Unidad») de Honduras, enfocan estos problemas de clases dominantes locales-imperialismo, en los documentos de su V Pleno, ya citado, de la siguiente manera:

De acuerdo con la realidad económica, social y política de Honduras —dicen— consideramos que las fuerzas motrices de nuestra revolución son: la clase obrera, el campesinado, y la pequeña burguesía urbana. Sin embargo, hay quienes se apegan al esquema tradicional de agregar a estas fuerzas la «burguesía nacional», concediendo también a esta clase el papel de la fuerza motriz de la revolución. Esta apreciación es errónea, no tiene fundamento en la realidad y solamente lleva a conclusiones políticas oportunistas de derecha. La burguesía industrial de nuestro país tiene sus centros más importantes en Tegucigalpa y San Pedro Sula y se ha desarrollado al calor del, y atada al, capital financiero imperialista. La masa de la industria fabril existente responde no a un desarrollo natural sino a la penetración imperialista. Muchas fábricas lo son de elaboración final. No es casual que en los últimos diez años haya aumentado la importación de materias primas, bajo cuyo ropaje llegan los productos casi elaborados para ser envasados, armados o ensamblados y luego distribuidos como productos hondureños. Del cuadro de utilidades de 1960 se destacan algunas industrias cuyas ganancias en algunos casos pasan del millón de lempiras anuales, que en el cómputo global de la industria manufacturera representa el 50%. Dichas industrias están en manos del capital norteamericano y sus socios menores, los burgueses proimperialistas, y son: las de cerveza, refrescos, cemento, textiles, azúcar, tabaco. Si a esto agregamos los grandes aserraderos, la industria de la carne, productos químicos, mantecas y jabones, se redondea un 75% de la producción industrial de empresas que pertenecen a capitalistas norteamericanos o son de capital mixto. Otras industrias que al principio se creía seguirían un rumbo independiente se han ligado al capital yanqui. Tal es el caso de los molinos harineros, alimentos concentrados para animales y ropa. Para completar el cuadro de absorción, el imperialismo ha creado o se ha posesionado de las instituciones encargadas de canalizar el capital «libre» para la industria. El Banco Atlántida es una criatura de la Standard (Chase Manhattan Bank), el Banco de Honduras está «afiliado» al First National City Bank, la Financiera Hondureña es un apéndice del BID, el Banco de Londres y Montreal realizan grandes operaciones de crédito industrial, el actual régimen autorizó la instalación de una sucursal del Bank of America, el Banco Central de Honduras es un instrumento dócil de la gigantesca agrupación bancaria imperialista y cumple estrictamente sus instrucciones. Es imposible que las industrias, las pequeñas manufacturas o simples artesanías se desarrollen por otra vía que no sea la del sometimiento al monstruo financiero imperialista. En 1950, según investigaciones de organismos estatales, el número de establecimientos industriales era de 510. El 94% eran establecimientos artesanales. Solo veintinueve ocupaban 100 ó más personas. La mayoría de estos, e incluso muchos de los pequeños, eran de propiedad norteamericana o estaban penetrados por el capital norteamericano. De aquel año a esta parte, como hemos venido diciendo, la penetración imperialista se ha ampliado y profundizado. Según datos de 1960 el número de establecimientos llegaba a 616. Las estadísticas no dicen cuántos de esos establecimientos eran fabriles y cuántos artesanales, pero no cabe duda de que estos últimos formaban mayoría. Según los mismos datos, 110 de los gerentes de las fábricas eran norteamericanos. Al calor de los planes imperialistas de «integración» y «Mercado Común Centroamericano» se formaron en el país, de 1960 a 1966, 158 empresas industriales, casi todas ellas con capital norteamericano, capital mixto o apuntaladas con créditos de instituciones financieras yanquis. Las consideraciones anteriores son suficientes para llevarnos a la conclusión de que dentro de la burguesía industrial no existe un sector diferenciado que tenga carácter nacional, y si bien existen algunos elementos o un grupo nacional burgués, es insignificante en el aspecto orgánico y no tiene fuerza política; la tendencia que manifiesta es la de ligarse al capital imperialista y hacerle el juego en su política, tal vez con algunas excepciones por las que no se descarta la posibilidad de atraer a esos elementos burgueses aislados al torrente del movimiento revolucionario. Dentro del sector de los grandes comerciantes, en su mayoría ligados al negocio de la compra y distribución de mercancías norteamericanas y de otros países imperialistas, no existe tampoco un grupo con características nacionales. Este ha sido el sector que tradicionalmente ha estado más estrechamente enlazado e incondicionalmente subordinado al imperialismo norteamericano.

24

Un reporte del «Comité Ad Hoc sobre Guatemala» de la Asociación de Estudios Latinoamericanos de Estados Unidos, preparado por Seymour Menton, de la Universidad de California (Irvine), por James Nelson Goodsell (de Boston) y Susanne Jonas, de la Universidad de California (Berkeley), nos resume de la siguiente manera el papel de Estados Unidos en la trágica situación de Guatemala, en donde la explotación de los monopolios se asegura con el terror fascista ilimitado:

> Esta situación concierne especialmente a los norteamericanos —dice el reporte— por el rol que juega en ella Estados Unidos. Si bien la intromisión de Estados Unidos en Guatemala data desde la mitad del XIX, ella asume mayor proporción en este siglo, coincidiendo con la política exterior expansionista generalizada de los gobiernos norteamericanos de McKinley y Teodoro Roosevelt. Más recientemente la intervención norteamericana en Guatemala se hizo más directa y creció dramáticamente en 1954 con el derrocamiento dirigido por Estados Unidos del Gobierno de Arbenz, y mantiene el más alto nivel en el presente. La complicidad norteamericana en el semioficial y oficial terror derechista de 1971 tomó varias formas. Las más

importantes fueron la ayuda militar y la asistencia policiaca. El monto total del desembolso norteamericano en el entrenamiento y equipamiento del Ejército y la Policía guatemaltecos es imposible de determinar sin acceso a información clasificada (secreta). Sin embargo, de acuerdo a cifras oficiales muy conservadoras, Estados Unidos gastó 4,2 millones de dólares en asistencia para seguridad pública en Guatemala desde fines de la década de los años cincuenta hasta 1971, y un promedio de 1,5 millones de dólares (llegando hasta 3 millones) por año en asistencia militar, sin contar las ventas de armamento. El hecho de que estas cifras ocultan el monto total de la asistencia norteamericana se evidenció en una audiencia del Comité de Asuntos Extranjeros de la Cámara, en respuesta a una pregunta sobre asistencia militar a Guatemala: «En el pasado Guatemala ha recibido 17 millones de dólares desde 1950 en "ayuda gratuita" de Estados Unidos [...] En "asistencia de apoyo" Guatemala ha recibido 34 millones de dólares desde 1950 y está programada una ayuda por 59 000 dólares para el año fiscal de 1971» (House Committee on Foreign Affairs: *Hearings on Foreign Assistance Act of 1971*, parte 2, Oficina Impresora del Gobierno de Estados Unidos, Washington, 1971, p. 379). En el año fiscal de 1970, Guatemala recibió 1 129 000 dólares en fondos de seguridad pública, la más alta cifra entre los países latinoamericanos (Ibíd, p. 380). En el año fiscal de 1971 Guatemala recibió el tercer más alto monto entre la «ayuda» a América Latina, y en el año fiscal de 1972, el segundo. Una nueva academia de policías fue construida en 1970-1972 con 410 000 dólares de los fondos de AID, además de unos 387 000 dólares por año (aproximadamente) que Guatemala ha venido recibiendo para vehículos policiales y equipos. Los vehículos celulares donados a Guatemala por la AID han sido usados para patrullar constantemente las calles, proporcionando un «disuasivo psicológico» contra la delincuencia [...] y contra cualquier actividad política. Consejeros e instructores norteamericanos entrenan a los soldados y policías guatemaltecos y los proveen de armas, equipos de comunicaciones, etcétera. La proporción de «consejeros» militares norteamericanos en las fuerzas armadas locales es más alta para Guatemala que para cualquier otro país de América Latina (Geoffrey Kemp: «Some Relationships between US Military Training and Weapons Acquisition Patterns, 1959-1969», MIT Arms Control Project, February, 1970). Los oficiales norteamericanos han negado constantemente tener ningún rol directo en la «pacificación» de Guatemala. Sin embargo, de acuerdo a un reporte de 1971 del *The Washington Post*, «[...] veinticinco militares norteamericanos y siete antiguos miembros de la Policía norteamericana, portando armas y acompañados de guardaespaldas guatemaltecos están ahora viviendo y trabajando en Guatemala. La mayoría de ellos son veteranos de Vietnam. El número de otros norteamericanos que pueden estar involucrados en trabajo secreto con los militares locales no es conocido. Los miembros de la misión militar asisten a la fuerza aérea guatemalteca en el vuelo y mantenimiento de sus cuarenta y cinco aviones y asesoran al Ejército sobre administración, inteligencia, logística, operaciones y programas de "acción cívica"» (Terry Shaw en *The Washington Post*, 5 de abril, 1971). Un equipo de estudio del Comité de Relaciones Extranjeras del Senado reportó en 1971 que consejeros de seguridad pública norteamericanos estaban «acompañando» a la Policía guatemalteca en «patrullaje contra los hippies». Estos reportes continuaban aquellos de hace algunos años, recordando el activo papel de los Boinas Verdes norteamericanos en la campaña de «contrainsurgencia» en la zona Izabal-Zacapa. A pesar de que los oficiales norteamericanos insisten en que sus programas están dirigidos a «modernizar» y a «profesionalizar» la Policía y el Ejército, Estados Unidos no niega su asistencia a las fuerzas de seguridad guatemaltecas, que como es sabido, sirven de base de operaciones para los grupos terroristas de derecha. Algunas personas alegan y claman tener documentación probatoria de que «el equipo de instructores militares de Estados

Unidos en Guatemala impulsa la formación de esos grupos derechistas» (Kenneth F. Johnson: «Guatemala: From Terrorism to Terror», en *Conflict Studies*, no. 23, mayo 1972, p. 14). En su evaluación de los programas de «ayuda» norteamericana a Guatemala, el estudio para el Comité de Relaciones Exteriores del Senado de Estados Unidos concluyó: «El argumento a favor del programa de seguridad pública en Guatemala es que si nosotros no enseñamos a los policías a ser buenos ¿quién lo hará? El argumento en contra es que después de catorce años es del todo evidente que esa enseñanza no ha sido absorbida. Por añadidura, Estados Unidos está políticamente identificado con el terrorismo policial. Relacionado con esto está el hecho de que la Policía guatemalteca opera sin ninguna restricción política o judicial efectiva, y la forma en que ella usa el equipo y las técnicas que les han sido dados por medio del programa de seguridad pública está completamente fuera del alcance del control norteamericano [...] En el balance, parece ser que la «seguridad pública» de la AID ha costado más a Estados Unidos en términos políticos de lo que se ha ganado en aumentar la eficiencia policial guatemalteca [...] Como en el caso de la seguridad pública de la AID, el programa de asistencia militar importa un precio político. Ello puede ser cuestionado, ya que nosotros estamos pagando el valor de nuestro dinero» (Pat Holt: *Staff Memorandum on Guatemala and the Dominican Republic, Staff Report for Senate Foreign Relations Committee,* Subcommittee on Western Hemisphere Affairs, Oficina Impresora del Gobierno de Estados Unidos, Washington, 30 de diciembre, 1971).

La situación en 1972

En resumen de la situación de Guatemala en 1972 uno de los miembros de este Comité Ad Hoc, que visitó el país tres veces durante ese año, escribió:

Estoy convencido de que la situación en Guatemala, a pesar de su plácida apariencia, es muy oscura. El Gobierno de Arana ha empleado una variedad de tácticas para desembarazarse de sus opositores. El año de 1971 fue, según la opinión pública, el más sangriento en la historia reciente en Guatemala [...] El año 1972 fue en comparación un año mucho más pacífico, sin embargo el esfuerzo gubernamental para deshacerse de sus oponentes continuó en gran parte en manos de los terroristas de derecha, y mucho de ello quedó fuera del dominio público mediante la acción de un Gobierno que se muestra crecientemente frívolo acerca de la cobertura periodística y frente a la opinión pública (J.N. Goodsell: *Guatemala*, 1972).

La continuación de la violencia política derechista ha sido confirmada por otras fuentes. De acuerdo a documentos enviados a la prestigiosa organización con sede en Londres, Amnistía Internacional (que defiende a los prisioneros políticos en todo el mundo, incluidos los de los países socialistas), hubo al menos setenta desapariciones de personas *reportadas* en 1972. La organización deplora la «continua e incontrolada violación de los más fundamentales derechos humanos» en Guatemala (*Statement by Amnesty International*, November 10, 1972). Los más notables ejemplos de la continuada violencia incluyen los siguientes: en junio de 1972, el ultraconservador vicepresidente del Congreso, Oliverio Castañeda, fue asesinado. A pesar de que el Gobierno atribuyó apresuradamente la acción a las guerrillas izquierdistas es generalmente aceptado que ella se debió a fuerzas oficiales, en una disputa con la derecha (Goodsell, *The New York Times*, 18 de junio, 1972). Después, en julio, otros cuatros líderes del derechista Movimiento de Liberación Nacional fueron asesinados como parte de la lucha por el poder en el seno de la derecha. El 26 de junio de 1972, José Mérida Mendoza, líder de un gran sindicato de choferes de buses de la ciudad de Guatemala, desapareció cuando dirigía una protesta sindical contra la compañía de buses. Mérida fue solo uno de los muchos líderes obreros y campesinos perseguidos, arrestados, desaparecidos o asesinados. Lo más dramático fue la «desaparición», en septiembre de 1972, de ocho altos dirigentes y miembros del PGT, el Partido Comunista de Guatemala. Las familias de los ocho aseguran que ellos fueron arrestados por la policía: testigos presenciales anotaron los números de las matrículas de los autos oficiales de la policía involucrados en el arresto. El Gobierno aseguró no tener conocimiento de lo que pasó con los ocho. Esta negativa fue puesta en cuestión dos meses más tarde, cuando un detective de la Policía gubernamental, secuestrado, reconoció su papel y el de otros policías en el arresto y la prisión de los líderes del PGT; posteriormente el mismo detective dijo que las víctimas habían sido arrestadas, torturadas y arrojadas al océano Pacífico. La violencia continúa en 1973 con nuevas olas de secuestros de campesinos y otras acciones atribuidas a las organizaciones paramilitares derechistas, especialmente en las zonas rurales. La más nueva de esas organizaciones es llamada «Buitre Justiciero».

El reporte del Comité Ad Hoc sobre Guatemala concluye que la situación de terror en este país es una situación institucionalizada, basada en gran parte en la «ayuda» y la «asistencia» de Estados Unidos y que no es «una aberración temporal, el exceso de un sistema generalmente democrático».

> Por razones tácticas —termina diciendo el reporte— (por ejemplo, ante las elecciones presidenciales de 1974), el Gobierno podría intentar reducir el nivel de la violencia oficial en 1973. Si esto pasa —ya no es claro si pasará o no—, no se debe caer en el error de creer que es el fin de la violencia. La violencia solo terminará cuando sean enfrentadas su causa de raíz y los profundos problemas económicos y sociales de Guatemala sean resueltos.

25

Personal militar centroamericano entrenado en Estados Unidos o en bases norteamericanas en el extranjero (hasta 1970):

Costa Rica	529	El Salvador	1 701	Guatemala	2 280
Honduras	1 578	Nicaragua	3 994	Panamá	3 148

Fuente: Military Assistance and Foreign Military Sales Facts, USA Department of Defense, Washington, 1971.

26

«Desde su creación en 1960 el Mercado Común Centroamericano ha propiciado un considerable aumento del intercambio comercial entre los cinco países: los productos del área están ahora libres de derechos y los cinco miembros ofrecen ventajas impositivas y tarifarias a las nuevas industrias». Así escribía en 1970 Guillermo Molina Chocano. Y continuaba:

> El capital de Estados Unidos ha aprovechado estas ventajas, llegando sus inversiones privadas directas a más de 400 millones de dólares en 1968. La mayoría de estas inversiones han dado impulso al establecimiento de industrias directamente dependientes de Estados Unidos. Si se examina la composición de las importaciones de dos de los países de mayor crecimiento relativo, Guatemala y Costa Rica, se puede observar que los bienes intermedios representan el 38,45% y el 38,77% de las importaciones totales, respectivamente. Si a esto se añade que los bienes de capital representan el 21,93% y el 19,24% de dichas importaciones, respectivamente, se puede tener una idea bastante clara del grado casi nulo de autonomía de las industrias

instaladas en los dos países con respecto al exterior. Como se sabe «el exterior» está constituido principalmente por Estados Unidos [...] Para Costa Rica los bienes intermedios (materias primas) destinados específicamente a la industria representan el 29,07% y probablemente una proporción similar o mayor corresponde a Guatemala y El Salvador. Estas cifras son más importantes tomando en cuenta la alta proporción que ocupan las importaciones de bienes de consumo, especialmente las de carácter duradero que proceden de fuera de la región y que todavía no se «producen» en ella. Comparando Guatemala y Costa Rica con uno de los de menor crecimiento relativo, Honduras, se aprecia que en este último la proporción que representan los bienes intermedios (36,88%) es menor dado su más bajo crecimiento industrial. O sea, que dada la estructura de la industria centroamericana, a mayor crecimiento mayor dependencia del abastecimiento exterior de insumos industriales. Además del abastecimiento, el capital extranjero y los monopolios internacionales dominan casi la totalidad de la producción industrial centroamericana a través de diversas modalidades, directa e indirectamente. En El Salvador las industrias principales como textiles, vestido, alimentación, química, petróleo, etcétera, son las que más han recibido la penetración del capital extranjero y son al mismo tiempo las que más exportan al Mercado Común. La dominación no solo se ejerce así, a nivel nacional, por medio de empresas de fachada nacional o asociadas con capital local, sino a nivel supranacional, lo que implica una participación considerable en el volumen total de las operaciones de importación de la región. En el caso de Guatemala, se afirma que el 90% de la producción del sector estatal industrial se encuentra bajo el control del capital extranjero. Las exoneraciones y disposiciones de las leyes de fomento industrial permiten a las empresas no pagar impuestos y les posibilita el retorno libre, en dólares, de las utilidades obtenidas a sus casas matrices en los países capitalistas desarrollados. En muchos casos las empresas extranjeras no invierten en realidad, sino utilizan los créditos disponibles en los organismos financieros locales y de la región, que manejan fondos provenientes de los propios países centroamericanos. De la misma manera pueden emplear los depósitos y colocaciones que capta la banca extranjera autorizada para recibir parte del ahorro local, directamente a través de filiales o por medio de bancos «nacionales» asociados a ella. En esa medida se explica por qué, como se viene sosteniendo últimamente, a pesar de que se está reduciendo paulatinamente la entrada del capital extranjero en la región, este continúe ejerciendo un dominio creciente en la actividad económica y en el proceso de industrialización. Sea como fuere lo cierto es que este dominio está presente y actúa de manera efectiva, aunque no siempre perceptible en primera instancia. Los monopolios extranjeros obtienen beneficios a través de normas mucho más indirectas y ocultas como el pago de los derechos, patentes y marcas, ventas bajo contrato de exclusividad de insumos y maquinaria. Así, sin arriesgarse en inversiones directas, obtienen cuantiosas utilidades en muchos casos superiores a las de firmas «nacionales». En el plano financiero el capital extranjero participa en muchas empresas «nacionales» a través del accionariado, logrando paulatinamente su completo dominio, pero guardado la apariencia de «nacional», que varía según los países. En El Salvador no posee plantaciones ni controla totalmente la banca local, sin embargo, ejerce su dominio a través del comercio exterior y del control de vitales ramas de la industria, como se ha visto. En el caso de los países con enclave bananero como Guatemala, Honduras y Costa Rica, las grandes empresas norteamericanas, que conservan casi intactos los privilegios inmemoriales, han venido diversificando sus cultivos y reorientando sus objetivos económicos hacia la participación en la producción industrial, que antes bloquearon o en la que no tuvieron ningún interés. En Honduras la UFCO y la Standard Fruit Co. figuran entre los principales grupos económicos interesados en participar en la financiación del proyecto para la fabricación de celulosa y papel kraft integrado con industria moderna. En la inversión, que representa 154 millones de lempiras (el 84,5% del presupuesto hondureño de 1968), o sea, 77 millones de dólares, intervendrían también otros poderosos consorcios supranacionales como ADELA y la Corporación Financiera Internacional. La participación del Estado en el proyecto representa una pequeña proporción que a lo sumo alcanzará el 20%, además de que tendrá que aportar 26 millones de lempiras para infraestructura vial y otras obras. Los monopolios que operan en el área de la comercialización y de los transportes también irrumpen en el sector industrial, que representa ahora mayor atractivo y rentabilidad a corto plazo; en cuanto a las ventajas que otorga la «promoción industrial nacional» y la amplitud que proporciona el Mercado Común, garantizan una rápida cristalización y obtención de utilidades, sin efectuar grandes y riesgosas inversiones. En Guatemala, la Grace Co. compra la fábrica Kerns, que elabora jugos de fruta y tomate y al mismo tiempo absorbe la fábrica de alimentos y conservas Ducal, que era de capital nacional, configurando un complejo monopólico en esta rama industrial que se añade al que posee en el transporte marítimo (Grace Line) y en las instalaciones portuarias de la Costa del Pacífico, de la misma manera como la UFCO opera en los otros puertos de Guatemala y Costa Rica. Si a esto se añade las excenciones y privilegios de que gozan las compañías fruteras norteamericanas en el sector agroexportador tradicional, se puede tener una imagen bastante precisa de la magnitud de su poderío económico. En 1938 el Gobierno de Costa Rica puso la región bananera del Pacífico en manos de la UFCO a través de un contrato por cincuenta años en el que conserva todas sus ventajas hasta 1988. Mientras que la UFCO paga solamente uno o dos centavos de dólar por cada racimo a los países centroamericanos, por la venta que realiza en el mercado norteamericano obtiene de dos y medio a tres dólares por racimo. Para 1964 se calcula que las ventas de la UFCO alcanzaron 333 400 000 dólares, casi tres veces más que el valor total de las exportaciones de Guatemala [...] Las nuevas formas de dominación internacional que se orientan a la producción industrial no implican, pues, el abandono de los sectores tradicionales controlados con anterioridad, sino su reordenamiento en razón de los nuevos objetivos e intereses metropolitanos. La integración centroamericana y el proceso de «industrialización» son presididos y guiados en su desenvolvimiento por estas nuevas tendencias de dominación metropolitana, en la medida en que el esquema o modelo que se ha seguido se adecua a esas necesidades e intereses. Paradójicamente, en las condiciones apuntadas, el mayor crecimiento relativo experimentado en la región en una década de integración, ha significado una dependencia más completa e integral que antes, en la medida en que *la dominación abarca ahora prácticamente la totalidad de los sectores de actividad económica centroamericana*».

27

En honor (en veces se dice «reconocimiento realista») de esta situación, se echa por la borda toda tradición histórica que pueda aportar antecedentes perturbadores. No se puede continuar con el culto público de Augusto C. Sandino, puesto que sus asesinos fueron Somoza y el imperialismo norteamericano, y en la actualidad todavía el imperialismo norteamericano y un Somoza controlan y explotan Nicaragua. Y cuando sea imprescindible hablar de Sandino ya se habrán construido versiones del gran guerrillero antiimperialista, arregladas a la conveniencia yanqui, hasta reducirlo o tratar de reducirlo a un «ingenuo e idealista provinciano nacionalista, primitivo desconocedor de las realidades modernas» y, sobre todo, «anticomunista». Esa es en el fondo la versión de Macaulay, en un libro recientemente publicado en Costa Rica. Tampoco se hablará ya de la guerra nacional centroamericana antiyanqui de 1856, la gran guerra patria en que los Ejércitos de los países centroamericanos se unificaron contra los filibusteros norteamericanos encabezados por William Walker y los derrotaron a sangre y fuego. Que la más grande unidad armada centroamericana se haya conseguido en la historia patria para luchar contra una invasión norteamericana, no puede ser de ninguna manera un antecedente estimulante para la nueva unidad de los Ejércitos centroamericanos bajo la dirección inmediata del CONDECA, y en el seno mismo del aparato militar de Estados Unidos en esta región del mundo. Y eso sin hablar de que en el registro de las fechas históricas de nuestros países brillan por su ausencia las de las numerosas intervenciones armadas norteamericanas directas perpetradas contra nuestros pueblos: *todos* nuestros países las han sufrido en distintos grados, siendo quizás Nicaragua el que en más ocasiones se vio en ese caso. Aun El Salvador, que ha sido declarado país sin intervención directa yanqui en su historia por especialistas yanquis en asuntos latinoamericanos, ha sufrido por lo menos dos intervenciones directas (con desembarco de marines, una; y con ubicación de unidades de flota frente a puertos salvadoreños y amenaza de desembarco la otra) en los años del gobierno de los Ezeta, a fines del siglo pasado y durante la represión anticomunista del gobierno de Martínez en 1932.

28

CÓMO SE TRAGA EL CAPITAL YANQUI A LAS INDUSTRIAS LOCALES DE CENTROAMÉRICA: CUADRO DE FIRMAS GUATEMALTECAS ADQUIRIDAS POR GRANDES CORPORACIONES NORTEAMERICANAS DE CARÁCTER MULTINACIONAL, ENTRE 1960 Y 1969:

Monopolio de EE.UU. adquiriente	Compañía guatemalteca adquirida	Propietario anterior	Por ciento de adquisición de EE.UU.	Producción
Beatrice Foods	Fábrica de productos alimenticios René S.A.	Mishaan Pinto, René Menéndez		Cereales preparados, bocadillos
Boise Cascade	Industria Papelera Centroamericana S.A.	Arimany	88	Papel bond y kraft
Boise Cascade	Bolsas de Papel S.A.	Arimany	67	Bolsas de cemento
Boise Cascade	Empresa Comercial e Industrial Hispania S.A.	Sánchez García	87	Planta impresora
CARGILL	Alianza	Zarco Alfasa	92,5	Forrajes
Central Soya	Alimentos Mariscal S.A.	Gutiérrez, Blanco, Bosch Soto	80	Forrajes
Cluet, Peabody	Arrow de C.A. Ltda.		100	Camisas de hombre
Coca Cola	Industrias de Café S.A.	Ríos Sánchez	67	Café instantáneo, alimentos en lata
Coca Cola	Productos Alimenticios Sharp S.A.	Ríos Sánchez	67	Dulces, alimentos en lata
Colgate-Palmolive	Industria Química S.A.	Ríos Sánchez	88	Pastas dentales, jabones, champús
ESB	Duralux S.A.		39	Baterías
Foremost-Mc Kesson	Foremost Dairies de Guatemala S.A.	Varios	70	Leche, lácteos, helados
General Mills	Industria Harinera Guatemalteca S.A.	Varios	50	Molinos
Glidden	Galvanizadora Centroamericana S.A. (Galcasa)	Prem Rebuli	61	Láminas galvanizadas, pegamentos metálicos

Monopolio de EE.UU. adquiriente	Compañía guatemalteca adquirida	Propietario anterior	Por ciento de adquisición de EE.UU.	Producción
Glidden	Industria Química Guatemalteca, de Adhesivos y derivados (INDUCOLL)	Recalde Larrinaga		Adhesivos, hule sintético
Glidden	Pinturas C.A. (Pincasa)	Prem Rebuli	65	Pinturas, barnices
Goodyear	Gran Industria de Neumáticos C.A. (GINSA)	Plihal	77	Llantas de autos, camiones, etc.
GULF	Petróleos Gulf de Guatemala	Cía. de Petróleo del Gobierno mexicano (PEMEX)	100	Distribución de gasolina
Philip Morris	Productos Clark	Zaror	83	Chiclets y dulces
Philip Morris	Tabacalera Centroamericana S.A.	Gálvez	91	Cigarrillos
Pillsbury	Molinos Modernos	Gutiérrez, Bosch	50	Molinos
Pillsbury	Productos Alimenticios Imperial	Turnovsky	80	Mezclas para pasteles, bocadillos
Pillsbury	Fábrica Kugart	Matheu, Garin	100	Alimentos preparados, bocadillos
Pittsburg Des Moines Steel	Transformadora de aceros Tissot	Colombani	79	Estructuras y láminas de acero
Ralston Purina	Autocafé Purina	Melgar Frener	61	Restaurantes
Riviana Foods	Alimentos Ducal	Similiano García	99	Alimentos enlatados
Riviana Foods	Alimentos Kerns	Similiano García	78	Alimentos enlatados

Monopolio de EE.UU. adquiriente	Compañía guatemalteca adquirida	Propietario anterior	Por ciento de adquisición de EE.UU.	Producción
Standard Brands	Dely S.A.	Gonzáles, Sugui, Sobenes	87	Aceite comestible
Tappan	Industria Metalúrgica C.A.	Shlomo Hagai	71	Estufas
3M	Minas de Oriente	Roberto Sánchez	90	Minas de plata
US Steel	Industria de tubos y perfiles	Fundidora de Monterrey	94	Perfiles y cañería de acero
WEYERHAUSER	Cajas y empaque de Guatemala S.A.	Daboud	50	Cajas de cartón corrugado

29

La revista cubana *Economía y Desarrollo* publicó en su número de enero-febrero de 1972 un importante estudio económico sobre Panamá, elaborado por el Instituto de Economía de la Universidad de La Habana. Por el carácter sintético del estudio, por su nivel de información, y por la especial importancia que en la actualidad tiene un conocimiento de los problemas económicos panameños para los revolucionarios centroamericanos, interesados en afinar los criterios sobre el proceso antiimperialista que se abrió en aquel país, reproducimos aquí el texto completo:

> Panamá se caracteriza en lo económico —comienza diciendo el estudio del Instituto de Economía de la Universidad habanera— por una amplia formación estructural manifestada en el apoyo de la economía en actividades comerciales y de servicios que conlleva la subutilización de los recursos naturales

del país, baja tecnología, elevada dependencia del comercio exterior para satisfacer las necesidades más elementales, unido a una gran desigualdad en los niveles de vida de la población, la que en su mayor parte vive en condiciones paupérrimas. Todo esto se sustenta en una amplia penetración del capital norteamericano que acentúa su dominación y, por ende, el atraso y la deformación de la economía panameña, a través de la entrada irrestricta de sus productos de exportación al mercado panameño, con la explotación de los recursos naturales a su antojo y mediante su influencia sobre la política económica oficial, lo cual tiene su expresión más insólita en el hecho de que Panamá, aunque nominalmente tiene moneda propia (el balboa), en la realidad utiliza como moneda circulante (billete) el dólar. Pudiera decirse, en síntesis, que la economía panameña es una empresa de servicios con algunas actividades productivas, administrada y orientada con la finalidad de satisfacer los intereses del principal accionista, que es igualmente el principal consumidor: Estados Unidos. Los ingresos por servicios prestados y ventas a la Zona del Canal representan alrededor de la tercera parte del ingreso nacional y, en su cómputo, las actividades de servicios, comercio y rentas sobre vivienda representan más del 45% del producto creado en la economía panameña. Por otra parte, según se expresa en el Overseas Business Report del Departamento de Comercio de Estados Unidos («Basic Data on the Economy of the Republic of Panama», OBR, junio, 1968), del capital invertido en las empresas «nacionales» de Panamá, el 50% corresponde a Estados Unidos, el 48% a Panamá y el 2% restante a otros países extranjeros, principalmente a Francia. La evolución económica general en la última década muestra palpablemente los resultados del sometimiento a los intereses norteamericanos de la economía de Panamá, así como de la política económica, encaminada a mantener la situación existente, de los gobiernos correspondientes. En los últimos diez años la economía panameña ha crecido a un ritmo elevado en un 8% promedio anual. Sin embargo, tal expansión es engañosa y no debe pensarse que constituye expresión de un acelerado desarrollo económico. Por una parte, dicha elevada tasa de crecimiento del Producto Interno Bruto refleja un alto nivel de inversiones (alrededor del 23% del Producto: *Yearbook of National Account Statistic*, ONU, 1969). Es necesario considerar que el 40% de la acumulación bruta es depreciación, lo que reduce el coeficiente. No obstante, es preciso tener en cuenta que casi el 40% total de inversiones se ha efectuado en el sector de la construcción (viviendas y obras viales: *Yearbook...*), lo cual refleja en buena medida la política de gasto compensatorio de los Gobiernos con vistas a reducir la presión del desempleo y crear bases de infraestructura a la inversión privada, fundamentalmente extranjera, y explica asimismo el crecimiento del sector de la construcción, que fue del 9,5% anual como promedio en 1960-1970, pero que se acelera en los últimos años llegando al 12,8% anual. Por otra parte, ese alto ritmo de crecimiento refleja la elevada tasa de expansión de algunos de los principales servicios, especialmente de los prestados a la Zona del Canal (9,8% anual como promedio durante la década). En los dos últimos años esta expansión ha sido mayor en las actividades comerciales muy relacionadas con el comercio exterior. También se expresa en el ritmo de crecimiento del proceso de sustitución de importaciones que tuvo lugar durante los primeros años de la década. Sin embargo, dicho proceso se estancó en los últimos años y el sector industrial, cercado por la competencia de los productos extranjeros, no ha aumentado su participación en el producto más allá de un 17,3%, manteniéndose por debajo de los sectores agropecuarios (20,2%) y de servicios no productivos (46,8%). *El «dinamismo» de la economía en esta década se explica más nítidamente si se considera el nexo del mismo con el incremento de la penetración norteamericana.* De 1959 a 1969 las inversiones totales de Estados Unidos en Panamá aumentaron en más de 700 millones de dólares, llegando en este último año a 1 071 millones, ocupando el sexto lugar entre los países latinoamericanos de acuerdo al volumen total de inversiones norteamericanas (*Economic Report: Panama Lloyds Bank Limited*, Londres; y *Overseas Business Report*, Dpto. de Comercio, Estados Unidos). El crecimiento industrial de la década se ha basado en gran medida en el aumento de 8 a 90 millones de dólares de 1959 a 1969 del total de inversiones norteamericanas en dicho sector. La «liberalidad» con respecto a la entrada del capital extranjero es de las mayores en América Latina y a tal grado llega la dominación económica norteamericana que aparte de la restricción, común a la mayoría de los países latinoamericanos, de no poseer tierra cerca de las fronteras, la mayor restricción a la inversión extranjera en Panamá es la de que ningún extranjero, con excepción de los ciudadanos de Estados Unidos, y ninguna empresa extranjera, con excepción de las de ese país, pueden entrar en el comercio interior o en ciertas actividades profesionales (*Survey of Current Business*, Dpto. de Comercio, Estados Unidos, octubre, 1970). Por lo demás no existe restricción alguna en lo tocante al montante de capital que puede ser invertido en las compañías panameñas, con excepción de las de aviación, donde el capital extranjero se limita a un máximo del 49% del total. No existen requerimientos mínimos de capital y los derechos que se cobran para el establecimiento de una compañía dependen del montante de capital, no existiendo control alguno sobre la repatriación del capital o ganancias. Las compañías extranjeras simplemente firman un acuerdo con el Gobierno que incluye un convenio sobre el montante de capital a invertir, la utilización de materiales locales, el precio al por mayor del producto y la preferencia en la ocupación de los panameños. Los incentivos a la inversión (penetración) están cubiertos por la Ley 25 del 7 de febrero de 1957, e incluyen la importancia exenta de derechos de maquinarias, partes, materias primas y *containers*, y la posible protección a través de cuotas y aranceles una vez que la producción comienza [Sigue].

30

Continúa la lista, muy parcial, casi simbólica, de los agentes de la CIA que han operado adscritos a la embajada de Estados Unidos en San Salvador:

HENRY WILLIAM MILLER, nacido el 26 de octubre de 1900. Fue oficial del Ejército, cursó la Escuela de Reconocimiento Estratégico de las Fuerzas Armadas, dirigió la Misión Militar de Estados Unidos en Paraguay de 1946 a 1948. Estuvo en la Misión de Operaciones de Estados Unidos en El Salvador desde 1957.

JOHN LAMAR MILLS, nacido el 5 de abril de 1926. Trabaja desde 1959 para la CIA. Fue oficial de Asuntos Económicos (espionaje económico) en Bolivia, operó en Caracas y Benghazi, además de hacerlo en El Salvador.

JEROME B. OTT, nacido el 8 de noviembre de 1924. Entre 1949 y 1956 estuvo en el G-2 del Ejército de Estados Unidos. Trabaja para la CIA en el Departamento de Estado desde 1956. Operó en Chile y Washington y fue agregado en la embajada de Estados Unidos en El Salvador.

PAUL PHILLIPS PAXTON, nacido el 31 de mayo de 1913. Estuvo en la Marina y el Departamento de Estado. Fue oficial de enlace en el Servicio de Inteligencia Militar del Pentágono. Además de haber operado en San Salvador estuvo en Chile y en Perú y fue cónsul en Monterrey (México).

WILLIAM POLIK, nacido el 17 de julio de 1932. Agente especial de Departamento de Estado. Agregado asistente en la embajada de Estados Unidos en San Salvador. Operó en Tokio en asuntos económicos.

Edwin Mac Clellan Terrell, nacido el 22 de mayo 1915. Fue analista del Departamento de Producción de Guerra, asistente del jefe de una división del Departamento de la Guerra. Trabaja desde 1949 para la CIA en el Departamento de Estado. Antes que en San Salvador, operó en La Habana.

Julius Mader: *Who's Who in CIA*, Berlín, 1968.

31

Por otra parte —sigue diciendo el estudio del Instituto de Economía de la Universidad de La Habana sobre Panamá— las leyes panameñas no gravan el ingreso obtenido fuera del país. Es decir, que las empresas radicadas en Panamá con filiales en el extranjero no tienen que pagar impuestos sobre los ingresos de los mismos. Esta política ha servido de base al rápido incremento de la penetración extranjera en la economía panameña. El ritmo promedio de incremento de las inversiones norteamericanas en Panamá ha sido del 12,6% anual durante el período 1959-1969. Esta tendencia comenzó en 1957, a partir de la vigencia de la legislación anteriormente citada. Mientras de 1950 a 1955 las inversiones norteamericanas aumentaron a una tasa del 8,0% anual, habiendo incluso disminuido de montante de capital de 1944 a 1950; de 1957 en adelante mantienen un ritmo superior al 10% como promedio. Este incremento en la última década ha sido extremadamente intenso en los sectores de la industria manufacturera y petróleo, que aumentaron a un ritmo superior al 20% anual. Con lo cual incrementaron su participación en el total al 8,4% y 22,3%, respectivamente; no obstante, la inversiones en los sectores de comercio y otros (donde se incluyen las inversiones agrícolas) que se calculan en más de 60 millones de dólares, a pesar de no mantener un ritmo de aumento tan elevado y disminuir su participación, continuaron siendo las principales bases del capital norteamericano en el país. Desde el punto de vista de las empresas se refleja también tal situación, ya que de 123 empresas analizadas por el Departamento de Estadísticas y Censos de Panamá, en 1964, correspondían cincuenta y cuatro a entidades comerciales. El crecimiento de la penetración de Estados Unidos en Panamá se ha reflejado asimismo en la mayor participación de este país en el total invertido por las empresas norteamericanas en América Latina. Mientras en 1950 esta participación era del 1,3%, en 1960 era del 4,8% y en 1968 de 8,4%. Ahora bien, si se tienen en cuenta las pequeñas dimensiones del país, tomado como índice la población, Panamá ocupa el primer lugar de América Latina por el nivel de inversiones norteamericanas por habitante. El volumen de capital norteamericano por persona es de 75,4 dólares en Panamá, muy superior a los mayores países del continente y al de América Latina en su conjunto, que es alrededor de 50 dólares. Este gran nivel de inversiones se explica, más precisamente, si se considera que dadas las «favorables» condiciones para la inversión en este país, muchas empresas extranjeras lo utilizan como centro de operaciones y control de sus subsidiarias en el resto del mundo. De un total de 130 empresas norteamericanas de que se tiene información, por lo menos doce son centros operativos de grandes monopolios norteamericanos para sus actividades en todo el mundo. Este rápido incremento de la afluencia de capital en los últimos años ha dado como resultado que el nivel de entradas netas fuera superior al de las salidas durante los primeros años de la década, dejando un ingreso neto de capital extranjero que compensaba el efecto negativo del flujo de ganancias remitidas por las empresas hacia el exterior; sin embargo, como puede apreciarse en los datos que se ofrecen a continuación, esta situación se revierte a partir de 1964:

Año	Ganancias remitidas al exterior por empresas de inversiones directas	Entrada de inversiones directas netas	Relación salida/entrada
1960	11,5	17,3	0,66
1961	8,2	30,0	0,27
1962	7,8	17,8	0,44
1963	6,8	9,5	0,72
1964	4,3	2,7	1,60
1965	15,1	15,2	0,99
1966	18,2	11,8	1,54
1967	22,8	3,7	6,16
1968	26,2	12,7	2,06

(En millones de dólares)

Elaborado sobre la base de las cifras del *Survey Current Business.*

Desde 1964 el flujo de salida tiende a superar el de entrada y a partir de 1966 esta situación se consolida. Puede estimarse que esa tendencia se refuerce en los próximos años debido a la relativa saturación de la economía panameña, que modera la entrada de inversiones, y por otra parte a causa de la maduración de las inversiones de los últimos años, que comenzarán a representar salidas progresivamente mayores en el futuro inmediato. Obsérvese cómo a partir de 1965 el nivel de salida aumenta sostenidamente, desde un punto muy superior al de los años 1960-1964. Esta evolución de los movimientos de capital de inversión implicará una mayor necesidad de financiamiento externo a través de préstamos si se quiere mantener el nivel de importaciones y no se producen aumentos sustanciales en los ingresos de exportación, lo cual repercutirá en el incremento del endeudamiento externo que ya en los últimos años ha manifestado dicha tendencia, como puede observarse en las cifras siguientes:

	1961	1962	1963	1964	1965	1966	1967	1968
Deuda externa	38,9	42,1	58,0	58,8	62,2	68,3	71,3	70,8

Evolución de la deuda externa (millones de dólares)

De mantenerse dicho movimiento, la contratación de préstamos al extranjero aumentaría con mayor rapidez si se tiene en cuenta el alto nivel del tipo de interés que prevalece actualmente en los mercados de capital; esto conduciría al país a la espiral de endeudamiento tan común en otros países de América Latina. En lo que respecta a la política de expansión a través del gasto público y la ampliación del crédito a las empresas privadas —llevada a cabo por los distintos Gobiernos— que ha sido otro de los puntos de sustentación del crecimiento, la misma no ha logrado crear una base productiva (agraria o industrial) sólida, que permitiese disminuir la dependencia de las importaciones y el incremento rápido de las exportaciones. Por el contrario, al estimular las actividades de servicios y construcciones improductivas ha resultado un aumento sostenido de las importaciones que no se compensa con la expansión de las exportaciones, todo lo cual ha conducido a un progresivo ensanchamiento del déficit que se ha tratado de compensar por medio del financiamiento externo y de la ya citada mayor apertura a la penetración del capital extranjero, lo que a su vez ha llevado el endeudamiento externo del país a límites peligrosos (70 millones de dólares) y ha generado un rápido incremento de los pagos al exterior por intereses y salida de utilidades (30 millones anuales), lo que sitúa al país ante una crítica perspectiva que solo podría ser resuelta con el enfrentamiento a los intereses extranjeros y con un profundo cambio de la estructura económica y política. El mantenimiento de la política económica actual está restringido por los niveles permisibles de su endeudamiento, vía que podría durar algún tiempo en la medida en que el Gobierno se someta a los intereses extranjeros y a la continuación del proceso de penetración a través de inversiones directas, lo cual tiene su límite en el pequeño mercado de Panamá. Por otra parte, las condiciones de la economía mundial no parecen favorables a la expansión continuada del crédito externo e inversiones (dificultades de la balanza de pagos norteamericana) y, además, la generación de pagos que conlleva dichos préstamos a las tasas de interés prevalecientes en los mercados internacionales de capital, superaría en un plazo no muy largo la capacidad de pagos del país, aun considerando su ampliación a los ritmos históricos. Asimismo el cambio de la política económica actual dentro del marco capitalista no puede ser muy amplio en las condiciones de Panamá. La limitación del gasto estatal y la restricción del crédito conducirían a un aumento del desempleo, del empeoramiento de las condiciones de vida de la población y afectarían los intereses de los comerciantes y propietarios de manera particular, lo cual agudizaría las tensiones políticas internas. La carencia de instituciones bancarias centrales, de un sistema monetario propio y de un sistema tributario, hacen que el empleo de medidas de política económica de carácter indirecto (devaluaciones, control de cambio, impuestos y subsidios) muy aplicables en otros países (Brasil, México, etcétera) no puedan utilizarse, lo que disminuye la capacidad de acción dentro del marco capitalista a la vez que origina mayor vulnerabilidad de la economía. Mientras tanto, se mantiene una gran desigualdad en la distribución del ingreso per cápita promedio relativamente alto para América Latina (640 dólares en 1970, CEPAL), la mitad de la población percibe solo un promedio de 128 dólares (10.66 al mes: *Panamá en cifras*, 1966-1968), lo que se agrava en el caso de la población rural (59% de la población total) que percibe menos de 100 dólares al año como ingreso promedio (*Overseas Business Rep.*, Dpto. de Comercio de Estados Unidos, 1968), lo que limita aún más la capacidad de maniobra de los Gobiernos tradicionales, siendo fuente de constante presión política. En consecuencia, es evidente que, al igual que otros países latinoamericanos sometidos a la presión y dominio imperialistas, Panamá enfrenta obstáculos insalvables dentro del sistema social e institucional vigente para superar el subdesarrollo, donde los resultados de la eventual expansión que se logra dentro del mismo conducen al ahondamiento de la subordinación de la economía a los intereses foráneos y a un mayor empobrecimiento efectivo del país en lo que respecta al pueblo y a sus recursos. Sin embargo en este caso, por ser más descubierta la explotación, por la pequeñez del país (75 650 kilómetros y 1 417 000 habitantes) y su relativa importancia estratégica en lo económico y lo político, esas condiciones adquieren un carácter más contrastante.

32

Algunas ventas *especiales* de armas norteamericanas efectuadas a países centroamericanos entre 1968 y 1972:

País que recibe	Cantidad	Arma	Fecha de envío	Fuente
El Salvador	6	Aviones de combate F51 Mustang. Restaurados, a un costo de US$800 000, para el plan COIN (contrainsurgencia)	1968	AT3W
	1	Helicóptero Fairchild Hiller FH-1100	1969	AT3W
Nicaragua	4	Helicópteros Hughes OH-6A con cargo al Programa de Ayuda Militar.	1970	MB

Fuentes: AT3W: *The Arms Trade with the Third World*, Stockholm International Research Institute, 1971.

MB: *The Military Balance (1970-1972)*, International Institute for Strategic Studies, London.

33

Dentro de lo que podría llamarse la «red de la industria turística norteamericana» en El Salvador (que para siquiera esquematizarla necesitaríamos por lo menos un folleto aparte), tenemos que en nuestro país operan por lo menos tres principales cadenas hoteleras: la Holiday Inns, la Intercontinental y la Western International. Para que los huéspedes de los hoteles propiedad de estas empresas no tengan problemas con el manejo de divisas, existe, además de los bancos locales que venden cheques del American Express, una oficina del First National City Bank de Nueva York (que tiene por cierto fuertes intereses en la cadena hotelera Intercontinental). Y para su transporte particular (que lo aleje de los conductores y pasajeros nativos), las empresas de alquiler de autos y paseos planificados Hertz y American Sightseeing, están a disposición del turista. Hasta el país habrá llegado, claro, por la red de aviones que controla PANAM o por las líneas regionales dominadas por empresas norteamericanas como la TACA, Aerolíneas Nicaragüenses, etcétera. Además de que esta visión de la industria turística del imperialismo en El Salvador puede complotarse con la red de restaurantes, balnearios, terrenos en venta, tiendas y boutiques, supermercados, prostíbulos, cabarets, instituciones del Estado (Instituto Salvadoreño de Turismo) y de que incluso todo el sistema coopera en generar, a nivel local, una «cultura turística» («bachillerato» en turismo, promoción del personal de espectáculos con criterios cosmopolitistas de intercambio —que nos han construido de pronto «genios mundiales» como Esteban Servellón o Rosinés Sosa—, etcétera) y un aparato jurídico correspondiente, no olvidemos que todo esto ha venido siendo preparado por años a nivel de infraestructura (carreteras, construcción de centros turísticos, promoción de zonas privilegiadas, etcétera) principalmente con cargo a fondos del Estado, o sea, al sudor directo de los trabajadores salvadoreños. ¿Y para quién van a ser las ganancias? ¿Para los «bachilleres en turismo», mozos de bar y salón, taxistas, pescadores de ostras, artesanos típicos, constructores, obreros de transportes en general, sirvientas de hoteles, guías, vendedores de pasajes de avión, prostitutas, traficantes de droga, artistas de variedades, etcétera, *salvadoreños*? ¿Para los obreros *salvadoreños* de la industria alimenticia o los de mantenimiento de aeropuertos? Desde luego que no. Ellos serán una simple suma de tornillos y pequeñas, ínfimas piezas, en la creación, recreación, manejo, recuperación, etcétera de una mínima parte de la plusvalía total del país que los imperialistas norteamericanos han venido a pescar con cañas y anzuelos bien largos y de las mejores marcas. Las ganancias van a ser para los dueños norteamericanos de los hoteles y las compañías de aviación (los hoteles Intercontinental y la PANAM pertenecen al First National City Bank y también al conocido grupo financiero Chase Manhattan, de Rockefeller, y al grupo Lehman-Lazard-Goldman-Sachs; los hoteles de la Holiday Inn pertenecen al grupo Morgan y al grupo Lehman; los autos que alquila Hertz pertenecen, a través de la RCA —televisores, radios, industria electrónica, la misma que nos adormece como el perrito oyendo en el megáfono «la voz del amo»—, a los grupos Rockefeller y Lehman). Lo peor es que el daño que a una nación dependiente hace la industria turística metropolitana no termina en el simple balance de dividendos sobre inversiones. Los cambios que necesita introducir a nivel ideológico entre las masas del país en que se opera infligen necesariamente lesiones gravísimas a la conciencia nacional, y no a una conciencia nacional abstracta sino a la conciencia nacional concreta de las diversas clases y grupos sociales dentro de la formación: politraumatismos sufridos a nivel de formación social. En su, digámoslo, imprescindible trabajo «La industria cultural no es una industria ligera» (*Casa de las Américas*, La Habana, 1973), Armand Mattelart señala:

El mundo del turismo no es solo la presencia de enclaves —
llámense hoteles, agencias de viaje y de arriendo de automóviles— en los países del Tercer Mundo. Enclaves que para la
mayoría de nuestros pueblos permanecen y actuarán a nivel
de creación de expectativas: un modelo de vida que el turista
o el viajante de negocios y su organización social encarnan,
y que retraducen para los dominados los mismos mitos que
vertebran la cultura del ocio que le ofrecen la burguesía y el
imperialismo en sus productos más asequibles como sus *comics*, sus revistas y sus seriales. Sin embargo, si bien estos productos son más asequibles, los modelos de vida que defienden
son para la mayoría tan inalcanzables como una noche en el
hotel Sheraton-ITT. Por encima de todo ello, en primer lugar,
la industria del turismo constituye un eje fundamental de la
«sociedad de servicios» a la cual, a juicio de los expertos del
Norte, está arribando la sociedad norteamericana. (En los
modelos de sociedad futura, la titulada sociedad terciaria, los
negocios de este renglón de la industria del ocio crecerán en
alrededor del 10% si se reconvierte la economía de guerra). Es
por tanto un sector importante de la expansión de las grandes
corporaciones que procurará sanar, al igual que la electrónica,
los traumas sociales y económicos del imperialismo e instaurar su verdadero «reino de la libertad» para sus trabajadores
con horarios laborales menos cargados. En segundo lugar, la
industria del turismo, tal como la practican las grandes corporaciones multinacionales en el Tercer Mundo, es un índice de
cómo la metrópoli puede invadir las sociedades de la «etapa
preterciaria» con el pretexto de encontrar en ellas un «paraíso
perdido» («The lost paradise regained», reza el anuncio publicitario de una línea aérea caribeña-norteamericana). Sucede en
el turismo lo mismo que en las tiras cómicas de Walt Disney: la
isla del Pacífico donde Donald y sus sobrinitos van en busca de
tesoros y de terapias, los limpia de la inocencia perdida (y del
cansancio) en la metrópoli.

El futuro que esa industria nos ofrece a los salvadoreños no es, en cambio, inocente: si por un lado nos abre la posibilidad de *mirar* crecer lindos hoteles desde la playa hasta los volcanes, por otro lado les abre vía ancha hacia el extranjero a los frutos del trabajo de nuestros obreros y nuestros campesinos (en forma de ganancia para los inversionistas) y por otro lado aun, posibilita la migajería (únicamente a nivel de empleos) que hará de algunos de nuestros hermanos, hijas, potenciales compañeros, piezas deshumanizadas que jugarán su triste papel de *gangster*, de *croupier*, de vendedor de drogas, de bufón o de prostituta.

34

Un importante trabajo sobre la «ayuda» norteamericana al Mercado Común Centroamericano (una versión muy sumaria del cual apareció en el número de mayo-junio de 1973 de la revista de NACLA *Latin America and Empire Report*) la compañera Susan Jonas muestra un cuadro muy vivaz de la penetración norteamericana en las instituciones de la Integración Económica.

> Una vez que hubieron puesto su pie en la puerta de la Integración Económica Centroamericana —dice la compañera Jonas— Estados Unidos se dirigió a institucionalizar su influencia por dos vías. Primeramente, en especial durante los años de formación del MCCA, de 1960 a 1963, Estados Unidos ejerció control directo sobre él por la penetración de las principales instituciones integracionistas y por su intervención decisiva y estratégica en la controversia sobre las industrias de integración. Después, Estados Unidos empleó una sutil estrategia de largo alcance en el sentido de estimular la industrialización dependiente (la cual permitía una libertad máxima para las corporaciones de Estados Unidos) en América Central, y de

construir una coalición con los sectores privilegiados de las burguesías locales, que podrían entonces promover los intereses norteamericanos. En resumen, Estados Unidos estableció tales relaciones de poder dentro de Centroamérica, que hacían innecesaria la intervención norteamericana abierta. En orden a ejercer un control directo sobre las operaciones diarias de las instituciones del Mercado Común, Estados Unidos necesitaba también relaciones institucionales. Así, en 1961, un contingente o grupo de trabajo de la AID, recomendó en un reporte que la nueva oficina de ese organismo norteamericano debería establecerse *en* Centroamérica, con las siguientes funciones: regionalizar los trabajos de la AID; coordinar las políticas y programas de Estados Unidos para las agencias centroamericanas de Integración; «estimular las inversiones privadas» en América Central; y asegurar que la Integración no tome una dirección que vaya en detrimento de los intereses norteamericanos. Con la instalación de su tienda en Centroamérica los funcionarios yanquis esperaban, además, quebrar para siempre la influencia de la oficina mexicana de la CEPAL. Esta Oficina Regional de la AID para Centroamérica y Panamá (ROCAP) fue establecida en Guatemala en julio de 1962. Enfocaremos aquí la influencia de ROCAP sobre las dos principales instituciones de la Integración: la Secretaría Permanente para la Integración Económica de Centroamérica (SIECA) y el Banco Centroamericano de Integración Económica (BCIE).

En el interior de las diez manzanas de la ofician de ROCAP en la ciudad de Guatemala, están las oficinas de la SIECA. SIECA es la principal agencia del Mercado Común: a pesar de no tener la autoridad última para elaborar la política (autoridad que permanece en las manos de los cinco gobernadores), la Secretaría goza de considerable prestigio en virtud de concentrar experiencia técnica e información. SIECA está autorizada a formular proposiciones que sirvan de base para las negociaciones intergubernamentales, a supervisar la implementación de los tratados de integración y a servir de intermediaria en disputas y crisis. En los primeros años, cuando CEPAL ejercía el lidera-to intelectual en la Integración Centroamericana, numerosos funcionarios de la SIECA (incluidos los dos principales) habían estado asociados con CEPAL o recibían su influencia. Después de la firma del Tratado General (de Integración) de 1960, la in-fluencia de la CEPAL en SIECA, así como en toda Centroamé-rica, disminuyó grandemente y fue reemplazada por el apoyo y el sostén norteamericanos. Inicialmente había considerables sospechas entre Estados Unidos y SIECA: los funcionarios norteamericanos recelaban por la extrema influencia de la CEPAL en SIECA y los funcionarios de la SIECA se quejaban de la «agresividad y rigidez con las cuales los representantes norteamericanos impulsaban los objetivos de la competencia de mercado libre, desarrollo del sector privado e inversiones extranjeras, al tiempo que oponían obstáculos a la planifica-ción y la extensión de los controles estatales». Después de 1962 estas tensiones fueron gratamente superadas y las relaciones entre SIECA y ROCAP tomaron ciertas características de un ilícito asunto amoroso. Como se explicó en entrevistas, ambas partes concluyeron que su imagen pública podía arruinarse si la relación mutua se hacía demasiado visible a los extraños, y aceptaron la importancia de la discreción. En los hechos, ROCAP había aprendido las ventajas de presentar un bajo per-fil en público y raras veces ejercía una presión directa y abierta sobre la SIECA. No obstante su sofisticación y sutileza, Esta-dos Unidos ha jugado un significante papel en la marcha de la SIECA. A pesar de la anunciada política de la SIECA de que la asistencia presupuestaria extranjera no debería ser mayor que el total aportado por los cinco Gobiernos centroamericanos, en los hechos la contribución de Estados Unidos (directa y a través de agencias internacionales de préstamos) ha sido sustancial: en el principio cubría sobre el 50% y por 1970 permanecía tan alta como 40%-48% (de acuerdo a diversos estimados, *SIECA:*

Presupuesto para 1970). Buena parte de este dinero es usado para contratar expertos para hacer estudios en campos específicos: todos los expertos contratados con fondos de ROCAP y del Banco Interamericano de Desarrollo deben ser aprobados por ambas agencias. Como lo describe un funcionario de ROCAP, esta agencia da el dinero, digamos, para cuatro nuevas plazas: ROCAP y SIECA deciden conjuntamente qué trabajo habrá de darse a esos expertos y por quién. Esta disposición da a ROCAP una influencia directa considerable. Además, con los años, las contribuciones financieras y la influencia de ROCAP se ha ido trasladando de las áreas «estrictamente técnicas» a las crecientemente «políticas», y hoy ofrece apoyo presupuestario directo en «áreas de iniciativa política». De acuerdo a un alto oficial de ROCAP entrevistado en 1967, «antiguamente nuestra asistencia estaba confinada a los estudios estadísticos y de armonización aduanal y no había mucha posibilidad de ejercer influencia a partir de ellas. Ahora que ellos están financieramente atados, estamos entrando en otras áreas. Aquí ROCAP puede, y nosotros lo intentamos hacer así, ejercer más influencia, sobre todo influencia estratégica, dirigiendo fondos para tareas específicas e insistiendo en establecer nuestras propias prioridades».

SIECA es también utilizable para Estados Unidos como una fuente de información. A través de SIECA, que apadrina reuniones regionales de ministros y altos funcionarios gubernamentales, tal como me explicaba un ex funcionario de ROCAP que tuvo responsabilidades en SIECA, ROCAP obtiene información (*intelligence*) sobre quién en cada Gobierno es simpatizante u hostil a las posiciones de Estados Unidos.

Así, si ROCAP no se ve generalmente en el caso de dictar la política que debe seguir la SIECA, es sobre todo porque no lo necesita. A través de estos medios sutiles ROCAP tiene maniobrando a SIECA dentro de posiciones «aceptables». Al principio, por ejemplo, había gran antagonismo entre SIECA y varias organizaciones del sector privado centroamericano; por los finales de los años sesenta, mayormente como resultado de la actividad de ROCAP, se abrieron y desarrollaron canales, formales e informales, para las consultas de SIECA con el sector privado en el marco del funcionamiento del Mercado Común. Además, SIECA no ha enfrentado la política norteamericana en ninguna vía básica. Por ejemplo, en la única disputa política grande entre Estados Unidos y algunos centroamericanos sobre el problema de las industrias de integración, SIECA efectuó manejos que le evitaran tomar una posición política fuerte. La relativa ausencia de fricciones políticas abiertas es también fruto de un estilo que casi excluye los choques políticos, un estilo basado parcialmente en amistades personales entre altos funcionarios de SIECA y ROCAP. En muchos aspectos, entonces, las relaciones entre SIECA y ROCAP han sido menos dolorosas que la mayoría de las relaciones entre donante y receptor en el juego de la «ayuda» extranjera [Sigue].

35

Los monopolios norteamericanos están invadiendo en los países centroamericanos (a través de inversiones directas, extensión de líneas de crédito bancario y otras formas de comprometimiento, etcétera) una serie de sectores de la industria, la producción agropecuaria, el comercio y los servicios, que tradicionalmente habían estado en manos de la burguesía local. En El Salvador, por ejemplo, el capital norteamericano se extendió alarmantemente en las siguientes actividades económicas:

- La banca y las instituciones de crédito y financiamiento.

- Supermercados y tiendas por departamentos (en complicidad con comerciantes locales de origen árabe y judío).

- Restaurantes, en el seno de una actividad turística casi por completo invadida.

- Ganadería y exportación de carnes frías.

- Pesca y exportación del camarón, langostas, etcétera.

- Diversas producciones agrícolas (la penetración en la agricultura nacional por parte del capital imperialista comenzó por las líneas de crédito abiertas por los bancos norteamericanos a los agricultores, directamente o a través de bancos salvadoreños).

- Transporte urbano e interurbano de pasajeros y carga (buses, camiones, empresas de taxis).

- Empresas de diseño, ejecución y financiamiento para la construcción de viviendas y urbanización.

- Industria farmacéutica y cosmetológica, en combinación con el «negocio médico» (policlínicas y laboratorios), etcétera.

Lo que en el caso de El Salvador resulta verdaderamente el colmo es que las empresas norteamericanas hayan comenzado a tomar parte también en el negocio de venta de tierras. De ello habla claramente un anuncio publicado por la revista norteamericana *Squire*, en febrero de 1973, en el cual, además de confundirse el nombre de la capital con el del país y de mentirse intencionalmente sobre el régimen local de impuestos, de documentación para ingresar al país, y sobre el clima mismo, se dice los siguiente:

¡SAN SALVADOR: EL MUNDO DEL NO-NO!

NO contaminación ambiental. NO embotellamiento del tráfico. NO es necesario el pasaporte. NO hay extremos climáticos. NO impuestos a las ganancias del capital. NO impuestos personales o de corporación. NO impuestos reales del Estado. NO impuestos sobre la herencia. NO problemas con el cambio de moneda. La lista de NO-NO de San Salvador, verdaderamente única, elimina la mayoría de los factores desfavorables, presentes en muchas oportunidades de comprar tierras. Las inusuales ventajas de San Salvador presentan un clima para las inversiones igual a su increíble clima físico, inimaginable para cualquiera que no viva allí. Un NO-NO más todavía: NO obligación de ningún tipo para usted por el hecho de obtener los datos sobre esta oportunidad de comprar tierras. ¡NO! ¡NO! ¡No espere! ¡Envíe por correo su cupón *ahora!*:

COLUMBUS LANDINGS COMPANY
Dept. ES-ó
P.O. Box 1492
Fort Lauderdale, Florida 33302
Estados Unidos.

En la fotografía que acompaña el anuncio una joven en bikini emerge del mar salvadoreño con un hermoso pescado capturado durante una mañana de caza submarina, mientras en el horizonte, un petrolero de la Grace Line navega hacia Acajutla, puerto donde funciona una refinería de la Shell.

Para comprender el significado de este anuncio hay que recordar que El Salvador tiene apenas 20 000 kilómetros cuadrados y la mayor densidad poblacional de América Latina en tierra firme (180 habitantes por kilómetro cuadrado en 1973).

36

En relación con la penetración norteamericana en el Banco Centroamericano de Integración Económica (BCIE), dice Susan Jonas, en su trabajo ya citado:

Si la relación de ROCAP con la SIECA recuerda un asunto de amores ilícitos, su relación con el BCIE es más como un matrimonio tradicional, en el cual el cónyuge económica y políticamente más fuerte (Estados Unidos) ejerce el dominio. El BCIE debe su creación y el continuar existiendo a Estados Unidos. Durante toda la década de los cincuenta en las reuniones apadrinadas por la CEPAL hubo discusiones acerca de un fondo que minimizara las dislocaciones y financiara la expansión industrial; estas discusiones fueron, sin embargo, un tanto académicas, puesto que no había una clara indicación acerca de dónde los fondos podrían venir. Un nuevo ímpetu para discusiones concretas fue la insinuación hecha en 1959 por la misión Frank-Turkel en el sentido de que Estados Unidos podría contribuir con «tanto como 100 millones de dólares» con vistas a un Fondo para la Integración. Concretamente, con la firma del Tratado General de 1960 y el establecimiento del Banco Centroamericano de Integración Económica, BCIE, el Departamento de Estado de Estados Unidos anunciaba formalmente, en noviembre de 1960, una oferta de 10 millones de dólares para el Banco propuesto, si bien el monto final del préstamo fue de solamente 5 millones. La CEPAL contribuyó a proyectar y delinear la carta constitutiva del BCIE, pero la concepción básica fue modificada significativamente desde la noción, influenciada por la más temprana CEPAL, de «balance»: específicamente la carta del BCIE no hace mención de una lista regionalmente planificada de industrias prioritarias o del esquema de las industrias de integración. En su etapa formativa, durante 1961, el Banco descansó pesadamente sobre técnicos-expertos y consejeros extranjeros (norteamericanos) de la AID y del recién creado BID, aun en áreas extremadamente sensibles como la de la selección de personal. Lo lógico fue que en orden a movilizar montos considerables de dinero de parte de las agencias internacionales de financiamientos y préstamos, el BCIE tuviera que lucir bien ante estas agencias y conformarse con sus normas. Algunas de sus sesiones de trabajo se llevaron a cabo en Washington. Por añadidura, durante todos los años de formación del Banco, en adición a los préstamos de la AID, «los fondos de AID-ROCAP cubrirían sus gastos generales de administración». Pronto se hizo claro que ese financiamiento internacional no iba a ser una fuente subordinada o complementaria para los fondos del BCIE. Más bien, una vez que los Gobiernos centroamericanos habían contribuido con sus 4 millones de dólares por cabeza para su capitalización, el Banco vino a ser *primordialmente* un imán para atraer fondos «internacionales» hacia Centroamérica; y en los hechos el Banco ha funcionado en esta vía: como un estudio (Cohen) resume la situación, «en abril de 1969 los recursos totales del Banco alcanzaban los 250 millones de dólares, de los cuales 215 millones (o sea, el 86%) provenían de fuentes extranjeras (cerca de tres cuartas partes de Estados Unidos y el BID, donde la influencia norteamericana es decisiva, y la otra cuarta parte de créditos suplementarios concedidos por algunos países de Europa Occidental y México)». Evidentemente, concluye el estudio, el BCIE ha tenido más éxito en atraer financiamiento extranjero que en movilizar fondos regionales.

Siendo el mayor padrino del BCIE, Estados Unidos comenzó a moldearlo para adaptarlo a sus propósitos. La primera y más ruidosa postura norteamericana para el control sobre las operaciones del BCIE vino durante las negociaciones para el primer préstamo de la AID al Banco. Este préstamo fue una línea de crédito de 5 millones de dólares a ser usada por el BCIE para ablandar a los inversionistas privados (para la industria) de Centroamérica. A mediados de diciembre de 1961 la AID envió a los gobernadores del BCIE (los ministros de Economía y presidentes de los Bancos Centrales centroamericanos) el borrador del acuerdo de préstamo con la demanda de que lo aprobaran en quince días. El préstamo había sido previamente aprobado por los directores del BCIE (un director por cada país, elegidos por la Junta de Gobernadores). Después de dos semanas más, el 22 de enero de 1962, los gobernadores votaron, cuatro a favor, cuatro expresando «reservas básicas» acerca del préstamo. Las mayores objeciones de los gobernadores se centraban en la cláusula 6.09 (c) del proyecto del acuerdo de préstamo. Esta cláusula exigía previa aprobación por la AID a ulteriores peticiones de préstamos a hacer por el BCIE y daba a la AID «la ocasión de exigir la subordinación de préstamos posteriores, si la posición de dicha agencia norteamericana aparecía arriesgada». La implicación era que la AID podría suspender los desembolsos del préstamo si no aprobaba un débito subsecuente contraído por el BCIE. Al mismo tiempo que los funcionarios de la AID insistían en que esta cláusula era estrictamente una medida bancaria (destinada a reasegurar al Congreso norteamericano la recuperación de los préstamos), la mayoría de los centroamericanos la consideraban también como un intento de establecer control político sobre las futuras operaciones del BCIE, temían que tal control pudiera ser el efecto de la cláusula. Los funcionarios del BCIE invirtieron varios meses siguientes intentando renegociar el préstamo para enfrentar las objeciones de los gobernadores, pero sin éxito. En mayo de 1962, reconociendo la intransigencia de la AID en la materia y la dependencia financiera del BCIE respecto de la AID, los directores del Banco recomendaban a los gobernadores aprobar el préstamo en los términos de la AID. Sin embargo, en junio los gobernadores votaron, siete contra uno, rechazar el acuerdo de préstamo sobre la base de que la cláusula 6.09 (c) infringía sus soberanías. Los funcionarios de la AID que habían esperado una aprobación del proyecto por cinco votos contra tres (y aun por seis contra dos) se pusieron furiosos e iniciaron una intensa campaña de cabildeo individual con cada gobernador, juntamente y a través de las embajadas norteamericanas de cada país que vinieron en ayuda de ROCAP. Finalmente, en la reunión de agosto, los gobernadores del BCIE aprobaron el préstamo con solamente cambios menores en la terminología. En concreto y en resumen la AID tenía su camino.

La AID aprendió además una valiosa lección de este incidente. Durante las negociaciones una clara diferencia había surgido entre los directores y los gobernadores del BCIE. Los directores, sintiendo su responsabilidad directa en el Banco, adoptaron una visión «pragmática» de la necesidad de aceptar las condiciones de la AID en orden a obtener los fondos para iniciar las operaciones bancarias. Los gobernadores, del otro lado, siendo ministros de Economía y cabezas de los Bancos Centrales en cada país, estaban bajo presiones políticas y sentimientos nacionalistas en sus países; así, como los funcionarios de la AID vinieron a comprobarlo, los gobernadores no podían estar satisfechos de cumplir automáticamente con las condiciones norteamericanas que insinuaban un control político por parte de Estados Unidos. Más allá del problema inmediato de este préstamo particular, ROCAP planteaba que «el efectivo control del BCIE debería ser puesto en las manos de sus directores». De esta inquietud general evolucionó la idea de reformar la Carta del BCIE en el sentido de que los gobernadores delegaran en los directores el derecho de aprobar futuros acuerdos de préstamos. En las negociaciones finales este cambio fue hecho. En un veloz movimiento entonces, la AID no solo se abrió camino a través del préstamo a otorgar en sus propios términos, sino que también consiguió una permanente modificación de la estructura de autoridad del BCIE. (Simultáneamente Estados Unidos estaba también maniobrando para consolidar su hegemonía en el BCIE por el nombramiento de un vicepresidente ejecutivo [similar al del BID, que tiene poder de veto sobre todas las operaciones de este Banco, cada vez que quiera ejercerlo]. Inicialmente Estados Unidos había pensado «en un reconocido experto bancario procedente de Estados Unidos»; al no encontrar tal persona, Washington se decidió por un centroamericano, reteniendo el derecho de aprobar el candidato. En adición a esto, Estados Unidos mantiene la supervisión del BCIE sobre una base regular, con varios funcionarios de ROCAP volando a Tegucigalpa por lo menos un par de días cada semana). En algunas ocasiones Estados Unidos ha manifestado evidentemente sus intenciones implícitas de hacer del BCIE un instrumento de la política norteamericana en Centroamérica. Un incidente tal siguió al derrocamiento del constitucionalmente elegido Gobierno de Villeda Morales en Honduras, en 1963: en respuesta al golpe la administración Kennedy cortó todos los fondos de ayuda norteamericana al nuevo Gobierno militar. El problema se planteaba en la medida de que este «corte de ayuda» debiera incluir los fondos de la AID canalizados a través del BCIE. Especialmente porque el BCIE tiene su sede en la capital hondureña, los funcionarios de la AID temían que un movimiento tal pusiera al BCIE en una posición «intolerable». Sin embargo la AID impuso su disciplina sobre el BCIE, obstaculizando los desembolsos de fondos norteamericanos hacia Honduras hasta diciembre de 1963, fecha en la cual Estados Unidos reconoció al nuevo Gobierno hondureño. ROCAP había guardado también un cerrado control sobre el BCIE a través de una serie de «condiciones precedentes», que acompañaban a los proyectos de préstamo y que el BCIE debería llenar antes de recibir fondos. Ellas incluían las condiciones usuales (impresas en la legislación yanqui de asistencia al extranjero y en las obligaciones legales con la AID), como la «atadura» de la ayuda a bienes y servicios adquiridos en Estados Unidos y transportados por barcos bajo bandera norteamericana, aprobación norteamericana de todos los subcontratos, prohibición del comercio con países socialistas, etcétera. Además de ellas, Estados Unidos ha impuesto condiciones específicas al BCIE (por ejemplo: requisito de aprobación por la agencia de *cómo* el BCIE emplea las líneas de crédito abiertas por la AID y el BID para la expansión industrial). La penetración de la AID en la SIECA y el BCIE, como se describe arriba, no fue accidental sino deliberada, como reveló un informe de los primeros tiempos del equipo de trabajo de la misma AID:

«Estados Unidos debe comprometerse con la Integración Centroamericana. Estamos obligados a ayudar a ese movimiento.
Además, si se lleva a cabo de manera apropiada, podrá servir
a muchos intereses de Estados Unidos en la zona. Desafortu-
nadamente, Estados Unidos aún no ha articulado su propio
concepto de integración [...] estructura, programa, instituciones, y demás. Esto debería ser hecho del conocimiento de los
centroamericanos, y la presencia norteamericana y la ayuda
deberían ser usadas en promover el desarrollo que nosotros
favorecemos, y en bloquear los otros ("Task Force Report on
Economic Integration in Central America", feb. 15, AID, Washington, 1962, pp. 10-11). A este fin, Estados Unidos gastó varios
cientos de millones de dólares ya para 1970».

37

En su trabajo «El imperialismo en busca de la contrarrevolución
cultural», Armand Mattelart muy brevemente nos ubica el lugar
que ocupa la «televisión nacional» de los países centroamericanos
en el seno del aparato mundial propagandístico del imperialismo:

La historia de su expansión [de la organización norteamericana de TV comercial] —dice— es la historia de las etapas de
nuestra dependencia cultural. Las tres cadenas [de TV de Estados Unidos], en un momento u otro de su existencia aportaron
su grano de arena en la construcción y establecimiento de la
infraestructura televisiva dependiente. Por ejemplo, en 1939 la
National Broadcasting Co. (NBC) inauguró en América Latina
—con auspicio y financiamiento de la United Fruit Company—
la primera transmisión internacional de noticias diarias. En
1941, año en que la Comisión Federal de Comunicaciones de
Estados Unidos autorizó la plena explotación comercial de la
TV, la NBC acordó crear el Panamerican Network, compues-

to por noventa y dos estaciones para retransmitir programas hacia Latinoamérica. Y esto sin contar las acciones coordinadas de las divisiones eléctricas y electrónicas de la corporación madre RCA que pronto se apoderó junto a la General Electric de la fabricación de los receptores de radio, tocadiscos y televisores en Argentina, Brasil, Chile, México y Venezuela. La CBS (Columbia Broadcasting System) también contribuyó a la prefiguración de esta red de dependencia creando en 1940 el Latin American Network, integrado por sesenta y cuatro estaciones radiodifusoras en dieciocho países, iniciativa que finiquitó fundando sus fábricas de artefactos eléctricos y sus casas grabadoras. En 1960 la American Broadcasting Company (ABC) coronó el edificio, ofreciendo en un mismo servicio centralizado la compra de programas, la representación de ventas y el establecimiento de cadenas, modernizando así las formas de penetración de la televisión comercial norteamericana. En esa fecha su grupo Worldvision (ABC International), siguiendo los propósitos del Gobierno norteamericano de apoderarse del Mercado Común Centroamericano, formó el CATVN (Central American Television Network), una de las organizaciones de televisión más amplias del mercado televisivo internacional, que reúne propietarios de estaciones de TV de Guatemala, El Salvador, Honduras, Nicaragua, Costa Rica y Panamá. Algunos años más tarde, siguiendo el trazado de las fronteras del Mercado Común Latinoamericano (ALALC) fundó la LATINO (Latin American Televisión International Network Organization) que ahora agrupa los canales más importantes del subcontinente.

Para más detalles: A. Mattelart: *Agresión desde el espacio*, Editorial Siglo XXI, Buenos Aires, 1973.

El tipo de programas que rige en las tres redes de la televisión norteamericana no difieren sustancialmente entre sí ni tampoco se distinguen de las programaciones que han inspirado en la televisión comercial de otros países. Los ingredientes sensacionalistas que vertebran sus variados formatos les han merecido múltiples acusaciones, y la más corriente es que incitan a la violencia: «Cuarenta y seis altercados y once asesinatos en una noche de programación»; «en una semana de televisión se exhiben 416 delitos, desde la tortura y el robo hasta la estafa y la violación». Desde luego, en este último sentido, la violencia, el sexo, etcétera, no son sino elementos de provocación, del llamado a la atención del espectador para matizar la función principal de la TV entre nosotros: la de ser transmisora de la ideología de la dominación, de conformación de una «opinión pública» de acuerdo con esa ideología, en defensa de los intereses del imperialismo y sus clases locales en que se apoya. Pues como dice el mismo Mattelart: «La aparición de programas como "Plaza Sésamo" significa que el imperialismo cultural no solo efectúa una nueva reagrupación táctica de sus fuerzas políticas, sino que también y sobre todo, está revisando la función que asigna a los medios masivos de comunicación en la batalla ideológica. Si se ha de buscar un salto de orden cualitativo, es en estas nuevas formas de presión sobre las conciencias donde se le encontrará».

38

El conflicto armado de julio de 1969 entre Honduras y El Salvador ha sido hasta la fecha uno de los fenómenos culminantes entre el conjunto de relaciones económicas, políticas y sociales de nuevo tipo a que ha dado lugar la implantación del sistema imperialista norteamericano en Centroamérica. En ese sentido el conflicto es todavía hoy, cuando se habla ya de normalizar las relaciones mutuas a toda costa, un fenómeno en desarrollo, con varias alternativas de continuidad. Independientemente de aceptar el carácter com-

plejo de las causas que lo originaron y de dejar para otra oportunidad su análisis detallado para tratar de desentrañar el nudo de
contradicciones principales y secundarias que lo siguen nutrien-
do (entre ellas: contradicciones entre los monopolios yanquis tradicionales en la zona —UFCO, por ejemplo— y los que dominan
las empresas industriales «mixtas» de integración; contradicciones entre las oligarquías y las burguesías de cada país; contradicciones entre las políticas sociales demagógicas de los Gobiernos
[la «reforma agraria» hondureña, al centrar el despojo de tierras
contra los campesinos salvadoreños asentados en aquel país y al
propiciar la violencia contra estos, produjo un éxodo poblacional
que de desembocar completo en El Salvador habría resquebrajado
gravemente el orden oligárquico salvadoreño, caracterizado entre
otras cosas por el alto nivel de desempleo]; contradicciones entre
los estados mayores de los Ejércitos en el seno del CONDECA por
razones de hegemonía; contradicciones entre la «industria» de los
monopolios y la pequeña industria local, que se ha visto afecta-
da por una ola de quiebras en el seno de las condiciones que de-
paró la guerra y muchas de cuyas unidades se han incorporado
al área de los monopolios por el proceso consiguiente de concentración; contradicciones en el sector comercial, etcétera, etcétera) ES NECESARIO CARACTERIZAR LA GUERRA COMO UN CONFLICTO
DERIVADO DEL PROPIO SISTEMA CAPITALISTA EN CENTROAMÉRICA, UN
RESULTADO DIRECTO DE LAS CONTRADICCIONES DEL CAPITALISMO
DEPENDIENTE COMO VÍA DE DESARROLLO CONTRARIA A LOS INTERESES
DE LAS MASAS TRABAJADORAS DE NUESTROS PAÍSES, y asimismo,
COMO UN FENÓMENO POLÍTICO-MILITAR QUE, PARA SER COMPRENDIDO
EN SUS ASPECTOS FUNDAMENTALES, DEBE SER ENMARCADO DENTRO
DE LOS TÉRMINOS DE LA ESTRATEGIA CONTRARREVOLUCIONARIA DEL
IMPERIALISMO Y DE SU APARATO POLÍTICO-MILITAR LOCAL; Y DEBE SER
CONSIDERADO SOBRE TODO DESDE EL PUNTO DE VISTA DEL PAPEL QUE
HA DESEMPEÑADO, DESEMPEÑA Y DESEMPEÑARÁ EN EL PROCESO DE

CONFRONTACIÓN ENTRE EL IMPERIALISMO Y SUS LACAYOS POR UN LADO, Y LOS PUEBLOS CENTROAMERICANOS POR EL OTRO, CONFRONTACIÓN QUE NO PODRÁ SINO TRANSCURRIR, EN LO FUNDAMENTAL, DADAS LAS CONDICIONES HISTÓRICAS Y DE ESTRUCTURA ECONÓMICO-SOCIAL QUE LA PRESIDEN, POR LA VÍA DE LA LUCHA ARMADA POPULAR REVOLUCIONARIA. Solamente una caracterización que parta de estos puntos de vista podrá definir con claridad la *línea revolucionaria* frente al desarrollo del conflicto, la guerra misma, sus resultados patentes hasta la actualidad y la perspectiva de las relaciones entre los dos pueblos, la línea que responda a los intereses de ambos y del resto de los pueblos centroamericanos. Solo una caracterización así podrá evitar que los revolucionarios centroamericanos caigan en el nacionalismo burgués, que es una forma más de antinacionalidad imperialista, y los capacitará para poder llevar a sus pueblos, más tarde o más temprano, el convencimiento de que toda lucha entre «hondureños» y «salvadoreños», en general, no logra otra cosa que fortalecer a los explotadores de ambos; el convencimiento de que la verdadera lucha en Centroamérica, como en todo el mundo, es de clases, de explotadores contra explotados.

El carácter contrarrevolucionario y proimperialista del conflicto «hondureño-salvadoreño» se hará cada vez más inocultable, porque sus resultados estarán presentes ante cada paso que las fuerzas revolucionarias de los dos países intenten dar o den efectivamente. Sin exagerar las cosas hasta límites paralizantes, hay que tomar todavía en cuenta, y muy seriamente, esta situación, este contexto construido o manejado con todo rigor histórico por el enemigo. La consolidación de los regímenes de ambos países (por muy temporal que haya sido), efectuada por la vía de la exacerbación del chovinismo ultramontano, habla nítidamente de las reservas con que cuenta la reacción en lo que se refiere a la movilización masiva. La pérdida de vista y la no denuncia del papel jugado por el imperialismo en el fenómeno, verdaderamente crucial en nuestra historia contemporánea, es otro elemento cuyo significado debemos evaluar con cuidado. Claro está que estos fenómenos hablan por sí solos de la ausencia de una alternativa revolucionaria frente al conflicto, ya que las vanguardias o supuestas vanguardias políticas se encontraron en la incapacidad absoluta de asumir, ni siquiera por un momento, la dirección de algún sector importante de las masas, y aun de dar a conocer enfoques serios sobre el fenómeno de la guerra, posiciones orientadoras, líneas a seguir. Ello resulta profundamente negativo al intentar el balance, aunque sea también desenmascarador y aleccionante. Asimismo hay que notar cómo el imperialismo ha tratado, gozando de la libertad y la cobertura absolutas de que lo dotaba esa ausencia de denuncias, de cumplir con la tarea permanente que el general Westmoreland señaló en una intervención ante una reunión de gorilas efectuada en Brasil (intervención a la que habremos de volver más adelante): la elevación del prestigio de las Fuerzas Armadas no solamente como el instrumento más indicado como «defensor de la soberanía nacional», sino como el instrumento ideal para encauzar, supervigilar, impulsar, controlar, etcétera, todo el proceso de «cambio social» en la actual etapa (correspondiente a la etapa que el alto jefe militar yanqui denomina «la edificación de la nación»), o sea, el desarrollo capitalista dependiente de Estados Unidos en la zona. Es claro que luego de una victoria militar contra un supuesto agresor extranjero, contra el «país enemigo», resulta más fácil convencer al pueblo de que todo problema importante —política interna e internacional, alianzas, administración, seguridad, estrategia del desarrollo económico, libertades públicas, prácticas electorales, etcétera— deben quedar, en lo fundamental, en sus manos. El resto del aparataje de la dominación imperialista solo puede actuar independientemente aun en los campos que le son propios cuando no hay problemas graves en el ambiente; cuando los hay, el Ejército pasa a ser prácticamente el aparataje imperialista, dicen los estrategas de esta concepción. Por eso es que en el conflicto «hondureño-salvadoreño», si nos atenemos a las versiones oficiales de los Gobiernos, no hubo perdedor: los dos Ejércitos ganaron la guerra, ambos tenían que ganar la guerra para poder seguir planteando la verdadera guerra contra los pueblos. Aunque también era necesario, de acuerdo con los intereses zonales del imperialismo, que esa guerra «la ganara *un poco más* el Ejército salvadoreño». Con las fuerzas armadas así prestigiadas la base material de la concepción imperialista de «desarrollo basado en la seguridad» quedó lista para funcionar, por lo menos para un tiempo, ya que la crisis de estructuras no es un invento de los comunistas. Y ya se ha visto lo que ha pasado luego en los dos países: de la euforia de «unidad nacional contra el agresor, en contra del país enemigo; unidad nacional en torno al Gobierno» se ha pasado a la etapa de la acción popular contra cada Gobierno, forzada por la crisis económica agudizada y la situación política invariable; de las huelgas y las manifestaciones que han mostrado determinados grados de violencia se ha pasado ya inclusive a las actividades armadas embrionarias. En El Salvador es donde se ha llegado a niveles más graves: el fraude electoral en las elecciones de 1972, por medio del cual, como tendremos oportunidad de explicar más adelante, el Gobierno de Sánchez Hernández pasó el poder al actual Gobierno presidido por el coronel Armando Molina, volvió a enterrar las ilusiones electoreristas aún vigentes en determinados sectores del pueblo, estimulados por los sectores reformistas de la izquierda. La intervención yanqui-guatemalteca-nicaragüense para aplastar el golpe progresista del 25 de marzo de ese mismo año evidenció por su parte la naturaleza conjunta del enemigo inmediato y del enemigo principal en su concreción operativa: lo militar-supranacional. En todo caso, a raíz de todos estos acontecimientos esclarecedores, han aparecido en El Salvador por lo menos dos organizaciones armadas revolucionarias: el

Ejército Revolucionario del Pueblo (ERP) y las Fuerzas Populares de Liberación Farabundo Martí (FPL).

Dentro del marco de su manejo político-militar del conflicto «hondureño-salvadoreño», el imperialismo yanqui aprovechó la situación para tratar de reparar el eslabón débil de su cadena centroamericana: Honduras. Este país, cuya estructura económica se ha reflejado tradicionalmente en la debilidad de las fuerzas armadas, ha sido un peligro preocupante para la estabilidad del sistema en las condiciones abiertas por la Revolución cubana para América Latina, evidente al primer análisis de sus condiciones objetivas: un país despoblado, mal controlado desde el punto de vista militar-policial, montañoso, desintegrado en varias zonas económicas dispersas, ubicado exactamente entre los dos países centroamericanos donde la lucha ha llegado a alcanzar los niveles más altos en los últimos años (Guatemala y Nicaragua), es decir, prácticamente una montaña entre dos movimientos guerrilleros en desarrollo; y con una población que vive en condiciones de vida paupérrimas, con larga tradición de alzamientos, montoneras y violencia, aunque con escaso nivel de organización revolucionaria. El «peligro salvadoreño» ha sido el manto usado por el imperialismo para «modernizar» el Ejército hondureño, poblarlo de «asesores» yanquis, copar sus mandos por la CIA, etcétera, así como para organizar los consabidos grupos fascistas paramilitares, instrumentos del futuro terror blanco. De más está decir que serán el pueblo y los revolucionarios de Honduras los objetivos militares de este nuevo poderío «hondureño». Con motivo de un nuevo golpe de Estado que devolviera el poder a las manos del general López Arellano y las diversas maniobras políticas que el Gobierno hondureño ha efectuado a partir de entonces, algunos sectores de la izquierda, sobre todo sus sectores más reformistas, hablan de una «nueva situación» en Honduras, e inclusive de la apertura de un proceso progresista que podría avanzar hasta formas «peruanas» de antiimperialismo. Los hechos concretos no parecen dar base a tales ilusiones, aunque haya una coyuntura interesante, sobre todo si se compara al Gobierno hondureño con el cada día más fascista Gobierno salvadoreño. En todo caso, a pesar de las conversaciones oficiales para normalizar la situación entre ambos países, la bandera del chovinismo agresivo sigue alzándose por los sectores más reaccionarios de cada país. Y si para los revolucionarios el campo principal de la lucha está en la conciencia de las masas, no cabe duda de que ha sido precisamente en este terreno donde hemos sido más golpeados por la manipulación del conflicto «folclórico», despectivamente bautizado por las agencias del imperialismo como «la guerra del fútbol». El imperialismo logró sacar provecho del enfrentamiento de ambos pueblos y de las heridas causadas, que tardarán algún tiempo en cicatrizar. Pero precisamente porque el daño ha sido grave, es en este terreno donde se abre una gran perspectiva de trabajo para los revolucionarios hondureños y salvadoreños: porque hay que ayudar a nuestros dos pueblos a ver el fondo del fenómeno y a reconocer en él la agresión a sus intereses. No hay que desperdiciar esa dura vía de aproximación a nuestra verdadera esencia nacional, centroamericana, pero antiimperialista.

Y otra cosa: no hay reestructuración posible del Mercomún que no sea dentro de los marcos de dominación del imperialismo. En ese sentido la Integración y el Mercomún son hechos irreversibles y ni siquiera la guerra hondureño-salvadoreña ha descompuesto fundamentalmente ese panorama (a pesar de que significó el retiro de Honduras del CONDECA y propició el crecimiento del caos en todo el aparato integracionista). Es absurdo que fuerzas progresistas de nuestros países piensen en posibilidades tales como alternativas positivas para nuestros pueblos. La única salida está en la revolución, en la sustitución del sistema por la vía revolucionaria, no en la perspectiva de un supuesto «reformismo dentro del reformismo» para mal parafrasear a Debray. La obligación de las organizaciones revolucionarias centroamericanas, para seguir siendo tales, es plantear a las masas un programa que signifique una alternativa de desarrollo, contra la dependencia y la actual explotación clasista, y, además, encabezar la práctica, la lucha concreta para obtener el poder que logre realizar ese programa, la lucha concreta para obtener el poder que logre realizar ese programa, programa revolucionario para una integración centroamericana de nuevo tipo, una integración basada en la liberación nacional y la perspectiva socialista. En definitiva, será el socialismo el sistema que eliminará las contradicciones actuales entre las economías centroamericanas y hará posible una integración auténticamente popular. Solo el socialismo devolverá a los planteamientos de unidad centroamericana el sentido raigal que les adjudicaba Morazán y que le adjudicaron en los hechos los combatientes contra William Walker y los guerrilleros nicaragüenses e internacionalistas que encabezara Sandino.

39

«La constitución del Consejo de Defensa Centroamericano (CONDECA) y las funciones que se atribuye desde el comienzo, no dejan lugar a dudas acerca de la "filosofía" desarrollista que anima a los grupos de poder hoy dominantes en América Central».

Edelberto Torres Rivas: *Interpretación del desarrollo social centroamericano*, EDUCA, San José, 1970.

40

LA ESTRATEGIA DEL IMPERIALISMO NORTEAMERICANO PARA CEN-
TROAMÉRICA PUEDE DEFINIRSE DE LA SIGUIENTE MANERA: DESARROLLO
CAPITALISTA DEPENDIENTE DE LA ZONA, ASEGURADO MILITARMENTE
EN FORMA REGIONAL SUPRANACIONAL.

41

En septiembre de 1968 el jefe del estado mayor del Ejército de
Estados Unidos, general W. Westmoreland, dijo ante la VIII Conferencia de Ejércitos Latinoamericanos un discurso cuyos conceptos
tienen en la actualidad plena aplicación para la zona centroamericana, es decir, cuyos conceptos son observados minuciosamente en
el funcionamiento del aparataje local imperialista de dominación:

> Estimo —dijo entonces— que las perspectivas de repetidos
> «Vietnam» en todo el mundo son un peligro real para la segu-
> ridad de todos los pueblos amantes de la libertad. Por esa ra-
> zón estimo que las técnicas de la guerra insurgente encabezan
> la lista de amenazas que cada uno de nosotros debe conside-
> rar. Como dije, no debemos esperar encontrarnos con patro-
> nes idénticos o con técnicas siempre similares. De todas las
> lecciones que mi país y sus Fuerzas Armadas han aprendido
> recientemente sobre cómo enfrentarnos a la subversión e in-
> surgencia comunista, *ninguna es tan importante como la cuestión*
> *de coordinar los esfuerzos de todas las agencias nacionales, civiles y*
> *militares.* El objetivo de la insurgencia comunista es el pueblo,
> de manera que las agencias civiles responsables de atender las
> necesidades del pueblo juegan un papel importante en *la eli-*
> *minación de las injusticias y en crear la unidad, y en la edificación*
> *del orgullo nacional y la confianza en el Gobierno.* Particularmente

importantes entre las fuerzas civiles, desde luego, y a todos los niveles, son las *fuerzas policiacas*. Vivir entre el pueblo, protegiéndolo y haciéndolo cumplir la ley de una manera justa, las coloca en una posición en la que pueden hacer más que ningún otro grupo de servidores públicos para ganarse la confianza, el respeto y el apoyo de la gente. Naturalmente, *todo lo que haga una nación —cualquier nación— debe hacerse tras el escudo protector que proporcionan sus servicios militares. Son las fuerzas armadas las que proporcionan la seguridad necesaria para hacer cumplir la ley, para edificar y hacer todo lo que una nación hace.* Hemos tenido muy presente este pensamiento al ayudar a los sudvietnamitas a edificar sus fuerzas y a darle a su Ejército la capacidad de trabajar con la Policía en la búsqueda y captura de insurgentes en todo Vietnam del Sur. *No puedo enfatizar suficientemente la importancia de la seguridad, porque sin ella todos los demás logros de una nación —tales como las mejoras en la administración gubernamental, el progreso educacional y la salud y el bienestar— se pierden.* Si la seguridad fracasa, el pueblo no puede por menos que perder confianza en su Gobierno. *Pero aunque las fuerzas militares y policiacas son importantes, no hay que olvidar las otras funciones del Gobierno y la sociedad. Por ejemplo, las agencias económicas del Gobierno deben administrar programas que fomenten la prosperidad y eviten la inflación.* La productividad es un requisito básico. El racionamiento de los recursos es crítico. *La acción política es rigurosamente importante.* En cada nivel de la administración civil, las instituciones y organizaciones del Gobierno deben mostrarles por igual al campesino y al comerciante que su Gobierno los protege. *Donde quiera que ha existido indiferencia en el pasado, particularmente en las zonas rurales, esta debe ser superada. Debe alentarse a la gente a participar en el Gobierno. Una operación militar es solo una de las diversas maneras de combatir la insurgencia comunista. Hemos aprendido por experiencia que el impacto psicológico de la actividad militar merece atención especial para que la operación tenga éxito. Cada acontecimiento en la vida diaria de la población tiene un impacto en la mente de la gente. Cada acción militar importante debe ser evaluada en razón del impacto que tendrá en las actitudes de la gente* [...] Hace un momento mencioné la importancia de la coordinación. Hay otra zona en que la coordinación juega un papel principal, la de recoger datos de inteligencia. En lo que llamamos guerra convencional, las agencias de inteligencia de una nación operan en total aislamiento de las agencias de inteligencia de sus aliados. En la mayoría de los países las agencias de inteligencia de los servicios del Gobierno, incluso, se aíslan unas a otras. En una situación de insurgencia este método de manejar la inteligencia no funciona. Más que nunca, la obtención de inteligencia debe ser oportuna, efectiva y detallada. Y particularmente importante es el requisito de que a cada nivel del Gobierno —especialmente dentro de las fuerzas policiacas— *deben conjugarse los esfuerzos para hacer frente a la necesidad común.* La inteligencia no debe ser considerada como un fin en sí misma; debe utilizarse como un medio para un fin. Con eso quiero decir que la mejor inteligencia no vale nada a menos que se coordine, evalúe y se ponga en manos de quien la utiliza —del comandante—, del hombre que puede hacer algo con ella. Otra cuestión penetrante que hemos aprendido en nuestras experiencias en Vietnam del Sur es la importancia —y la dificultad— de negarle datos de inteligencia al enemigo. Cuando una fuerza militar regular opera en un ambiente de insurgencia o de guerra de guerrillas resulta extremadamente difícil, si no imposible, proteger las instalaciones de la observación y penetración enemigas. Es muy fácil para el enemigo aprender nuestros hábitos de operación observando nuestras unidades cuando estas se preparan para diversas clases de movimientos y operaciones. Esto se debe a que existe una relativa libertad de movimiento de la población civil: no hay líneas de combate nítidamente trazadas. Esto, desde luego, requiere procedimientos operativos que impidan a los agentes enemigos obtener información. *También requiere un apropiado control de la población, incluyendo la expedición inmediata de identificación a los ciudadanos amigos —papeles que no pueden ser fácilmente robados o falsificados.* Asimismo todo plan de operaciones debe incluir un anexo de contrainteligencia. *Aunque la edificación de la nación parezca una función de las agencias civiles, nuestra experiencia ha sido que las fuerzas militares —las nuestras y las de la nación que tratamos de ayudar— deben jugar con frecuencia un papel importante y utilizar sus equipos y capacidades especiales para ayudar al pueblo a ayudarse a sí mismo. Y quisiera enfatizar lo de ayudar al pueblo a ayudarse a sí mismo. En el campo de la «acción cívica» es que vamos ejemplificando uno de los mejores atributos de un ejército* [...]

42

LA PRESENCIA Y LAS FORMAS DE FUNCIONAMIENTO ACTUALES DEL APARATAJE DE DOMINACIÓN, EXPLOTACIÓN Y ASEGURAMIENTO MILITAR Y DE INTELIGENCIA Y CONTRAINTELIGENCIA DEL IMPERIALISMO NORTEAMERICANO EN CENTROAMÉRICA PERMITEN LLEGAR A LA CONCLUSIÓN DE QUE EN TODO EL ISTMO EXISTE EL ESTADO DE GUERRA CONTRAINSURGENTE IMPERIALISTA (GUERRA ESPECIAL), AUNQUE LOS NIVELES DE ESA GUERRA SON DISTINTOS DE PAÍS A PAÍS. A partir de 1961-1962 el imperialismo pasó a subrayar más aún el énfasis en la solución político-militar frente a los problemas revolucionarios de Centroamérica. La perspectiva marcada por el inicio de la guerra de guerrillas en Guatemala aceleró aún más esta actividad contrarrevolucionaria. En lo que a El Salvador respecta, el Ejército pasó a ser directamente el instrumento fundamental de Gobierno y concentró gran parte de la actividad administrativa en manos de sus cuadros de mando. Al desarrollo de la Integración y el Mercado Común, ya lo hemos subrayado antes, siguió muy de cerca la integración de los Ejércitos centroamericanos bajo un estado mayor conjunto y un organismo planificador y ejecutivo común, el CONDECA. Todo este aparataje militar regional ha actuado conjuntamente en los niveles en que hasta ahora ha sido necesario contra los movimientos guerrilleros aparecidos en nuestros países. Los sucesos del 25 de marzo de 1972 en El Salvador revelan que el filo del CONDECA no solo va dirigido contra los movimientos guerrilleros revolucionarios, sino hasta contra los mismos militares discrepantes con un Gobierno del istmo. Insistamos: el Gobierno de Estados Unidos HA CREADO, DESARROLLADO Y PUESTO EN FUNCIÓN EN CENTROAMÉRICA LAS INSTITUCIONES Y LOS ORGANISMOS DE LA GUERRA ESPECIAL. Es decir que, hablando en términos amplios, el imperialismo, en complicidad con las oligarquías y las fuerzas armadas y de seguridad locales, HA PLANTEADO YA INSTITUCIONALMENTE LA GUERRA CONTRA LOS PUEBLOS CENTROAMERICANOS.

43

¿Qué es la guerra especial? La guerra especial es un escalón en el desarrollo de la guerra imperialista contra los pueblos del mundo, dentro de la actual estrategia norteamericana de «reacción flexible» o «respuesta adecuada o proporcionada». Esta estrategia mundial de Estados Unidos sustituyó la estrategia de «respuesta masiva», que estaba basada en el monopolio del arma atómica y en la superioridad militar estratégica norteamericana (en la aviación, flota, etcétera) de años atrás. Cuando la Unión Soviética construyó su arma atómica y borró la ventaja en la aviación militar, submarinos portadores de cohetería intercontinental, etcétera, aquella estrategia norteamericana (responder con el ataque atómico a cualquier movimiento de expansión comunista en el mundo, efectuar el chantaje atómico como medio disuasivo para frenar el avance del socialismo) quedó sin bases reales y sin sentido, ya que el uso del arma atómica podía tener la respuesta correspondiente, la represalia atómica devastadora; pero además esta estrategia se había mostrado incapaz de detener los triunfos populares en las guerras de liberación nacional: frente a esa concepción yanqui había triunfado la revolución china, la revolución coreana, se desarrolló la guerra de los pueblos de Indochina, triunfó la Revolución cubana y avanzó notablemente la lucha de los pueblos africanos contra el colonialismo y el neocolonialismo. El criterio de que las guerras de liberación nacional eran simples movimientos expansionistas de la URSS y que, por lo tanto, podrían ser enfrentados con el chantaje atómico contra el primer país socialista del mundo, era radicalmente erróneo y sin duda (con muchas mayores dificultades, desde luego) las revoluciones de liberación nacional habrían seguido surgiendo y desarrollándose aun si la URSS hubiese podido ser inmovilizada por aquel chantaje. Ante la nueva situación (imposibilidad de ejercer el chantaje atómico, desarrollo impetuoso del movimiento de liberación nacional en Asia, África y América Latina), el imperialismo se dedicó a construir otra estrategia para mantener su dominación mundial, detener la liberación de los pueblos y pasar eventualmente al contraataque de las posiciones socialistas. Esta nueva estrategia se planteó la necesidad de dar respuestas «adecuadas», «proporcionadas» a los movimientos revolucionarios que surgieron en el mundo sin necesidad de que en cada caso se planteara el choque masivo contra la URSS y los países socialistas. Denominada «estrategia de la reacción» o «respuesta flexible», ella es un escalonamiento que consta de tres niveles principales, cuya sucesión no es absolutamente mecánica, sino que se adapta a las necesidades concretas que plantea la realidad: 1) la guerra especial; 2) la guerra local; 3) la guerra global (con armas nucleares). Cada escalón tiene sus propios elementos fundamentales, y el paso de una a otra puede ser muy veloz o cubrir todo un período en el cual surgen elementos propios (por ejemplo, entre la guerra local y la guerra global atómica pueden darse como pasos intermedios la extensión de la guerra local, la utilización del arma atómica táctica, etcétera). Tanto la guerra especial como la guerra local son guerras esencialmente neocolonialistas y contrarrevolucionarias: su objetivo es aplastar el movimiento revolucionario de liberación nacional y mantener la dominación neocolonialista, la vía desarrollo capitalista dependiente de Estados Unidos. La guerra especial se lleva a cabo usando un aparato político-militar aparentemente nacional. Tiene las apariencias de una guerra civil, interna, en la cual el Estado y el Gobierno «nacional» y, sobre todo el Ejército «nacional», libran la guerra contra los insurgentes, contra los revolucionarios. Estados Unidos no aparece directamente más que en las formas tradicionales: ayuda en medios y recursos (armas, préstamos, etcétera), entrenamiento, asesoría y hasta combatientes —pero en número reducido y bajo el manto de «instructores»—, apoyo diplomático en los organismos internacionales, apoyo de propaganda a través de los medios masivos mundiales del capitalismo, etcétera. Ejemplos de guerra especial han sido la guerra antiguerrillera en Grecia, en Filipinas, en Malasia, en Indonesia, en Vietnam del Sur. Si la guerra especial, como suele suceder, no es capaz de liquidar el movimiento revolucionario, y más bien este crece y se desarrolla en el transcurso de la lucha, el imperialismo pasa a la etapa de la guerra local. La guerra local se caracteriza por la intervención directa y masiva de las fuerzas armadas norteamericanas en el conflicto. Desaparece el aspecto de guerra civil interna y el carácter de guerra de nación contra nación se hace evidente: es una clara guerra de agresión de Estados Unidos, aunque de envergadura y extensión limitadas. La guerra local conserva además una serie de características de la guerra especial: sigue existiendo un Gobierno títere «nacional» y un Ejército títere que combaten y actúan al lado de las fuerzas norteamericanas y les sirven de apoyo. En Vietnam del Sur fueron derrotadas una tras otra la guerra especial y la guerra local de Estados Unidos: el paso siguiente de los yanquis fue extender el conflicto armado a Camboya y Laos. En la actualidad, después de una prolongada crítica contra los fracasos de la estrategia de «reacción flexible», los yanquis combinan los medios y procedimientos de ambos niveles en algunos casos concretos, hacen menos paulatina la sucesión de ambas etapas y recurren a la guerra local mucho antes de haberse visto obligados por el fracaso de la guerra especial (caso de la República Dominicana). Para Centroamérica y para los revolucionarios centroamericanos tiene importancia especial el conocimiento de la concepción yanqui de la guerra especial, que es la etapa de su estrategia con la cual vienen enfrentando el proceso revolucionario de nuestros pueblos desde ya hace bastantes años. Podemos decir que la guerra especial consta de dos etapas que no son tajantemente diferenciadas. La primera etapa es la etapa de la preparación de la estructura económica, política, militar y jurídica, la de la construcción de las instituciones de la guerra especial. Aunque esta etapa no excluye la violencia directa, pone especial énfasis en las medidas «preventivas», policiacas y de inteligencia, y las medidas políticas prevalecen sobre las medidas puramente militares. La etapa operativo-militar es ya de franca actuación del aparato conjunto contra el movimiento popular y revolucionario y las medidas militares pasan a ser las principales, se militariza el aparato del Estado, se unifican los mandos de las fuerzas armadas y el Ejército pasa a efectuar operaciones bélicas en forma permanente. Ambas etapas de la guerra especial son denominadas, en la jerga yanqui, etapas de la «actividad de contrainsurgencia». En esta segunda etapa la presencia norteamericana se hace más evidente: pululan los asesores, los oficiales de alto nivel mangonean los estados mayores conjuntos, etcétera. En El Salvador se vive la etapa primera de la guerra especial, la etapa preparatoria y preventiva, desde hace años. En Guatemala se ha avanzado bastante en la segunda etapa. En Honduras se vive la primera etapa. En Nicaragua en la segunda. En Costa Rica se vive en la primera etapa. Esto nos permite decir que en Centroamérica se vive en plena guerra especial imperialista y que en algunos de sus países se ha llegado ya a la segunda etapa de la misma. El hecho de que la guerra especial sea una guerra que no comienza con el ablandamiento de la artillería pesada o el bombardeo aéreo contra las ciudades, no debe seguir confundiendo a nuestros pueblos y, sobre todo, no debe seguir confundiendo a los revolucionarios.

De acuerdo con las experiencias del pueblo vietnamita, vencedor de los yanquis en la guerra especial y en la guerra local, los imperialistas desarrollan la guerra especial a partir de cuatro puntos de vista o criterios fundamentales. El primero es la necesidad de dividir al pueblo y sobre todo separarlo de los revolucionarios marxistas-leninistas, de los comunistas. Este criterio imperialista otorga una característica fundamental a la guerra especial: se trata de una guerra en la que no bastan las medidas militares sino que, por el contrario, emplea medidas de todo tipo en el logro de sus objetivos globales de dominación y explotación (medidas sociales, de «acción cívico-militar», económicas, políticas, de propaganda y guerra psicológica, etcétera), donde son la actividad política y el factor político lo decisivo para ganar a las masas, al tiempo que se tiene la lucha ideológica como algo de importancia vital. De acuerdo con este punto de vista gran parte de la actividad preventiva y ya puramente operativa deberá estar encaminada a desorganizar al pueblo y, sobre todo, a las clases fundamentales explotadas: al proletariado urbano y agrícola, al campesinado, etcétera. De ahí la prohibición de organización para los trabajadores rurales que ha existido en El Salvador (país en donde desde 1932 se aplican en los hechos diversos criterios básicos de la guerra especial debido a que la oligarquía tuvo que enfrentarse desde entonces al fenómeno de la lucha armada revolucionaria), de ahí los golpes contra el movimiento sindical, las acciones de divisionismo, de ahí el permanente diversionismo ideológico que mantiene el aparato imperialista a nivel centroamericano, de ahí la propaganda anticomunista diaria y el uso de todos los medios de comunicación, de ahí el desmantelamiento de los partidos políticos progresistas. El segundo criterio con el cual los imperialistas yanquis enfrentan esta etapa de la guerra especial deriva del primero: el aparato de la guerra especial escoge desde el inicio como objetivo principal e inmediato a la organización marxista-leninista, a la vanguardia comunista, a la cual consideran como el cerebro o núcleo central de la guerra. Los imperialistas consideran que sin esa organización la guerra del pueblo no puede desarrollarse, y que «es mejor matar a un comunista» que a cien combatientes alzados sin verdadera claridad ideológica, ya que son los marxistas-leninistas los que organizan al pueblo, los que muestran a las masas el camino verdaderamente revolucionario. De acuerdo con este criterio el enemigo imperialista se plantea un campo de trabajo político-militar sumamente amplio contra las vanguardias revolucionarias. En principio hace objetivo de su acción contrarrevolucionaria a toda organización que levante la bandera del marxismo-leninismo, pero luego pasa a operar en concreto agudizando la represión y las operaciones de aniquilamiento contra la o las organizaciones marxistas-leninistas realmente consecuentes con sus planteamientos, lo cual, paralelamente, crea condiciones para el divisionismo entre los diversos sectores revolucionarios. La división del movimiento revolucionario es por sí sola un importante y permanente objetivo de la guerra especial. El tercer punto de vista con que los imperialistas actúan en toda la etapa de la guerra especial, de acuerdo a la experiencia vietnamita, es la de que toman el campo, las zonas rurales, *como el terreno principal a disputar a los revolucionarios*. Este es un aspecto que debe ser meditado frente a realidades concretas, pues se trata de un criterio general que puede ser modificado o por lo menos matizado en medida importante en tal o cual país. Pero como quiera que la guerra especial está concebida como una agresión neocolonialista contra los movimientos de liberación nacional en el mundo subdesarrollado y la mayoría de los países de este, o sea, más bien dicho, la regla general, la casi absoluta totalidad, son países donde las áreas y la población rurales tienen importancia decisiva, este criterio enemigo debe ser evaluado minuciosamente, en todos los aspectos que presenta. El mismo involucra una consideración de las ciudades como teatros de las luchas revolucionarias armadas en la actualidad y de sus limitaciones objetivas. Teniendo el campo como terreno principal en disputa, los imperialistas toman a su respecto, y respecto a su población, una gran serie de medidas político-militares que van desde las reformas agrarias limitadas y demagógicas y las grandes campañas de «acción cívica» (alfabetización limitada, vacunación, regalo de víveres a los campesinos, etcétera), hasta la organización forzosa anticomunista de la población rural y las llamadas «aldeas estratégicas» (virtuales campos de concentración para la población civil, creados para que esta no tome contacto con los revolucionarios y permanezca en todo momento bajo control). El cuarto criterio básico de los imperialistas para la guerra especial es el de utilizar los métodos de combate y actuación irregular para oponerse a la actividad revolucionaria del pueblo. Contra las guerrillas se usan unidades pequeñas y móviles, que actúan en forma guerrillera; se organizan unidades paramilitares de asesinos y delincuentes, y de sus fechorías se acusa a los revolucionarios; se multiplica la red de información e inteligencia para estudiar la actividad guerrillera total y para infiltrar y conocer a fondo todas las organizaciones revolucionarias y progresistas, sindicatos, uniones estudiantiles, frentes de masas, iglesias, etcétera. Se utiliza profusamente con tales fines toda la tecnología moderna: helicópteros, blindados, medios de escucha y de observación, etcétera.

En el marco de esos cuatro criterios básicos, los imperialistas toman múltiples medidas, en complicidad con las clases dominantes locales, el aparato del Estado y las fuerzas armadas locales, para enfrentar al movimiento popular. En la primera etapa de la guerra especial, algunas de esas medidas concretas son:

a) Depuración de las filas del Gobierno títere de elementos conocidos por el pueblo como muy corruptos o criminales, a fin de asegurar una figura «democrática» y «amplia» a la administración, pero al mismo tiempo, de elementos simpatizantes de los revolucionarios, progresistas, liberales, que en momentos de agudización de la lucha puedan significar fuentes de información para los revolucionarios, dar lugar a renuncias que perjudiquen políticamente al régimen, etcétera.

b) Planteamiento de la falsa ideología nacionalista, de base anticomunista y proimperialista, como bandera ideológica del régimen, y la consiguiente creación de partidos políticos adscritos al régimen o a la «oposición» para tratar de aglutinar fuerzas en derredor de la reacción. Valga decir que para este fin fue ampliamente utilizado en ambos países, con igual intensidad, el conflicto armado entre Honduras y El Salvador, lo cual es una interesante demostración de la multiplicidad de medios y métodos que los imperialistas usan para obtener sus fines en la etapa de la guerra especial. Adviértase asimismo el crecimiento de la propaganda nacionalista y patriotera que a nivel centroamericano impulsan los sectores dominantes más entreguistas con respecto al imperialismo.

c) Emisión de todo un conjunto de legislación represiva, de corte fascista, destinada a justificar bajo el manto de la ley la violencia contra el pueblo que presidirá toda la etapa de la guerra especial. A la par de la emisión de leyes se incrementan la construcción de prisiones, el establecimiento de campos de concentración, el uso de la tortura (la cual se llega hasta a defender públicamente como una «medida extrema») y se desarrollan las normas del estado de sitio, estado de emergencia o alarma, etcétera. Estas medidas han sido ya cumplidas en su casi totalidad en los diversos países centroamericanos. Un ejemplo de ellas es la emisión del nuevo Código Penal de El Salvador, que configura nuevos delitos y que pena una serie de actividades hasta hace poco consideradas «legales» por los tribunales locales: paros, huelgas, algunas formas de propaganda. En esta medida se advierte claramente que el legislador pasa a ser un instrumento directo de la represión fascista-imperialista, un combatiente de la guerra especial norteamericana contra el pueblo salvadoreño.

d) Unificación de la organización militar y política en todos los niveles. Si la guerra especial es por su naturaleza una guerra político-militar —afirman los especialistas norteamericanos— su dirección también debe serlo. Aunque se conservan las fachadas del parlamento, el poder judicial, los ministerios, los partidos políticos burgueses, etcétera, las decisiones se toman por un mando político-militar unificado, que puede estar formado por los jefes de estado mayor de las distintas ramas de las fuerzas armadas y jefaturas de los cuerpos de seguridad e inteligencia y por los «asesores» norteamericanos de alto nivel.

Todas estas medidas están destinadas directamente a consolidar al poder títere, al Gobierno que pasa como «Gobierno nacional», al Gobierno a cuya cabeza aparecen «nuestros» Arana Osorio, Somoza, Molina, etcétera, pero que en realidad no es sino uno de los fundamentales instrumentos de la guerra especial imperialista contra nuestros pueblos. La consolidación de estos Gobiernos es, como lo aceptan los mismos norteamericanos, «algo de primordial importancia, pero sumamente difícil». El caso de El Salvador lo prueba, para no apelar a ejemplos demasiado conocidos: Estados Unidos tuvo que propiciar una intervención militar guatemalteco-nicaragüense para «consolidar» al régimen militar, inmediatamente después de un fraude electoral y un golpe de Estado de protesta... precisamente cuando el Gobierno a consolidar (el del coronel Arturo Armando Molina) aún no había entrado en posesión del poder.

Además de reforzar y consolidar los Gobiernos títeres por esos y muchos otros medios, los imperialistas se dirigen fundamentalmente a la construcción del Ejército títere que pase como Ejército nacional y sirva para instrumentar las necesidades específicas de esta guerra de nuevo tipo. Los imperialistas y las clases dominantes locales necesitan disponer de una gran fuerza militar que tenga planes operativos político-militares tanto a nivel nacional como a nivel local y a inmediato, intermedio y largo plazo. Los especialistas norteamericanos afirman que para dominar la situación en un país donde actúe un movimiento revolucionario es necesario tener por lo menos diez soldados por cada combatiente, por cada revolucionario en armas. Pero además el Ejército títere que pasa como nacional debe ser reconstruido, en las condiciones de la guerra especial, atendiendo a la necesidad de aminorar (ya que es imposible borrarla por completo) la contradicción entre la concentración de fuerzas y el desguarnecimiento de múltiples objetivos, la dispersión y el debilitamiento en todos los lugares. Para tratar de alcanzar tal fin los imperialistas proceden a tomar diversas medidas que se complementan entre sí, entre ellas las siguientes:

a) Racionalización de la dislocación de las fuerzas armadas del país de que se trata, de acuerdo a su número y sus medios, a las condiciones geográficas y de distribución de la población, a la envergadura y la dislocación de las fuerzas revolucionarias y sus métodos de operar, y a la etapa de la confrontación.

b) Construcción especializada de las fuerzas estratégicas y tácticas. En primer lugar, la creación de una fuerza estratégica móvil para operaciones decisivas y la creación de las fuerzas locales, adscritas a cada una de las zonas en que se divide militarmente el país. Creación de las fuerzas especiales antiguerrilleras (boinas verdes, *rangers*, etcétera).

c) Establecimiento de la coordinación con:

- Fuerzas armadas de los países vecinos.

- Organizaciones paramilitares, bandas terroristas de la derecha, grupos de choque fascistas especialmente creados en esta etapa.

- Fuerzas de policía locales y nacionales.

- Órganos de inteligencia y contrainteligencia.

- Todos los demás organismos del Estado.

A la par y con vistas a la construcción del Gobierno títere y del Ejército títere, en el seno de la guerra especial, los imperialistas y su aparato local realizan de manera particularmente intensa la guerra psicológica y la guerra de espionaje. En esta labor se integran todos los medios masivos de comunicación civiles, todo el aparato propagandístico e ideológico del Estado, las agencias públicas y secretas de Estados Unidos de la guerra psicológica y, además, aparatos, organismos y redes especialmente creadas en el desarrollo de la confrontación. Todos los medios son buenos en este terreno: campaña de calumnias, terror como base para luego plantear el soborno a sectores atrasados de la población, campañas de denuncias de revolucionarios, rumores para sembrar dudas y temor entre las masas. Esto se respalda en ocasiones con medidas militares y policiacas directas. Toda la actividad de guerra psicológica se dirige por organismos especializados, tanto a nivel nacional como a nivel local.

La legalidad nacional tradicional, el Estado Nacional tradicional y el Ejército nacional tradicional cambian de naturaleza y se convierten, repitamos, en instrumentos de la guerra especial del imperialismo, en el aparato local del imperialismo para la guerra especial.

Esta situación dice a los pueblos: no hay vías «legales» hacia el poder, entre el pueblo y el poder político se interpone el aparato imperialista de las guerras especial y local, para tomar el poder y hacer la revolución hay que derrotar en la lucha ese aparataje.

Cerradas la vías legales hacia el poder, aparece la vanguardia armada revolucionaria del pueblo como la única forma de dirección política, aparece lo político-militar como única categoría capaz de dar métodos a la acción revolucionaria, aparece la actividad político-militar revolucionaria como único camino para las masas populares en busca de su propio destino. Entonces es cuando aquel aparataje de leyes e instituciones, de fuerzas armadas y policiacas y de medios de comunicación y propaganda, se desencadena y muestra su verdadera cara, se desenmascara y ofrece su verdadero rostro bárbaro e implacable: comienzan las operaciones militares de envergadura, los cercos de ciudades y zonas rurales con todos los atropellos y crímenes para imponer el terror en la población, los bombardeos con napalm y las sustancias desfoliantes, el estímulo a la delación entre compatriotas y hermanos de clase, la tortura como método normal de investigación, los asesinatos masivos, la liquidación de todo tipo de oposición o de actividad político-social contraria al régimen (huelgas, demostraciones, actividades de partidos progresistas) por medios violentos: asesinato de dirigentes, ametrallamiento de multitudes, campañas de exterminio contra los campesinos de zonas «inquietas», supresión de todas las libertades democráticas, etcétera.

Y esa es ya la guerra especial en su segunda etapa, la guerra especial en pleno desarrollo de actividades. Para desgracia histórica del imperialismo esa guerra tiene su contrapartida: la guerra revolucionaria del pueblo. Llámesele como se la llame, a un plazo más o menos largo, de esa guerra sólo saldrá un vencedor: el pueblo.

Desde luego, hay que decir que en estas cortas líneas sobre la guerra especial norteamericana no hemos hecho sino exponer algunos aspectos a los que hemos podido tener acceso en fuentes periodísticas diversas. Si se comprende que toda la actividad de la guerra especial, es, en cuanto tal, en cuanto parte de esa concepción estratégica imperialista, una actividad secreta, una actividad siempre enmascarada con las más diversas fachadas (acción cívico-militar, actividades de ayuda mutua interamericana, propaganda contra las ideologías anárquicas, exóticas y contrarias a la democracia, etcétera), se comprenderá al mismo tiempo que en estos mismos momentos, en Centroamérica, entre nosotros, los imperialistas norteamericanos y sus «socios» locales están desarrollando nuevos métodos, empleando nuevos o renovados medios y actualizando los ya probados en otras partes del mundo, para los fines de sostener y reproducir su sistema explotador. Por ahora, sin pretender ser taxativos, como simples ejemplos concretos de una situación generalizada, digamos que ya en todo el istmo se han dado los siguientes pasos para impulsar la guerra especial norteamericana:

- Existencia del CONDECA (lo que supone la unificación eventual y la permanente coordinación de las fuerzas armadas y cuerpos de policía, inteligencia y contrainteligencia de los países centroamericanos bajo un comando norteamericano, concretamente bajo el llamado «Comando Sur» de las Fuerzas Armadas de Estados Unidos, con sede en la Zona del Canal de Panamá, pero con centros diversos en

Guatemala, El Salvador, Honduras, Nicaragua y Costa Rica. Una publicación oficial de la Oficina de Asuntos Civiles, de Fort Gordon, Georgia, Estados Unidos, centro de capacitación para personal militar latinoamericano, incluye al CONDECA como un organismo «integrado a la composición y organización de la Oficina del Secretario de Defensa de Estados Unidos», según el diagrama siguiente:

CONDECA AND THE AMERICAN MILITARY ESTABLISHMENT
An organizational model

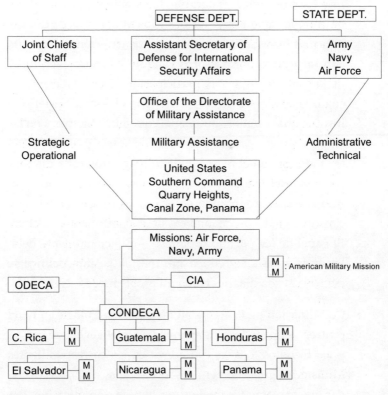

(Civil Affairs School, Fort Gordon, Ga., 1964)

Hay que decir que la presencia de fuerzas regulares norteamericanas en Panamá (además de la presencia del Comando Sur, de las escuelas de antiguerrilleros y de miembros de las bandas terroristas, centros para el envío de armas y medios de combate, etcétera, que se concentran en la Zona del Canal) significa de hecho la posibilidad material de transformar en cualquier momento la guerra especial en guerra local en la zona centroamericana, prácticamente de un día para otro.

- Coordinación del aparato militar-policial a nivel de cada país y a nivel centroamericano con el aparato administrativo y económico-social: operaciones de acción cívica militar, proyectos de «reforma agraria», labor antisindical coordinada entre los aparatos policiales y los Ministerios de trabajo, reformas fascistas a la legislación, penetración del aparato administrativo por asesores yanquis y cuadros «criollos» de la contrainsurgencia, participación directa creciente de cuadros de mando de las fuerzas armadas en Ministerios e instituciones estatales autónomas o semiautónomas y en las empresas y sociedades anónimas de la Integración, etcétera. Todo esto en el marco de la militarizaron cada día más completa del Estado y los Gobiernos, aunque, como veremos adelante, adoptando en ocasiones ropajes civilistas y constitucionalistas, maniobras de encubrimiento, etcétera. El papel de los partidos políticos —tradicionalmente débiles en la zona— se reduce aún más, la gestión política se evidencia cada día más como un problema de fuerza.

- Coordinación de la actividad de guerra psicológica a nivel centroamericano por los aparatos de inteligencia de la CIA y los Ejércitos locales, con apoyo en los correspondientes Ministerios gubernamentales locales y las empresas privadas que explotan los medios masivos de comunicación. Por ejemplo, en El Salvador la CIA a través de la Agencia para el Desarrollo Internacional (AID) ha puesto a funcionar en el seno del Gobierno salvadoreño un Centro Nacional de Información (llevado luego a nivel ministerial) que centraliza las tareas de prensa y propaganda antipopular, dirigido por especialistas yanquis y de otras nacionalidades tras la pantalla «salvadoreña» de su director (hasta hace poco el escritor Waldo Chávez Velasco, sustituido luego por un oficial del Ejército). Este Centro planifica la guerra psicológica a nivel de medios masivos de comunicación, dictando la línea del Gobierno, o mejor dicho la línea de la guerra psicológica y de la guerra especial imperialistas a la prensa, la radio, la TV, etcétera. Por otro lado, la misma AID coordina la labor de este Centro con el Ministerio de Educación (al frente del cual se encuentra el antiguo informante de la Guardia Nacional en los medios universitarios progresistas, Dr. Rogelio Sánchez) en los terrenos de la Televisión Educativa, en los programas para la captación y conformación ideológica de la juventud, etcétera.

- Operaciones militares contra los movimientos revolucionarios de nuestros países, que han alcanzado altos niveles en el caso de Guatemala, en donde las fuerzas conjuntas del CONDECA han intervenido contra el movimiento guerrillero con casi todos los medios convencionales previos a la intervención masiva directa de las fuerzas yanquis, es decir, grandes operaciones de cerco y rastrillaje en extensas zonas de la ciudad y el campo; bombardeo aéreo con napalm en las zonas de operaciones guerrilleras; asesinatos masivos de revolucionarios y de la población civil (se cree que en los últimos cinco o seis años más de 15 000 personas han sido asesinadas en Guatemala); participación a nivel táctico de asesores norteamericanos, filipinos, surcoreanos y sudvietnamitas títeres en las operaciones; represión coordinada de los cuerpos policiacos y las bandas terroristas de la derecha contra todas las organizaciones populares. En Nicaragua también se han empleado todos estos medios, aunque con menor intensidad en los últimos años. En El Salvador comienzan a emplearse contra el movimiento armado incipiente y se usaron en forma concentrada para aplastar el movimiento militar de marzo de 1972, que analizaremos al final de estas páginas.

44

UNA DE LAS RAZONES PRINCIPALES PARA QUE LA ESTRATEGIA REVOLUCIONARIA DE LOS PUEBLOS DE GUATEMALA, EL SALVADOR, HONDURAS, NICARAGUA Y COSTA RICA DEBA SER CONJUNTA Y SUPRANACIONAL ES, PRECISAMENTE, EL CARÁCTER SUPRANACIONAL Y CONJUNTO DE LA OPRESIÓN IMPERIALISTA SOBRE CENTROAMÉRICA. Y AUNQUE LOS REVOLUCIONARIOS DE CADA PAÍS TENGAN QUE PARTIR DE SUS CONDICIONES NACIONALES INMEDIATAS Y DE SUS PROPIAS DEBILIDADES, LA PERSPECTIVA SEÑALA A CADA MOVIMIENTO REVOLUCIONARIO DEL ISTMO LA NECESIDAD DE IR SUBORDINANDO CADA VEZ MÁS SU TÁCTICA A ESA ESTRATEGIA.

45

La guerra especial no elimina la politiquería criolla tradicional, sino que la pone al servicio de una nueva situación. Ejemplos de «aseguramiento político» de la contrainsurgencia imperialista en Centroamérica son: el pacto entre los partidos tradicionales hondureños (Partido Liberal y Partido Nacional) para el reparto de influencias en la estructura administrativa y para la alternabilidad en el poder, a la manera colombiana, y la maniobra política efectuada en la Nicaragua anterior al terremoto que destruyó Managua, y que iba destinada a perpetuar a la dinastía somocista en el poder, dando mayor participación a la oposición conservadora en el Gobierno. Ambas maniobras se hicieron sobre la base de la existencia de un profundo control militar y de aparatos de seguridad compartido por Estados Unidos y los sectores locales más reaccionarios en ambos países, y perseguía la renovación de la fachada estatal, necesidad a cubrir que, como ya dejamos apuntado arriba, los yanquis consideran de absoluta necesidad cuando dan pasos concretos en la construcción de su aparato para la guerra especial en una zona o un país dados. Al mismo tiempo que, como también hemos explicado arriba, fortalecen el aparato estatal con la presencia de figuras incondicionales y ultrarreaccionarias y lo depuran de las demasiado «quemadas» por el desprestigio y el odio del pueblo, tienden a incorporar a TODOS los sectores de las clases dominantes a la actividad política contrarrevolucionaria, sobre todo a aquellos grupos de la oligarquía que, aunque han sido siempre parte de «el poder tras la silla presidencial», se han mantenido a la sombra, alejados de la contienda política partidaria pública, «dedicados a sus negocios que son la base de la economía», etcétera. Somoza, por cierto, siempre ha significado un pato más que feo en el seno de un proyecto de integración regional que presume de modernizante: su imagen de ganadero, de exportador de carne, jovial inversionista de empresas «salvadoreñas» o «costarricenses», no ha logrado diluir su realidad de heredero del asesino de Sandino, de dictador unipersonal por la vía consanguínea, fruto de la intervención militar yanqui, que inclusive se defiende mejor en inglés (inglés de West Point) que en su español «nativo». Había, pues, que reforzar su calidad instrumental al servicio del imperialismo en el terreno públicamente más importante, el de su papel en el Gobierno, en el aparato estatal. La maniobra por medio de la cual Somoza dejó la presidencia de la república en manos de una Junta de Gobierno Ad Hoc, y conservó «solamente» en sus manos el poder militar (dejándose la puerta abierta para volver a ocupar exclusivamente el máximo cargo del país en las próximas elecciones), fue publicitada en toda Centroamérica como una forma de compartir el poder propiciada por iniciativa del magnánimo demócrata que siempre ha sido Tachito Jr., como una clara apertura democrática, como una ampliación de la cúspide social de los detentadores directos del poder. Ya hemos dicho en otra parte cómo no hace mucho el propio Tachito asombraba al mundo hasta la carcajada al asegurar, rompiendo todos los récords marcados por las concepciones del «capitalismo popular» y las supuestas «reparticiones de responsabilidades y utilidades», asegurando que Nicaragua es ya un país socialista. Dentro de una concepción de tan ancha manga los imperialistas confiaban en que sus enemigos en Nicaragua, o sea, las fuerzas populares en particular, aquellas que paulatinamente confluyen en la vía armada hacia la revolución y que han tenido su expresión más tenaz en el Frente Sandinista de Liberación Nacional, encontraran severos obstáculos para su desarrollo en el seno de este diversionismo político de la más rancia estirpe enajenante y antinacional. Fue un fenómeno de la naturaleza y sus resultados lo que vino a poner de nuevo las cosas en su lugar, a la vista de todos: el terremoto que destruyó Managua. Los efectos político-sociales del terremoto, la destrucción de instalaciones básicas de las fuerzas armadas, la desorganización de las comunicaciones, el caos administrativo, la virtual desaparición de la ciudad capital y sobre todo la presencia de las masas desesperadas de Managua, lanzadas a la calle a merced del hambre y del abandono, hicieron operar inmediatamente el aparato de la guerra especial-local de Estados Unidos en Centroamérica: más de 5 000 soldados norteamericanos llegaron inmediatamente a Nicaragua junto a las unidades sanitarias y de primeros auxilios, fusil en mano, para asegurar un esqueleto militar al régimen somocista en aquella situación de emergencia. El poder absoluto volvió de nuevo a manos de Somoza ya que la nueva situación no permitía veleidades diversionistas, sino acciones directas para «restablecer el orden». En el caso de la maniobra hondureña no estuvo presente la fuerza de la naturaleza. Todo comenzó con la situación política precaria en que se halló el Gobierno hondureño después de la guerra con El Salvador. Como quiera que, a pesar de la propaganda chovinista, fue claro que el Gobierno y las Fuerzas Armadas de Honduras habían llevado la peor parte en aquella confrontación precisamente militar, las necesidades yanquis de reestructurar el aparato militar hondureño hasta el nivel exigido por la guerra especial en la zona, requerían un alivio de presión para el propio aparato armado hondureño en el campo político. La base política que se dio al pacto liberal-conservador, la fachada de un reaccionario presidente civil, algunas «aperturas democráticas», etcétera, han servido a la contrainsurgencia en Honduras como un disfraz cortado a la medida, y la publicidad que se riega por toda el área suele afirmar entre líneas que la democracia se afirmó en Honduras al salir su Gobierno de la nada honorable lista de los regímenes gorilas. Sin embargo, el general López Arellano siguió siendo en todo momento el «presidente militar» de Honduras, es decir, el jefe de las Fuerzas Armadas y de Seguridad, hasta que ello fue necesario. Y luego: abajo de nuevo el régimen «civil» del Dr. Cruz: por medio del clásico expediente (golpe de Estado militar, esta vez incruento), el general López Arellano volvió a concentrar en sus manos todo el poder; todo lo cual, dicho sea de paso, no debe llevarnos a construir nivelaciones mecánicas, absolutistas, entre los regímenes de Somoza y López Arellano. Sin duda, después de la guerra con El Salvador, grandes sectores del pueblo hondureño e incluso algunos grupos importantes en el seno del Gobierno de Honduras han adoptado nuevas actitudes políticas progresistas después de haber sentido en carne propia los resultados agudizados del papel que el imperialismo le ha impuesto a su país en el marco del sistema de explotación centroamericano. Desde entonces se ha estimulado el movimiento de masas (huelgas obreras, de maestros, actividad política universitaria, movilización campesina, etcétera) que, de poder encontrar un cauce alejado del reformismo y de la conciliación politiquera, podría deparar realmente una situación interesante en Honduras, la cual repercutiría de inmediato en la situación global de Centroamérica y muy particularmente en El Salvador.

46

Los hechos del 25 de marzo de 1972 en San Salvador son un ejemplo de actividad político-militar del aparato imperialista centroamericano y, por lo tanto, su consideración y su análisis siguen siendo útiles para ilustrar a nuestros pueblos la actividad y los métodos de su enemigo principal, asimismo para descubrir algunas de las características propias con que la guerra especial yanqui se aplica a nivel centroamericano y que, sin duda, constituyen una experiencia actual para todos los pueblos latinoamericanos. Tal es, por ejemplo, el subescalón intermedio entre la guerra especial y la guerra local, consideradas según las definiciones, que implica la intervención directa de las fuerzas armadas de los países vecinos en un conflicto interno nacional.

Diversos documentos, análisis, declaraciones de personalidades y organizaciones progresistas de El Salvador han tratado de sacar las conclusiones de esos hechos, pero tanto en el interior del país como a nivel latinoamericano sigue habiendo una gran confusión al respecto, sobre todo en cuanto a lo principal: el papel jugado por el imperialismo norteamericano. Además, han tenido alguna publicidad internacional precisamente las declaraciones y los análisis más confusionistas, como es el caso de las declaraciones del ex candidato a la presidencia de la república por la Unión Nacional de Oposición de El Salvador, el ingeniero demócrata-cristiano José Napoleón Duarte (el mismo a quien se despojó fraudulenta y descaradamente del triunfo en las elecciones del 20 de febrero; el mismo que apoyó a posteriori el golpe militar contra Sánchez Hernández el 25 de marzo y llamó a apoyar a la muy efímera junta golpista [Mejía, Guardado, Reyes] y a resistir el contragolpe del CONDECA; el mismo que fue señalado expresa, aunque falsamente, por el Departamento de Estado norteamericano como el jefe de dicho golpe militar; que vio bombardear San Salvador por aviones extranjeros; que fue capturado a punta de ametralladora en la misión diplomática venezolana y brutalmente golpeado; que luego fue entregado «en depósito» a los gorilas guatemaltecos a causa del escándalo internacional, etcétera), declaraciones emitidas inmediatamente después de llegar a Caracas como exiliado, en el sentido de que «lo primero que deseaba declarar» era que «Estados Unidos no había tenido nada que ver en el asunto», que todo había sido «un problema entre salvadoreños». Tales declaraciones del ingeniero Duarte, cuyo prestigio ante las masas salvadoreñas en los últimos años había llegado a ser indiscutible, tratan de eliminar de la consideración, precisamente, el meollo del problema del golpe-contragolpe sucedido en 1972 en El Salvador: la intervención guatemalteco-nicaragüense bajo dirección norteamericana. Ellas expresan en esencia (si no responden a una mal entendida «táctica» política) el criterio enajenado de quienes no alcanzan a ver, entre la maraña de los hechos y su manejo interesado, la actividad del imperialismo; de quienes están condicionados por la cultura de la dominación neocolonialista norteamericana.

Desde luego, estas manipulaciones conceptuales frente a nuestros grandes problemas políticos no son nuevas: su historia es la larga historia de nuestra dependencia. Hasta el hecho mismo de la independencia con respecto a España fue objeto de manipulación por los sectores propietarios centroamericanos, para limitarla a ser un instrumento de beneficio del «libre comercio internacional» que dejara en lo fundamental intactas las relaciones sociales, económicas y políticas entre los hombres centroamericanos. Es famoso el primer numeral del Acta de Independencia (firmada en el Palacio Nacional de Guatemala el 15 de septiembre de 1821) en el cual se acordó que, siendo la independencia de España la voluntad general del pueblo, el jefe político la mandara a publicar «para prevenir las consecuencias, que serían temibles, en el caso de que la proclamase de hecho el mismo pueblo». La acción ideológica del colonialismo español, de los sectores propietarios criollos que lo sustituyeron y se convirtieron en grupos dominantes, la de los nuevos amos extranjeros, etcétera, persiguió siempre por lo menos dos objetivos bien claros, valga la insistencia: a) ocultar al pueblo quién es su enemigo principal y quién es su enemigo inmediato en cada situación concreta; b) evitar que el pueblo se encuentre en condiciones de dirigir su acción contra el centro principal de la dominación local, embarcándolo constantemente en luchas objetivamente diversionistas, cuando no dirigidas directamente contra sí mismo o contra los sectores realmente representativos de sus intereses en cada situación (lucha de sectores populares enrolados contra Morazán o Justo Rufino Barrios; lucha encabezada por los «cuarenta y cuatro» contra el Gobierno de los Ezeta, oposición «liberal» al somocismo, «guerra civil» de Costa Rica, guerra El Salvador-Honduras, etcétera).

47

Unos días después de los hechos del 25 de marzo de 1972 publicamos en la revista *Bohemia*, de La Habana, el resultado del análisis de los cables internacionales de aquellos días sobre El Salvador, al cual agregábamos la información (y el consiguiente análisis periodístico) de un nuevo hecho perfectamente enmarcable dentro de los principios de la guerra especial: el asalto y la ocupación militar de la Universidad Nacional Autónoma llevado a cabo ya bajo el «nuevo» Gobierno salvadoreño, presidido por el coronel Arturo Armando Molina. Creemos que el título que pusimos entonces al trabajo publicado sigue resumiendo la escalada de la guerra especial norteamericana en lo que se refiere a El Salvador: «El Salvador 1972: del fraude electoral al golpe de Estado, la intervención extranjera y la fascistización». A continuación el texto completo:

De todas las alternativas que era posible plantearse para las elecciones salvadoreñas de presidente de la república, ocurrió precisamente la peor para el Gobierno del imperialismo y su oligarquía local: la oposición de centro-izquierda ganó limpiamente la mayoría relativa con cifras que fueron anunciadas oficialmente al pueblo. La orfandad política del Gobierno de Sánchez Hernández llegó a ser tan aguda en tan poco tiempo que ni el apabullante aparataje electoral estructurado durante años con la ayuda de los expertos yanquis pudo lograr el objetivo mínimo: convencer al pueblo de que el candidato oficial había ganado la mayoría relativa entre cuatro partidos contendientes en el seno de una votación aún marcada por un alto grado de abstencionismo popular, con todo y ser una de las más concurridas en los últimos años. En efecto: el oscurísimo coronel Arturo Armando Molina no pudo obtener el primer lugar, ni siquiera en las cifras, entre el 60% de los votantes inscritos que llegó realmente a las urnas. El hecho no es raro: posiblemente sean escasas las elecciones que los Gobiernos salvadoreños hayan ganado realmente en lo que va de siglo. Lo raro fue que el hecho se anunciara, y se evidenciara así lo que la fanfarria electoral trata siempre de ocultar, la esencia del método para la alternabilidad presidencial salvadoreña: el fraude. El fraude, garantizado (o sea, legalizado) por las bayonetas.

El Consejo Central de Elecciones anunció que, faltando solamente el recuento de votos de San Salvador, las cifras de todo el país arrojaban una ventaja de cerca de 20 000 votos en favor del candidato del Gobierno. Después, esta supuesta ventaja se concretó en 52 000 votos. Pero he aquí que para sorpresa de todos la Junta Electoral de San Salvador dio las cifras de dicho departamento (que incluye la capital de la república): ganaba el candidato de la Unión Nacional de Oposición, ingeniero José Napoleón Duarte, por más de 62 000 votos, lo que arrojaba para el mismo una ventaja de casi 10 000 votos a nivel nacional. La bomba atómica. El presidente del Consejo Central de Elecciones, el abogado José Vicente Vilanova, un viejo sirviente de la oligarquía, llamó desesperado, casi llorando, al presidente Sánchez, para recibir las órdenes del caso, pero se encontró con una respuesta inesperada. El general también estaba desesperado y dijo, ni más ni menos: «Yo ya cumplí mi papel. Arreglen ustedes eso». Vilanova siguió llamando por teléfono y el resultado de sus gestiones se concretó en una reunión de alto nivel, en la cual participaron los más altos representantes de la oligarquía agroexportadora-industrial dependiente del país, el estado mayor en pleno de la Fuerzas Armadas, un representante personal del embajador de Estados Unidos y sus asesores, y algunos ministros de Estado. Casi se rieron del fenómeno, de aquella anormalidad que los reunía ni más ni menos que para tomar el acuerdo de recurrir, precisamente, al recurso de *todas* las elecciones que los mantienen en el poder con las formalidades del caso: el fraude electoral. Se votó contra la desesperación, contra la pose casi desertora del presidente Sánchez y se ratificó al ya entonces inquieto coronel Molina como nuevo presidente de la república, a pesar de los resultados de las urnas ya anunciados. El representante del embajador norteamericano omitió decir que «ellos», los yanquis, estaban en *de todas, todas*; omitió decir allí que Mr. Catto, el embajador, había «conversado» con

Duarte ante la perspectiva de un fenómeno como el que ocurrió, y le había llegado a insinuar que «ciertos sectores del Gobierno de Estados Unidos» estarían interesados en un Gobierno salvadoreño encabezado por él si las circunstancias lo exigían, si no había más remedio, si, en fin, pasaba «algo fuera de serie». Duarte, al parecer, se había mostrado renuente a aceptar esa vía para llegar el poder y en recientes declaraciones a la prensa venezolana así lo ha ratificado: «Me han ofrecido en mi propia casa la presidencia y no he querido traicionar mis principios, pues llegar así al poder corrompe»; pero ello no obsta para que consideremos, aunque sea de paso, esa ubicuidad norteamericana por medio de la cual el embajador yanqui siempre estará dispuesto a traicionar a la vez, en cada coyuntura de nivel crítico, a *todos* los políticos locales y a ser fiel únicamente al gran interés que representa: el interés de Washington o el interés de los monopolios concretos que representa ante Washington. Lo demás fue cuestión de método: el aparato de recuento, la Guardia Nacional y los otros «cuerpos de seguridad», el Consejo Central de Elecciones, robaron urnas, cambiaron y falsificaron votos y actas de votación, reprimieron a los vigilantes de la oposición demasiado celosos de su deber y lograron por fin el milagro. En unas pocas horas más se pudo anunciar un resultado completamente al gusto de aquella reunión de alto nivel, paradójicamente lograda por los telefonemas de un viejo abogado lloriqueante: las nuevas cifras daban una ventaja de casi 10 000 votos, pero esta vez en favor del coronel Molina. Molina Barraza, para ser más exactos. La Asamblea Nacional (en vista de que Molina no había podido alcanzar la mayoría absoluta), con una velocidad digna de cualquier causa, ya que cualquier causa sería mejor que aquella, en una reunión extraordinaria verificada en un local rodeado de destacamentos militares armados hasta los dientes y ametralladoras pesadas instaladas en los sitios altos de los alrededores, con la ausencia de los diputados de la oposición, proclamó presidente de la república al candidato oficial, mientras el pueblo se lanzaba a la calle a protestar y a reclamar que se reconociera el triunfo de la oposición y de su candidato, el ingeniero Duarte. La presión causada por el descontento popular aumentaba día por día, hora por hora. Desgraciadamente, los sectores integrantes de la Unión Nacional de Oposición (Partido Demócrata Cristiano, Unión Democrática Nacionalista, Movimiento Nacional Revolucionario y Partido Comunista de El Salvador —aunque este último no aparecía públicamente integrado a la UNO—) no pudieron decir otra cosa al pueblo sino que conservara la calma, que había que *actuar con inteligencia* y que todo el mundo debía irse a casa para esperar las orientaciones de la coalición defraudada. La situación para el bloque de poder imperialista oligárquico a nivel local no era tranquilizante: la oligarquía había asistido dividida a las elecciones, las disensiones internas del régimen alcanzaban incluso las filas del Ejército (antes de las elecciones había sido menester verificar una purga de cierta profundidad en distintos niveles de mando de las fuerzas armadas), el desprestigio del régimen saliente (y del régimen propuesto, encabezado por Molina) era total. Si a eso se agrega la falla del aparato electorero, la crisis de la forma de ejercer el poder en El Salvador vino a ser un hecho evidente.

Para las elecciones de diputados y alcaldes que se celebraron días después se dio un paso más en la imposición: para que no pasara lo de la elección presidencial, se eliminaron las candidaturas de la oposición por diferentes medios seudolegales. Y como el pueblo profundizó la abstención, se inventaron votos. Resultado: una Asamblea Nacional y una administración municipal integradas con casi absoluta presencia del partido del Gobierno, el llamado «Partido de Conciliación Nacional». Pero el descontento popular se multiplicó. Hasta la extrema derecha, encabezada por el general José Alberto Medrano, comenzó a hablar de golpe de Estado.

Aquí es donde se comienza a ver en los hechos públicos la mano del imperialismo norteamericano, la puesta en funcionamiento de su aparataje de explotación y dominación a nivel centroamericano.

El coronel Molina Barraza, antes aun de las elecciones para diputados y alcaldes, inició una serie de movimientos hacia Centroamérica. A mediados de mes recibió la visita del presidente de Guatemala, el ominoso Chacal de Zacapa, coronel Carlos Arana Osorio (responsable de la muerte de más de 10 000 guatemaltecos hasta la fecha) y posteriormente inició un viaje por todos los países del istmo, excepto Honduras, del que regresó a El Salvador el 20 de marzo. En su informe al pueblo sobre ese viaje Molina Barraza hizo promesas y amenazó. Declaró a los periodistas que en toda Centroamérica había encontrado apoyo para sus aspiraciones contra «la subversión comunista» y agregó, hablando para la televisión: «Como militar de profesión conozco perfectamente los métodos de la lucha revolucionaria y, por lo tanto, sé cómo defender a mi país y cómo hacer respetar la voluntad del pueblo». El 22 de marzo llegó a San Salvador el canciller somocista de Nicaragua, Lorenzo Guerrero. Ese mismo día se reunieron en territorio salvadoreño, en el golfo de Fonseca, *todos* los presidentes de Centroamérica, el presidente «electo» de El Salvador, y el jefe de las Fuerzas Armadas de Honduras y real gobernante de aquel país, general Oswaldo López Arellano. Como la noticia trascendiera al campo internacional (las agencias norteamericanas la confirmaron, Radio Habana Cuba informó al respecto) Molina se apresuró a «desmentir» que él se hubiera reunido con el «odiado enemigo nacional» López Arellano, etcétera. El día 23 de marzo llegó de nuevo urgente y sorpresivamente el gorila de Guatemala y se reunió por más de veinticuatro horas (bajo el pretexto exageradamente difundido en la prensa de fallas mecánicas en su avión), con Fidel Sánchez y Molina Barraza, *en el cuartel de la fuerza aérea salvadoreña*, reunión que fue interrumpida por un supuesto «paseo de mar», para realizar el cual se dirigieron de nuevo al *golfo de Fonseca*, vía *Zona Militar de San Miguel*. Arana

Osorio partió el 24 hacia Nicaragua, Costa Rica y, posiblemente, Honduras. Molina partió (retratándose ante el mundo en lo que se refiere a sus afinidades políticas) para una visita oficial a Chiang Kai-shek, en Taiwán. No pasaría de Los Ángeles, California. Estos raudos movimientos encontrarían su explicación en los acontecimientos inmediatos. En la medianoche entre el viernes 24 y el sábado 25 de marzo se produjo un alzamiento militar en el Cuartel El Zapote (1ra. Brigada de Artillería) y en el Cuartel San Carlos (1ra. Brigada de Infantería) de San Salvador. Los rebeldes capturaron al presidente Sánchez y lo sustituyeron de facto por una Junta Revolucionaria de Gobierno, integrada por el coronel Benjamín Mejía (hasta entonces comandante de El Zapote y de la guardia presidencial); el mayor Pedro Arturo Guardado (oficial en servicio en San Carlos) y el ingeniero Manuel Rafael Reyes (elemento civil independiente). Lanzaron una proclama al pueblo, que recibió la noticia con alegría (por la caída del Gobierno de Sánchez) y con dudas (por el desconocimiento del carácter del golpe, de la línea política de sus ejecutores, etcétera). A partir de entonces ocurrieron los siguientes hechos (algunos de los cuales han sido recogidos en un pronunciamiento de distintos grupos de salvadoreños residentes en el extranjero):

1) Desde Centroamérica se lanzó *una cortina de desinformación* sobre el golpe militar, destinada a impedir cualquier tipo de solidaridad eventual. Desde Guatemala, Nicaragua y Costa Rica se dieron noticias que señalaban al coronel José Alberto Medrano como autor del golpe militar, que parecía lógicamente entonces ultraderechista (Medrano fue considerado durante mucho tiempo el «hombre fuerte» de la CIA en El Salvador).

2) Transcurridas unas horas, *el Departamento de Estado de Estados Unidos informó desde Washington* que el jefe del levantamiento armado contra el régimen de Sánchez era el candidato presidencial de la UNO defraudada, José Napoleón Duarte.

3) El coronel Carlos Guzmán Aguilar, jefe de la Misión Militar salvadoreña en Washington —organismo de enlace que es una de las piezas principales del aparato de control norteamericano sobre las fuerzas armadas salvadoreñas— anunció desde dicha capital que las operaciones contra el nuevo Gobierno se iniciarían *desde la Zona Militar de San Miguel*, y otros cuarteles de oriente, incluido el lugar donde las fuerzas especiales del Ejército yanqui entrenan a las unidades salvadoreñas en «antiinsurgencia», que se encuentra dotado incluso de un aeropuerto militar para fines de comunicación y coordinación con el resto de las fuerzas centroamericanas del CONDECA. En ese aeropuerto había aterrizado el avión que llevaba a Arana Osorio, Fidel Sánchez y Molina tres días antes, cuando se anunció que habían ido a «un paseo de mar a las playas del Tamarindo» (golfo de Fonseca); a ese aeropuerto llegaron los aviones de los presidentes centroamericanos y de López Arellano el día 22.

4) López Arellano, el hombre fuerte de Honduras, en telefonema directo a Anastasio Somoza y en respuesta a una consulta evacuada por el coronel Orlando Villalta, jefe de la Fuerza Aérea Nicaragüense, reiteraba formalmente su promesa de «no aprovechar la situación interna de El Salvador» para una eventual venganza armada por la derrota en la guerra del año 1969. Esta promesa permitiría disponer de la brigada fronteriza salvadoreña para ser lanzada contra los rebeldes.

5) En exacta correspondencia con el anuncio de Washington, una columna fuertemente armada, con blindados y artillería, con apoyo aéreo y de reserva y retaguardia nicaragüense, salió de los agrupamientos de oriente y la frontera nororiental contra San Salvador. Esa columna se puso bajo el mando del ministro de Defensa salvadoreño y presidente del CONDECA, general Fidel Torres, que tenía su centro de operaciones desde que se desencadenó el golpe militar en el *cuartel de la fuerza aérea salvadoreña*. Antes de iniciarse la marcha de esta colum-

na, numerosos aviones de carga procedentes del exterior —de Guatemala, de Nicaragua y de otros países— estuvieron llevando pertrechos a la zona militar de San Miguel.

6) En San Salvador se habían entablado mientras tanto algunos combates. La Policía Nacional, la Guardia Nacional (en cuyo cuartel tiene un centro la misión militar norteamericana y la CIA) y la Policía de Hacienda permanecían fieles al régimen. Los disparos de artillería del cuartel insurrecto El Zapote *destruyeron en tierra algunos aviones de las FAS e inutilizaron la pista del aeropuerto militar de Ilopango antes de que levantaran vuelo los demás, con una o dos excepciones de aparatos que sí pudieron alzarse, pero que debieron aterrizar de nuevo en el aeropuerto civil por haber subido sin municiones ni bombas y por agotar el combustible.* Los golpistas obtuvieron el apoyo de diversos políticos nacionales, entre ellos el candidato oposicionista Duarte, quien llamó al pueblo por la radio a expresar su apoyo activo al golpe y para prepararse a defender al nuevo Gobierno ante las fuerzas que venían de oriente. Las masas, que habían sido conducidas en los últimos años con criterios reformistas y pacifistas, y predispuestas por una intensa propaganda de la propia oposición y la propia izquierda semilegal contra la actividad armada, no estuvieron en condiciones de respaldar aquel llamado repentino. Se dio asimismo un ultimátum a la Guardia Nacional con la amenaza de bombardear con artillería pesada sus instalaciones. Este bombardeo no se produjo y a la Guardia solamente se le atacó con morteros livianos y armas automáticas.

7) Aviones de combate de Nicaragua y Guatemala, volando a 4 000 metros de altura, violaron el espacio aéreo de El Salvador y lanzaron bombas pesadas contra los cuarteles en poder del nuevo Gobierno y contra la población civil de San Salvador. El bombardeo desde esa altura obedeció: a) a la necesidad de que los aviones no fueran identificados; b) al relativo desconocimiento por parte de los pilotos del terreno sobre el que

volaban, lo que les impedía cualquier tipo de vuelo bajo o rasante. Numerosos salvadoreños, militares y civiles, murieron y fueron heridos por esas bombas (*made in USA*). Centros hospitalarios civiles, e inclusive un orfanato religioso, fueron alcanzados también por ellas. Varios niños murieron allí.

8) Otra columna bélica, procedente de la zona militar de Sonsonate, en el occidente del país, *con apoyo aéreo y de fuerzas de retaguardia y de defensa guatemaltecos*, confluyó también contra San Salvador.

9) Mediante el uso de este contundente apoyo e intervención extranjeros el Gobierno antinacional de Fidel Sánchez Hernández fue repuesto en el poder. Con motivo de esa intervención —y según cifras muy preliminares— murieron más de 200 salvadoreños en solo unas horas y más de 1 200 resultaron heridos. Otras fuentes dicen: 500 muertos o más. *La dirección y coordinación de la intervención guatemalteca fue hecha directamente por el presidente de Guatemala, coronel Carlos Arana Osorio (El Chacal de Zacapa), quien permaneció durante las acciones del contragolpe, y luego de su fugaz gira centroamericana, en una de las bases guatemalteco-norteamericanas del Pacífico, acompañado por el embajador salvadoreño en Guatemala, coronel Eduardo Casanova. La dirección y coordinación de la intervención nicaragüense fue directamente emprendida por Anastasio Somoza, actuando como responsable de operaciones el coronel Orlando Villalta, jefe de la Fuerza Aérea, quien por cierto fue la primera fuente oficial centroamericana que informó por un medio público de comunicación (la TV de Managua) que «el orden estaba restablecido en El Salvador», como quien dice «misión conjunta centroamericana cumplida». La dirección de la operación conjunta que reinstaló en el poder a Sánchez y masacró a cientos de salvadoreños en pocas horas, estuvo a cargo del Pentágono en Washington, en «consulta» con la Misión Militar «salvadoreña» en esa ciudad y en comunicación directa y permanente con los centros de la CIA y la Misión Militar del Ejército norteamericano en El Salvador, la embajada nor-*

teamericana de San Salvador y la presidencia del CONDECA (Fidel Torres, ministro de Defensa de El Salvador, en operaciones desde el Cuartel de la Fuerza Aérea Salvadoreña).

Este fue, a nivel de dirección, el aparataje que aplastó la acción militar contra el Gobierno de Sánchez Hernández, lo que niega las palabras del candidato opositor defraudado Ing. Duarte en el sentido de que en todo el asunto «no había tenido nada que ver Estados Unidos», que todo fue un «asunto entre salvadoreños». Lo que sí es verdad es que en todo este «asunto» el mayor aporte auténticamente salvadoreño fue el que hizo en víctimas inocentes, en asesinados y heridos por las fuerzas del CONDECA (incluidas en ellas las Fuerzas «salvadoreñas» de Seguridad y el sector del Ejército «leal» al Gobierno del imperialismo encabezado por Sánchez). Ese aporte de víctimas inocentes no terminó con el aplastamiento del golpe militar. Los llamados cuerpos de seguridad del Gobierno de Sánchez recibieron carta blanca para seguir masacrando al pueblo, ya que la Asamblea Nacional Legislativa (Congreso) decretó de inmediato el estado de sitio y la Ley Marcial (lo que implica la suspensión formal de las garantías constitucionales, la prohibición bajo pena de muerte de circular por un período establecido de la noche, etcétera). Un promedio diario de veinticinco víctimas, entre muertos y heridos, fue el saldo del decreto legislativo en sus primeras semanas de funcionamiento, hasta donde ha sido posible recoger datos (o sea, casi exclusivamente en las ciudades grandes), siendo imposible establecer la verdadera magnitud de la masacre a nivel nacional. El estado de sitio estuvo vigente por dos largos meses. Es casi innecesario decir en qué condiciones ha quedado la oposición legal y semilegal al régimen: la Unión Nacional de Oposición ha sido desmantelada y sus militantes han sido y son perseguidos, encarcelados, golpeados, heridos y muertos, de acuerdo a su supuesto grado de peligrosidad. Las vías de la clandestinidad son al parecer en estos momentos las únicas que quedan abiertas para un trabajo popular efectivo y ya han comenzado a surgir organizaciones en ese nivel. Quizás el aspecto más nuevo e interesante de esta situación sea la represión interna en el Ejército: decenas de oficiales se hallan sometidos a Consejos de Guerra acusados de participación o contactos con el golpe del 25 de marzo (que según otras informaciones parece haber sido solamente la fructificación de una de las varias líneas oposicionistas o golpistas en el seno de las Fuerzas Armadas). Algunos sectores políticos aseguraban que después del golpe-contragolpe no había Ejército unido en El Salvador, que es como decir que no había Ejército «nacional» y que la base militar de sustentación del régimen la formaban solo los «cuerpos de seguridad» (Guardia Nacional, Policía Nacional, Policía de Hacienda, Resguardo de la Fuerza Aérea, unidades de la Marina, etcétera) y los nutridos servicios secretos. Esta es una situación nueva en los últimos años en El Salvador.

Tales fueron los hechos principales ocurridos en nuestro país en derredor del golpe militar del 25 de marzo de 1972 y de su aplastamiento por el aparato militar centroamericano del imperialismo. Esta intervención yanqui de nuevo tipo, de acuerdo a las características de la guerra especial, es la tercera intervención militar directa de Estados Unidos en El Salvador en el presente siglo (las anteriores fueron el desembarco de marinería yanqui de la cañonera *Benington* en la época del gobierno salvadoreño de los Ezeta, con el propósito de «terciar» en la confrontación interna que se desarrollaba; y la ubicación en aguas salvadoreñas de unidades de la flota yanqui y su amenaza de desembarcar *marines* en 1932).

El Gobierno imperialista-oligárquico que oprime al pueblo salvadoreño ha seguido profundizando posteriormente su embestida represiva, que puede caracterizarse ya como típicamente neofascista. El 1ro. de julio de 1972, en medio de la repulsa popular, el general Fidel Sánchez entregó el poder en una pálida ceremonia a su forzado sucesor, coronel Arturo Armando Molina. Este, al frente de un gabinete de hombres o bien desconocidos o bien demasiado conocidos y desprestigiados, anunció sus propósitos de «dar una nueva tónica al Gobierno», de «proyectar una nueva imagen internacional y nacional al régimen» y reiteró las consabidas amenazas anticomunistas. Pero como nunca en los últimos años, quizás desde los últimos días de la tiranía de Lemus en 1960, un Gobierno había unificado tantas fuerzas populares en su contra, Molina, en nombre de sus amos imperialistas, pasó de las palabras a la acción directa mucho antes de lo que esperaban los escasos cultores del «juego político» que van quedando en nuestro país. A poco más de dos semanas de inaugurado su gobierno, el 19 de julio, se lanzó en una provocación a fondo contra el pueblo salvadoreño al asaltar con centenares de soldados y guardias nacionales apoyados con tanques la ciudad universitaria, deponer a las autoridades legítimas de la Universidad de El Salvador —en violación de su autonomía—, arrestar con lujo de violencia al rector universitario, Dr. Rafael Menjívar, y a un gran número de autoridades docentes y administrativas y de estudiantes (las agencias de noticias norteamericanas han señalado que el número total de presos en esta operación osciló entre 400 y 700). Inmediatamente antes de esa brutal acción, la espúrea Asamblea Legislativa había «legalizado» la anulación de las elecciones universitarias y derogado el estatuto orgánico del primer centro de estudios del país, suspendiendo su autonomía y poniendo la tarea de elaborar una nueva Ley Orgánica Universitaria en manos de la ultrarreaccionaria Federación de Profesionales Salvadoreños. El rector y quince dirigentes universitarios (entre ellos varios decanos y vicedecanos de facultades) fueron enviados en avión militar hacia Nicaragua, en donde la dictadura somocista les impuso «la ciudad de Managua por cárcel» (posteriormente serían expulsados hacia Costa Rica). La ciudad universitaria de San Salvador sigue ocupada por gran número de unidades militares equipadas con elementos de guerra. La Asociación General de Estudiantes Universitarios Salvadoreños (AGEUS) ha sido prácticamente desmantelada. Por su parte, el coronel

Molina, con un cinismo verdaderamente ejemplar, trató de justificar la intervención militar y los ilegales arrestos, haciendo las siguientes acusaciones contra la Universidad (acusaciones que han servido de base para una gigantesca campaña de propaganda anticomunista desatada por la «gran prensa», la radio y TV «nacionales» y que son las típicas acusaciones de la guerra especial):

- que la Universidad era un centro subversión nacional dedicado a indoctrinar a la juventud en el comunismo, el terrorismo —concretamente la guerrilla urbana, etcétera;

- que la Universidad estaba virtualmente en manos del Partido Comunista;

- que la Universidad era un centro de contacto de los movimientos revolucionarios de América Latina, particularmente de la zona centroamericana.

En este terreno las acusaciones llegaron al absurdo de plantear que la Universidad de El Salvador estaría financiando a los tupamaros de Montevideo. Inmediatamente después, para dar base a las acusaciones vertidas por el recién estrenado mandatario, las «fuerzas de ocupación» encabezadas por el reconocido torturador coronel Ramón A. Alvarenga anunciaron haber localizado en los predios universitarios:

- Toneladas de propaganda subversiva, manuales para la guerrilla urbana confeccionados en el país, centros clandestinos de impresión, cintas magnetofónicas con instrucciones guerrilleras, retratos de Fidel, Mao, Che y Ho Chi Minh.

- Instalaciones de infraestructura para la guerrilla urbana (enormes túneles y sótanos para ocultar materiales, autos supuestamente identificados como los usados en recientes acciones revolucionarias de ajusticiamiento o recuperación de fondos, instalaciones para falsificar documentos, polígonos de tiro clandestino, etcétera).

Las «demostraciones» policiales en este terreno volvieron a ser ridículas: los supuestos túneles son apenas zanjas abiertas a flor de tierra para la instalación de cañerías que comunican los edificios universitarios con las cisternas centrales, etcétera; el supuesto «polígono de tiro» está formado por los trabajos de terracería para la cancha de fútbol en el estadio universitario en construcción, etcétera.

Aunque típica operación de la guerra psicológica, destinada a «crear un determinado estado de opinión» aun a base de mentiras (según la técnica del ministro nazi de Propaganda, Goebbels), todo este cúmulo de fantasías no consiguió engañar a nadie en El Salvador. El pueblo salvadoreño conoce el papel progresista y democrático de la Universidad y del movimiento estudiantil universitario en la historia política contemporánea en nuestro país. El sistema que el Gobierno de Molina representa no podía tolerar una universidad abierta al pueblo; una universidad que había frenado casi totalmente la penetración de las fundaciones manejadas por la CIA; que comenzaba a llevar cultura de extensión al seno del movimiento sindical, y beneficios de asistencia médica, alfabetización, etcétera, al campesinado y al proletariado agrícola; que se proponía desterrar la imagen del profesional mercenario y sustituirla por la del profesional servidor de los intereses populares; que comenzó a establecer relaciones con universidades de diversos países socialistas y progresistas; que comenzó a difundir la cultura mundial y la historia nacional con planes editoriales dirigidos al pueblo; que estaba tratando de hacer funcional para el servicio del país la creciente radicalización de una juventud cansada de tanta mentira reaccionaria, de tanta ignominia, miseria y sometimiento como hay en El Salvador. Los rectores del resto de las universidades centroamericanas que forman el Consejo

Superior Universitario Centroamericano (CSUCA) llegaron a San Salvador y comprobaron personalmente la inconsistencia de las acusaciones del Gobierno ilegal de Molina contra el Alma Mater salvadoreña. El CSUCA decidió suspender sus relaciones con la actual Universidad de El Salvador intervenida militarmente, por considerar que su autonomía ha sido violada con desprecio de la Constitución salvadoreña, e informar sobre el caso a todas las universidades y movimientos estudiantiles del mundo.

Estos hechos se unen al fraude electoral y a la intervención militar extranjera del 25 de marzo de 1972. La continuidad de esos fenómenos y las características de su ocurrencia en el marco centroamericano actual, han hecho pensar a los observadores políticos en diversas alternativas ominosas. Algunos piensan que se trata de una ya irreversible escalada neofascista destinada a establecer una perspectiva de Gobiernos duros en Centroamérica, al estilo de Arana Osorio en Guatemala y de Somoza en Nicaragua, para contrarrestar las posibilidades de procesos democráticos en los Gobiernos, Fuerzas Armadas y masas populares de la zona. Otros indican que cabe la posibilidad de que el imperialismo esté «quemando» al Gobierno evidentemente antipopular de Molina con la realización de algunas «tareas sucias» indispensables en los términos de la guerra especial, para después dar lugar en mejores condiciones políticas a la apertura de un proceso reformista demagógico que viniera a posponer, en uso de un «rostro simpático», populista, el inicio del verdadero proceso revolucionario que responda a los más profundos intereses del pueblo salvadoreño.

En todo caso, la crisis del sistema de dominación oligárquico-imperialista en El Salvador es un hecho palpable y ella habla en todas las direcciones en términos de violencia. Crisis sin solución en los términos aún extremos del sistema, podría ser el inicio del proceso adecuado a las necesidades revolucionarias específicas del país que nuestro pueblo ha luchado inútilmente por encarnar desde hace cuarenta años. Un hecho resume esa posibilidad: el surgimiento de las nuevas organizaciones, organizaciones armadas, de la revolución salvadoreña.

48

Uno de los criterios con que escribimos estas líneas es el de hacer ver a nuestros compatriotas que el aparataje imperialista en nuestros países va mucho más allá de la Agencia Central de Inteligencia (CIA) y de la Agencia para el Desarrollo Internacional (AID), mucho más allá de la embajada en cada capital y sus centros culturales y propagandísticos públicos. Este criterio, sin embargo, no nos debe hacer olvidar la necesidad de enfatizar precisamente sobre las actividades centroamericanas más celosamente guardadas en secreto por los imperialistas: las actividades de inteligencia y contrainteligencia, de espionaje y subversión, de provocación contrarrevolucionaria que lleva a cabo, directa o indirectamente, la tenebrosamente célebre Agencia Central de Inteligencia de Estados Unidos y otros servicios secretos y de «seguridad nacional» del imperialismo yanqui que operan en nuestros países.

Desde luego, es sumamente difícil contar en este terreno con material documental, con fuentes citables, pero a partir de la experiencia concreta en las actividades periodísticas, de la militancia revolucionaria y del estudio de los hechos que han podido abrirse camino hasta las fuentes públicas de información, podríamos, en referencia concreta a El Salvador, ofrecer el siguiente conjunto de datos que el militante revolucionario, y hasta el ciudadano promedio, tendrá eventualmente oportunidad de ir comprobando en la práctica diaria:

La CIA opera en El Salvador a tres niveles de secretividad:

1) El primer nivel es un nivel de secretividad absoluto, incluso contra el Estado y Gobierno salvadoreños y sus servicios de inteligencia y contrainteligencia. Sus oficiales y agentes (permanentes o no) operan, inclusive o sobre todo, contra el Estado salvadoreño, sin perjuicio de hacerlo también en otros ámbitos de la vida nacional.

2) En el segundo nivel actúan los centros y agentes de la CIA, permanentes o en operaciones especiales, en completa secretividad menos para los organismos de dirección de la inteligencia y contrainteligencia locales.

3) En el tercer nivel los centros y agentes de la CIA actúan oficialmente como tales en el seno del aparato del Estado salvadoreño, según acuerdos intergubernamentales y dentro de programas específicos. En este nivel el secreto se sigue conservando con respecto a los otros organismos del Estado y frente a la ciudadanía. Se toman medidas especiales para mantener secreta la actividad de estos centros y agentes frente a los sectores revolucionarios del pueblo.

Por lo menos en los siguientes puntos del aparato del Estado salvadoreño hay intensa actividad de este tercer nivel: estado mayor general de las Fuerzas Armadas, Servicio de Inteligencia del EMG de las FF.AA., Ministerio de Defensa, Subsecretaría de Seguridad Pública del Ministerio de Defensa, servicios de inteligencia de cada uno de los Cuerpos de Seguridad Pública (Guardia Nacional, Policía Nacional, Policía de Hacienda), escuelas y academias de instrucción militar y de seguridad (escuelas del EMG y Superior de Guerra, Escuela Militar [Cadetes], Escuela de la Policía Nacional, centros de instrucción de las Fuerzas Especiales del Ejército en las distintas zonas militares del país, etcétera), Servicio de Contrainteligencia Militar. En la mayor parte de estos puntos la CIA coordina su trabajo con los oficiales de la Misión Militar norteamericana en las FF.AA. salvadoreñas, que responden directamente al aparato de la Secretaría de Defensa (Pentágono). La CIA cubre también otras actividades militares y paramilitares en lo que se refiere a comunicaciones, cartografía y geodesia, abastecimientos especiales, etcétera, en diversos organismos militares y de seguridad de nuestro país. Y juntamente con la Misión Militar dirige y ejecuta el entrenamiento total de contrainsurgencia y acción cívica a las fuerzas armadas regulares, cuerpos de seguridad, fuerzas especiales, organizaciones paramilitares y grupos civiles de ultraderecha.

La CIA y la USAID organizan y coordinan el trabajo de penetración en los distintos Ministerios de la administración pública y de las entidades autónomas y semiautónomas, por medio de «asesores», «técnicos», «organizadores», «instructores», «conferencistas», etcétera. De esta manera la CIA recoge sobre el país información no solamente político-militar, de contrainsurgencia e insurgencia, sino también información económica, situacional-operativa, científica, etcétera. De acuerdo con los criterios estratégicos del imperialismo para la guerra especial *toda* información es importante: el nivel de descontento de los campesinos en la zona del Cerrón Grande, las opiniones del ministro de Relaciones Exteriores sobre tal o cual problema internacional, la conducta sexual del ministro de Educación, el ciclo de lluvias en la zona de Ahuachapán, el surgimiento de una célula del Partido Comunista en Sonsonate, las contradicciones entre los dirigentes de la Democracia Cristiana, etcétera, etcétera. Últimamente la CIA ha intensificado su actividad en las investigaciones sociales y propicia y financia el emprendimiento de encuestas y *surveys*, de estudios y trabajos de campo de sociólogos y economistas, estadísticos y expertos en demografía, oficinas que trabajan sobre «la opinión pública» y agencias de publicidad, para recoger amplia información especializada y elaborada.

Fuera del aparato del Estado y en uno de los dos niveles de secretividad apuntados (o sea, con o sin conocimiento del Estado salvadoreño), la CIA ha actuado a través de centros (oficinas, grupos operativos), algunos de los cuales han sido enmascarados como:

- Equipos de investigación científica (en Entomología, Hidráulica, Geología, Exploración Petrolífera o Mineralógica, Zoología, Botánica, etcétera).

- Oficina de investigadores privados (detectives).

- Laboratorios de química, perfumería, farmacología, etcétera.

- Oficinas de publicidad.

- Agencias de seguros.

- Distribuidoras comerciales.

- Representación de casas extranjeras (oficinas de exportación-importación), etcétera.

Los agentes en estos niveles suelen actuar bajo múltiples disfraces, de acuerdo al tipo de operaciones que desarrollan. Algunos de los que han trascendido al conocimiento más o menos corriente en los círculos políticos han sido:

- Miembros de los Cuerpos de Paz y participantes en diversos programas de «intercambio» que se efectúan entre Estados Unidos y El Salvador («de pueblo a pueblo», intercambios de estudiantes, «de hogar a hogar», etcétera).

- Expertos e instructores en «relaciones públicas».

- Activistas religiosos (propagandistas de los «Testigos de Jehová», «Mormones», etcétera).

- Profesores universitarios y becarios, dentro de los programas financiados por las fundaciones yanquis «en favor» de nuestras universidades.

- Agentes viajeros de casas comerciales.

- Entrenadores deportivos.

- Organizadores de clubs campesinos.

- Turistas, etcétera.

La CIA organiza redes de información, tanto en las zonas rurales como en las ciudades, que trabajan independientemente o en coordinación con el aparato secreto local. Se apoya también en informantes individuales en prácticamente todos los sectores sociales.

Orienta su actividad en todas direcciones, aunque, como es natural, prioriza su interés contra el movimiento popular y democrático del país: frentes estudiantiles, obrero-sindicales, organizaciones políticas, de la juventud, clubes deportivos y de recreación, organismos religiosos, agrupaciones profesionales, etcétera. Los medios que invierte son cuantiosos: recursos financieros, recursos de logística e infraestructura, medios de entrenamiento de agentes, transportes, centros de secuestro y reclusión, etcétera.

Entre sus muchas actividades ilegales y violatorias de la soberanía salvadoreña, la Agencia Central de Inteligencia de Estados Unidos dirige, orienta, coordina o ejecuta, directamente o por medio de los aparatos locales especializados, las siguientes:

- Operaciones de vigilancia permanente sobre organizaciones e individuos de su interés (cualquiera que sea su filiación política o ideológica), vigilancia que puede hacerse por medio de agentes de observación, tecnología de escucha, fotografía o filmación furtivas, escucha y grabación telefónica, intercepción y fotocopiado de correspondencia (hay todo un departamento de la Dirección General de Correos dedicado a esta actividad bajo la dirección de la CIA), etcétera.

- Supervisión sobre el personal diplomático y consular salvadoreño en funciones en el exterior (con fines de reclutamiento, vigilancia, etcétera).

- Preparación de personal especializado en la nueva metodología de la tortura a usar en los interrogatorios políticos.

- Coordinación y orientación de la participación del Estado salvadoreño (pública o secretamente) en la represión contrarrevolucionaria contra individuos y organizaciones de otros países centroamericanos o en provocaciones contra Gobiernos progresistas o revolucionarios (Panamá, Perú, Cuba, etcétera).

- Dirección de la vigilancia (con todos los medios, personales y técnicos) de los salvadoreños oposicionistas residentes en el extranjero: exiliados, estudiantes en universidades de otros países, becarios salvadoreños, etcétera. Ha sido muy notoria la participación de la CIA en la estrecha vigilancia a que se ha sometido a los exiliados salvadoreños en Costa Rica. Informaciones fehacientes indican que en los últimos meses equipos salvadoreños de la CIA, con todos los medios de chequeo, han estado operando en San José contra los opositores al régimen de Molina. En su más alto momento esos grupos llegaron a contar con cuarenta hombres y mujeres y autos para el seguimiento.

49

La dependencia de las Fuerzas Armadas y de seguridad de El Salvador de sus similares de Estados Unidos es total. Esto no debe extrañar si se sabe que «nuestros» Ejército, Aviación y Marina y «nuestras» Guardia y Policía Nacionales, etcétera, son contingentes enmarcados dentro de un aparato continental que, a su vez, responde a la estrategia mundial del imperialismo. A causa de esa dependencia los esfuerzos, los duros trabajos, las molestias de la disciplina cotidiana, los peligros corridos y, eventualmente, la sangre derramada y las vidas perdidas de los soldados salvadoreños (ellos sí auténticamente salvadoreños, hijos de obreros humildes y de campesinos miserables) se invierten fundamentalmente en beneficio norteamericano. Estados Unidos impone a las fuerzas armadas y de seguridad salvadoreñas:

- La concepción estratégica básica que las hace ser fuerzas de sostén y aseguramiento del sistema de dominación y explotación del imperialismo y de las clases dominantes criollas mancomunados, así como los conceptos ideológicos enmascaradores de esta realidad: a) el falso nacionalismo y b) el anticomunismo. No existe una doctrina militar salvadoreña propiamente tal: existe la estrategia militar norteamericana para Centroamérica y El Salvador, que es puesta en práctica por las fuerzas armadas «nativas» y sus equipos de dirección locales.

- La pertenencia orgánica y jurídica al aparato institucional imperialista en forma no contemplada por las leyes básicas del país y en una práctica violatoria de la soberanía nacional (Junta Interamericana de Defensa, CONDECA, organismos y actividades dependientes del Pacto de Río de Janeiro). La representación salvadoreña en la última reunión de jefes de Ejércitos latinoamericanos llevada a cabo en Caracas votó en favor del mantenimiento del *statu quo* proimperialista encarnado en el Pacto de Río, severamente atacado en esta oportunidad por los Ejércitos de Argentina, Perú, Panamá, Venezuela, etcétera.

- La preparación de la oficialidad y del resto del personal técnico militar (tanto en las cuestiones de decisión y de mando como en las cuestiones administrativas y técnicas) de acuerdo a las normas norteamericanas y a los intereses concretos de la estrategia imperialista en una etapa dada. Por ejemplo, desde 1948, para no ir más atrás, TODOS los presidentes de la república y otros oficiales que han integrado Juntas de Gobierno, habían recibido instrucción especial en Estados Unidos. Los últimos dos presidentes salvadoreños, incluso, el general Sánchez Hernández y el coronel Molina (en el poder cuando se escriben estas líneas), han sido cuadros de la inteligencia norteamericana, el primero en funciones instrumentales en la ONU durante la agresión yanqui a Corea y en el seno de la Junta Interamericana de Defensa; y el segundo en diversos cargos previos del espionaje yanqui en el seno del Ejército salvadoreño. Todos los actuales miembros del estado mayor general han estudiado en academias norteamericanas o en centros de otros países, dirigidos por el Ejército yanqui. Igual panorama se observa en la dirección y secciones de los cuerpos de seguridad. La instrucción en escuelas norteamericanas es prácticamente una etapa normal en la preparación de los oficiales y el personal militar especializado de las FF.AA. salvadoreñas. Además, las escuelas yanquis de la CIA y el Pentágono preparan para las FF.AA. salvadoreñas numeroso personal civil y militar para actividades de «acción cívica» (dentro de la actividad de contrainsurgencia) y para asuntos civiles y administrativos:

abogados, médicos, economistas, expertos contables, organizadores, coordinadores, etcétera.

- El equipamiento regular, amunicionamiento, repuestos y medios de mantenimiento y materiales especiales. Estados Unidos (directamente o por medio de otros países u organizaciones en que tiene influencia determinante, como la OTAN) monopoliza en términos absolutos este terreno que, como es sabido, puede verse también bajo el aspecto de uno de los mayores negocios del sistema capitalista: el tráfico de armas y anexos. En este sentido apunta John Saxe Fernández (en su trabajo «Hacia un modelo de la estrategia militar norteamericana», IX Congreso de Sociología de la Asociación Latinoamericana de Sociología, UNAM, México, noviembre de 1969):

«El Departamento de Defensa (Estados Unidos) conduce el programa de venta de armamentos más extenso del planeta. Se estima que en los últimos veinticuatro años ha vendido o donado 50 000 millones de dólares en armamentos. Desde 1962 la Sección Internacional de Negociaciones Logísticas ha logrado vender un promedio anual de 2 000 millones de dólares [...] El programa de ventas de armamentos se coordina con diversos elementos del Programa de Asistencia Militar. Por ejemplo, el esfuerzo educativo del Departamento de Defensa se dedica a adiestrar a grupos militares extranjeros con el propósito de demostrar los nuevos equipos a clientes potenciales. Por otro lado, una de las funciones más importantes de cada Grupo Consejero de la Asistencia Militar (MAAG, [Misiones Militares]), reside en la demostración del equipo a nivel local. Estas labores se coordinan con los grupos de vendedores regionales de la Sección Internacional de Negociaciones Logísticas. Los Comandos Militares Unificados funcionan también como consejeros de distintos niveles de tecnología militar para los grupos militares regionalizados como la OTAN, SEATO, el Consejo Interamericano de Defensa y el Consejo de Defensa Centroamericano (CONDECA). (El CONDECA ha llevado intensas operaciones militares conjuntas con Estados Unidos. Recientemente ha adquirido un costoso y complejo sistema de comunicaciones regionales. Véase: CONDECA: "Declaraciones del Almirante Heinz", *Foreign Assistance and Related Agencies Appropiations for 1969*, parte 1, p. 653). Estos sistemas militares regionalizados realizan operaciones conjuntas que requieren sistemas técnicos más avanzados y complejos que los de las practicadas a nivel nacional. De este modo proporcionan un medio adecuado para demostrar nuevos equipos aéreos y de comunicación electrónica. El programa de ventas militares recibe la colaboración de entidades como el Departamento del Tesoro, el Departamento de Comercio, el Eximbank y otros organismos financieros internacionales. Al First National City Bank y al Chase Manhattan Bank les interesa participar en el oneroso tráfico de armamentos y, como al Departamento de Defensa, se preocupan de mantener una balanza de pagos favorable».

- Ayuda financiera directa y excluyente dentro del llamado «Programa de Asistencia Militar» y por medio de erogaciones específicas directas.

Estas «líneas de dependencia» que posiblemente sean las más importantes, pero que distan de ser las únicas, son la base de la dependencia operativa y política de «nuestras» fuerzas armadas y de seguridad con respecto de Estados Unidos.

Esta es la realidad, independientemente de que en las filas del Ejército y de los cuerpos de seguridad salvadoreños haya oficiales y soldados, cada día más numerosos, que al tomar conciencia de esta grave situación están en desacuerdo con ella y comienzan a comprender que la única posibilidad de existencia de un Ejército y cuerpos de seguridad auténticamente nacionales, al servicio de los intereses del pueblo salvadoreño, comienza precisamente por la ruptura de la dependencia político-militar de los actuales institutos armados respecto de Estados Unidos. Solo la independencia de Estados Unidos, principal enemigo y explotador del pueblo salvadoreño, podrá hacer del actual conjunto de las fuerzas armadas existentes en el país unas fuerzas armadas verdaderamente salvadoreñas y verdaderamente centroamericanas. Sin lugar a la menor duda esta concepción es la que mejor responde a un verdadero nacionalismo y patriotismo revolucionario, el nacionalismo y el patriotismo del pueblo trabajador, y la misma puede ser rastreada fácilmente en nuestra tradición militar nacional, es decir, en la verdadera tradición militar del pueblo, la de los próceres de la independencia, la de Morazán, Anastasio Aquino (el gran genio militar del pueblo salvadoreño en el siglo pasado), Gerardo Barrios y los soldados salvadoreños que, al lado de sus hermanos del resto de Centroamérica, derrotaron la invasión filibustera norteamericana encabezada por William Walker.

50

En el numeral 41 transcribimos parte de un discurso del general Westmoreland sobre contrainsurgencia y guerra especial, donde el estratega derrotado por los camaradas vietnamitas levanta el concepto imperialista que trata de disfrazar toda la actividad político-militar-organizativa tendiente a reforzar, asegurar y reproducir la dependencia: el concepto de «construcción nacional». He aquí cómo descompone ese concepto John Saxe Fernández en su ya citado ensayo «Hacia un modelo de la estrategia militar norteamericana»:

Construcción nacional (teoría, administración, promoción). Aunque las estrategias globales de la política externa y de las corporaciones multinacionales norteamericanas no conducen a un fortalecimiento del Estado Nacional en las áreas subdesarrolladas, esta ha sido la justificación públicamente utilizada para promover el Programa de Asistencia Militar. Cierta dosis de ingenuidad liberal y un gran esfuerzo publicitario por parte de académicos e institutos, generalmente contratados por el Departamento de Defensa, han tenido que combinarse en el proceso de «ajustar» conceptualmente la doctrina de «construcción nacional» a los requisitos básicos de la filosofía militar.

1. Inicialmente el proceso de «construcción nacional» se concibe como una tarea encaminada a fundamentar aquellas estructuras filosóficas, jurídicas, administrativas y políticas que permiten la autodeterminación de los procesos políticos y económicos. Su buen funcionamiento debe consolidarse dentro de un marco institucional, cuyas «reglas del juego» permitan el acuerdo entre los diversos actores, grupos o fuerzas participantes. (Para una discusión pormenorizada del proceso de *nation building*, véase: Karl W. Deutsch y William J. Foltz, eds.: *Nation Building*, Atherton Press, New York, 1966. Carl I. Friedrich caracteriza la nación como un ente con: «1) independencia —sus asuntos no son dirigidos desde afuera—; 2) cohesión relativamente estable y bien afianzada; 3) organización política: provee medios administrativos, jurídicos y de poder que le permiten al Gobierno un control positivo de los asuntos públicos; 4) autonomía en el sentido de que el Gobierno posea el apoyo y consenso necesarios para mantener control; 5) legitimidad [...] que ayuda a mantener un alto nivel de lealtad hacia la nación [...] dándole gran permanencia»). La relativa autonomía política del Estado Nacional requiere la existencia y control de hábitos y medios sociales de comunicación eficaces entre los diversos sectores internos. De ahí que para que el proceso de «construcción nacional» ocurra, se necesita cierto grado de desarrollo político —es decir, la institucionalización de procedimientos y organizaciones políticas—, de coherencia legal-administrativa y de modernización económica y social: la condición óptima para impulsar y afianzar el Estado Nacional es aquella en la cual coexistan los procesos de movilización social con los de organización e institucionalización política. *La evolución del concepto «construcción nacional» es tan confusa que ha facilitado que este haya sido utilizado como justificación de los programas militares de «acción cívica» y «contrainsurrección».* En su primera etapa los dos elementos constitutivos del proceso de «construcción nacional» —*el de desarrollo político y el de modernización social y económica*— carecen de distinción conceptual, hasta el punto de perder toda validez empírica. Lucien Pye funde ambos elementos en una extraña amalgama operativa de dieciséis factores (*Communications and Political Development*, Princeton, 1963); James Coleman y Gabriel Almond, en forma disciplinada pero igualmente difusa, identifican el proceso de «desarrollo político» con las «variables patrón» parsoniano (*The Politics of the Developing Areas*, Princeton, 1960); Edward Shils simplemente concibe el proceso de «desarrollo» *como la transición de estructuras tradicionales a estructuras modernas a las cuales define como todo aquello que se aproxime técnica, económica, política, social y psicológicamente a la democracia americana y a la experiencia de Europa Occidental (Political Development in the New States);* mientras que otros autores hacen una reducción al absurdo al intentar una identificación operativa entre «construcción nacional» y *el desarrollo de sistemas de transporte y comunicación.* Como observa Huntington, es obvio que los procesos de modernización social y económica afectan el desarrollo político. El problema reside en la forma en que se han fundido ambos conceptos, generando un marco conceptual abstracto y difuso que impide la localización de hechos históricos y que, a su vez, genera una percepción unidimensional del proceso de desarrollo político. *Debido a esto, no es posible conceptualizar la posibilidad de que un proceso de modernización social y económica coexista con la regresión política.* Esto quizás explique parcialmente la notoria ausencia de estudios sobre el decaimiento o destrucción sistemática de procedimientos e instituciones políticas que parece ocurrir intensamente en América Latina: desde el punto de vista de índices de participación y movilización política, de legitimidad y de autonomía económica y política en el ámbito internacional, *el concepto de «destrucción nacional» parece más adecuado para explicar la historia política y económica latinoamericana de la década de 1960.* Pero, mientras que la forma difusa en que la ciencia política y la sociología norteamericanas tratan la teoría de la «construcción nacional» y el «desarrollo político» pudo haber oscurecido la visión, y quizás inhibido el estudio del fenómeno más importante que están experimentando los países latinoamericanos, es innegable que ha contribuido a la homogeneización conceptual del Tercer Mundo. Esto ha facilitado a África, Asia y América Latina el uso y la promoción de las mismas recetas administrativas y militares. No obstante, en Latinoamérica los factores políticos que la componen no son de reciente origen; han tenido sus fronteras definidas hace ya varios lustros, existen lealtades bien definidas hacia la nación, y en grados varios de eficiencia han existido —y existen todavía— servicios civiles al mismo tiempo que estructuras gubernamentales con cierto sentido de responsabilidad pública.

2. *La segunda fase de la doctrina de la «construcción nacional» se inicia cuando el Acta de Seguridad Mutua de 1959, desde el punto de vista gubernamental, y Lucien Pye, desde la perspectiva académica (Armies in the Process of Political Modernization,* Arch Europe Social, 1961), *deciden repentinamente que las fuerzas armadas de los países subdesarrollados son los instrumentos modernizantes por excelencia.* Pero como dentro del marco teórico antes citado el proceso de modernización socioeconómica implica también la «modernización política», *era inevitable —en el caso de América Latina— que sus establecimientos militares fueran paulatinamente trasmutando su misión de «defensores del hemisferio occidental» a «guardianes de la seguridad interna» y, más recientemente, a la de*

«constructores del Estado Nacional» («nation builders») con la ayuda de los mentores del norte.

El Acta de Seguridad Mutua de 1959, primer documento que establece en forma oficial a las fuerzas armadas de los países subdesarrollados como los instrumentos principales de modernización económica y social, mantiene que «en lo posible debe estimularse [...] el uso de las fuerzas militares en los países subdesarrollados —y amigos— para la construcción de obras públicas y otras actividades que desarrollen la economía» (*Report of the President's Committee to Study the US Military Assistance*, vol. 1, Washington, 17 de agosto de 1959). De acuerdo con el Comité —y recordando las experiencias del general Landsdale en las Filipinas—, *el uso de las fuerzas armadas en estas labores ayudaría a combatir a los insurgentes comunistas.* Estas recomendaciones fueron bien recibidas por el Congreso, preocupado por los excesivos gastos militares y por los administradores militares, cuyos tradicionales argumentos sobre la amenaza extracontinental a la América Latina (que habían justificado el Programa de Asistencia Militar), fueron destruidos al iniciarse el desarrollo de armas nucleares y de cohetes intercontinentales de la Unión Soviética. *Dentro de la nueva configuración estratégica militar definida por la tecnología nuclear y balística, el apoyo a los establecimientos militares latinoamericanos tuvo que justificarse de otra forma.* Por otra parte, la administración Kennedy llegaba al poder con un gran interés en desarrollar la contrainsurrección (Morton H. Halperin: *Contemporary Military Strategy*, Boston, 1967). Se inauguró entonces el primer centro especial de aprendizaje de tácticas contrainsurgentes y se crearon grupos de estudio y administración en los niveles más altos. Este es el organigrama estatal norteamericano para la actividad de entrenamiento en contrainsurrección y acción cívica:

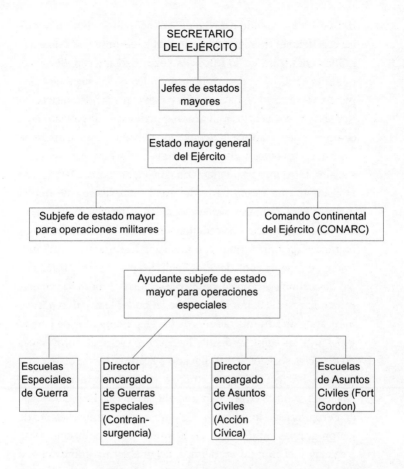

Concebida primordialmente como un instrumento para prevenir la insurrección, la Alianza para el Progreso depositó su confianza en las nuevas generaciones de líderes militares latinoamericanos, quienes, según dijo el presidente Kennedy en el discurso inaugural del programa: «[...] han mostrado tener una clara conciencia de que las fuerzas armadas no solamente saben defender sus países, sino que también, por medio de sus cuerpos de ingenieros, pueden ayudar a construirlos». Posteriormente al presidente Kennedy reiteró su endoso al liderazgo militar latinoamericano en su «Mensaje sobre la Ayuda Exterior de 1961», cuando expresó al Senado que «[...] hasta donde las condiciones de seguridad mundial lo permitan, la asistencia militar enfatizará en lo futuro la seguridad interna, las obras públicas civiles y el desarrollo económico de las naciones recipientes de la ayuda». La actitud favorable que la administración Kennedy tuvo hacia los militares se puede explicar parcialmente como respuesta tanto a la Revolución cubana, como al aparente fracaso de las élites civiles en promover reformas económicas y sociales. Otro importante factor a considerar parece haber sido la opinión, que forma parte del «realismo» liberal, de que al orientar a los militares locales hacia los asuntos sociales y económicos, se lograría una redefinición de su sistema de valores, logrando así transformar o humanizar los aparatos militares, tradicionalmente considerados como los principales obstáculos del desarrollo económico, político y social de América Latina. A principios de 1960, por el contrario, el poder legislativo norteamericano, los administradores de los Departamentos de Estado y Defensa, las agencias de inteligencia (una serie de «proyectos» de licencias sociales se han llevado a acabo con este objeto, por ejemplo, Proyect Rols, que estudia el papel de las fuerzas armadas y sus cambios en la dinámica política interna; Project Resettle en Perú; Project Simpático en Colombia, que evalúa el efecto de los programas militares en las actitudes de la población local, etcétera) y el mundo académico, aclamaban unánimemente a las fuerzas armadas al sur del Río Grande. Víctor Alba promovía el uso de los técnicos militares en el proceso de desarrollo nacional (*El militarismo*, México, 1959); John Johnson describía la contribución civil de los militares latinoamericanos como un hecho de primera magnitud histórica (*The Military and Society in Latin America*, Stanford, 1964); Robert Alexander sostenía que las fuerzas armadas latinoamericanas eran las campeonas del cambio revolucionario (*Today's Latin America*, Dobleday, 1962). Tanto los directores de las agencias de inteligencia y administradores militares, como el comandante C.F. Krickemberg, se daban cuenta de la enorme potencialidad de los programas de «acción cívica» y «contrainsurgencia» como canales por medio de los cuales se podría obtener información estratégica sobre las condiciones internas de los países subdesarrollados. De aquí que se continúen los esfuerzos por mejorar las técnicas de *debriefing* del personal de las misiones militares y supervisores de campo de los programas de «acción cívica» y «contrainsurgencia».

3. Con estos antecedentes conceptuales, administrativos y políticos, era inevitable que la doctrina de la «acción cívica» fuera adquiriendo la aureola mística típica de toda buena campaña de promoción de ventas. En el caso de la estrategia norteamericana hacia el mundo subdesarrollado, el programa se articuló para satisfacer a liberales, conservadores e independientes, ya que prometía: a) aminorar las presiones revolucionarias en África, Asia y América Latina; b) promover el desarrollo político, económico y social; c) debilitar la competencia armamentista y los conflictos político-militares en dichas regiones. Basados en los trabajos de Mao Tse Tung y del general Vo Nguyen Giap, entre otros, los doctrinarios de la «acción cívica» fundamentaron originalmente la capacidad contrainsurgente del programa, en el razonamiento de que los movimientos revolucionarios surgen parcialmente a causa de frustraciones sociales y económicas. En consecuencia se argumentó que, para ser eficaz, la contrainsurrección tendría que contribuir en cierta medida al proceso de modernización social y económica, minando así la base popular de los insurgentes. En términos militares esto se traduciría en una reducción sustancial del personal guerrillero y de sus fuentes de información, armas y otros abastecimientos indispensables. La segunda meta del programa fue generalizándose del campo social y económico al político. Según estos teóricos, los militares no solo constituyen la élite mejor capacitada para llevar a cabo los programas de modernización social y económica, sino también para los de «modernización» política. Curiosamente se argumentaba

que, al otorgar metas políticas, sociales y económicas, el Ejército disminuiría su propensión a intervenir ilegítimamente en el proceso político. En consecuencia «la democracia y el Gobierno civil saldrían fortalecidos». La literatura pública de la Rand reconoce ahora que las labores «no militares» aumentan la ambición política de los militares y en consecuencia hay un incremento de la influencia militar en el sistema político dado (Edward B. Glick: *Peaceful Conflict. The Non-military Use of the Military*, Stackpole Books, Pennsylvania, 1967). Sin embargo, se insiste en la continuación del programa porque este no solo lleva la civilización y la administración gubernamental a regiones remotas, sino que, en última instancia, no afecta las relaciones civiles y militares, ya que estos últimos siempre tuvieron gran influencia política. Los resultados siempre serían satisfactorios porque, como insiste Manning: «La "acción cívica", a largo o corto plazo, tiende a promover la democracia. Al proveer educación, ayuda médica, consejo agrícola, higiene y acceso a los mercados […] el soldado no solo ayuda al desarrollo económico, sino también incrementa la madurez política del ciudadano común y su interés económico en el país» (Hugh Manning: *The Peaceful Uses of Military Forces*, Praeger, New York, 1967). Finalmente, la «acción cívica» promete disminuir las tensiones militares y las competencias armamentistas en los países subdesarrollados. En un trabajo preparado para la Systems Development Corporation, E.B. Glick mantiene que la «acción cívica» canaliza la atención, energías, disciplinas y capacidades técnicas de los militares hacia los asuntos internos, disminuyendo en consecuencia las intrigas, guerras o competencias armamentistas regionales.

Por lo visto el profesor Glick se habrá asombrado con hechos posteriores tales como la guerra El Salvador-Honduras, la brasilización-contrabrasilización que divide prácticamente a todos los Ejércitos suramericanos y los embarca en una nueva competencia armamentista, los procesos de algunos Ejércitos como los de Perú y Panamá, que le dan un nuevo contenido a estos problemas, etcétera.

51

Los datos, hechos, documentos y teorizaciones que hemos ofrecido hasta aquí arrojan nuevas luces sobre el proceso de formación de nuestras nacionalidades y naciones, tienen que ver de manera definitiva con la existencia misma de nuestras naciones y de nuestros Estados Nacionales. Sin perjuicio de la necesidad de un estudio más profundo y más orgánico de estos problemas, que debe ser emprendido sin demora por los revolucionarios centroamericanos, tal vez sea ya el momento, en el seno de nuestro discurso actual, de intentar algunas conclusiones provisionales, a manera de hipótesis para el trabajo futuro. Serían las siguientes:

1) El proceso de formación de nuestras naciones es todavía un proceso en desarrollo. El proceso de nuestra independencia nacional no ha terminado y se ha llenado de un contenido nuevo a causa del fenómeno imperialista y frente a la perspectiva de la revolución socialista.

2) Desde la independencia de España a nuestros días se han formado en Centroamérica varias naciones desde el punto de vista de la constitución de sus elementos materiales y culturales básicos («comunidad estable de hombres, históricamente formada, surgida sobre la base de la comunidad de idioma, de territorio, de vida económica y de psicología, que se manifiesta en la comunidad de cultura nacional». Stalin). En Guatemala, El Salvador, Honduras, Nicaragua, Costa Rica (en Panamá el proceso de formación nacional

ha sido distinto, como se sabe, y el elemento imperialista norteamericano ha tenido una actividad más directa), han surgido naciones, *naciones en sí.*

3) Los elementos constitutivos de una nación dan base a la formación del Estado Nacional, que es la organización jurídica de aquella comunidad de hombres en un territorio determinado. En esas condiciones, a los elementos constitutivos de la nación en sí, es necesario agregar el elemento de la «conciencia nacional», el autorreconocimiento de la comunidad como nación. Esta es la nación *para sí.* A través del Estado Nacional surgen otros atributos de la nación frente al mundo ante el que se define: soberanía, autodeterminación. El fenómeno de la transformación de las naciones en comunidades jurídicamente organizadas, en Estados Nacionales, está históricamente ligado al surgimiento del capitalismo. En los países centroamericanos surgieron naciones para sí y Estados Nacionales ya en la primera mitad del siglo pasado.

4) La comunidad de hombres estable, históricamente formada, no es un ente abstracto ni una unidad mecánica, es una comunidad dialéctica, una sociedad dividida en clases que luchan entre sí. En un momento de la historia de nuestras naciones, las clases dominantes (burguesías agroexportadoras) encabezaron la lucha por la independencia nacional anticolonialista y, simultáneamente, el proceso de formación material-cultural de la nación. Así se llevó a cabo la independencia de España y el nacimiento del Estado Nacional burgués.

5) El proceso de formación de nuestras naciones y Estados Nacionales ha sido ajenado por la dependencia con respecto al imperialismo, concretamente, a partir de un momento,

del imperialismo norteamericano. Esta dependencia vulneró y sigue vulnerando los elementos básicos constitutivos de la nación y del Estado Nacional, aunque tal vulneración se haga de una manera enmascarada y ambigua. En realidad, la dependencia con respecto al imperialismo vulnera la soberanía y la autodeterminación (o sea, la independencia nacional), la esencia de la unidad económica básica, las estructuras jurídicas, la psicología y la cultura nacionales e inclusive, en muchos aspectos, el territorio nacional.

6) Al incorporar el imperialismo a su sistema explotador mundial a nuestras naciones y Estados Nacionales, había ya una estructura de dominación externa definida. La creación del Estado Nacional, ya lo dijimos, había sido dirigida y realizada, en lo principal, por las clases dominantes locales, los sectores terratenientes y agroexportadores. El Estado Nacional burgués, como todo Estado, era un instrumento de represión clasista, con la diferencia (frente a los Estados esclavistas o feudales) de que este lo era en el seno de una misma nación. El Estado Nacional en Centroamérica respondía a los intereses fundamentales de las clases dominantes locales, era y sigue siendo el instrumento principal, la expresión organizada más importante de la represión contra las masas trabajadoras. Para esa incorporación a su sistema el imperialismo se apoyó en esas burguesías, que se convirtieron en la base social interna de la nueva dependencia. Al mismo tiempo puso a su servicio el aparato estatal nacional burgués. Aunque formalmente nuestras naciones siguieron expresándose a través de un «Estado Nacional independiente», con himno, bandera y símbolos, legislación, instituciones, etcétera, «nacionales», realmente se hallaban, como decía Lenin, «envueltos en las redes de la dependencia financiera y diplomática», política y militar,

cultural, etcétera. La unidad económica, que es la base material activa de la nación, comenzó a transcurrir en función de ser parte de una unidad económica mayor, supranacional (el sistema mundial del imperialismo) y en dependencia incluso formal de las necesidades de esta («explotación individual de cada nación o integración de ellas en un mercado único», etcétera). Aparecen dos niveles de explotación inseparables: la explotación de la nación en su conjunto por parte del imperialismo y la explotación de los proletarios urbanos y rurales, de los campesinos y las capas medias urbanas por parte de las clases dominantes criollas y el imperialismo mancomunados en un bloque.

7) La independencia nacional se vuelve, objetivamente, un problema de los trabajadores. Un problema antiimperialista y antiburgués. La lucha por la revolución social (proceso de lucha de clases interno) se vuelve al mismo tiempo lucha de liberación nacional (parte de la lucha de clases a nivel mundial).

El esquema teórico de este proceso hasta el punto en que lo hemos expuesto, a partir de los puntos de vista de Lenin y Stalin, sería el siguiente (elaborado por los compañeros del MIR de Bolivia):

El proceso de liquidación del feudalismo y de desarrollo del capitalismo es, al mismo tiempo, el proceso de agrupamiento de los hombres en naciones. Allí donde la formación de naciones coincidió, en términos generales, con la formación de los Estados centralizados, las naciones revistieron, naturalmente, la forma estatal; se desarrollaron como Estados Nacionales burgueses independientes. El Estado Nacional independiente es la forma de Estado que mejor responde a las condiciones del desarrollo del capitalismo en sus etapas iniciales. El Estado Nacional es lo típico, lo normal en este período capitalista. Veamos cómo describe Lenin este proceso: «En todo el mundo, la época del triunfo definitivo del capitalismo sobre el feudalismo estuvo ligada a los movimientos nacionales, la base económica de estos movimientos estriba en que, *para la victoria completa de la producción mercantil es necesario que la burguesía conquiste el mercado interior,* es necesario que territorios con población de un solo idioma adquieran cohesión estatal, quedando eliminados cuantos obstáculos se opongan al desarrollo de ese idioma y a su consolidación en la literatura» («Sobre el derecho de las naciones a su autodeterminación», *Obras escogidas,* Tomo I, Ed. Progreso, Moscú, p. 622). Históricamente, cuando el capitalismo naciente empieza a destruir el sistema feudal, necesita unificar un territorio, un mercado propio, un idioma común, etcétera, para controlar, en esa unidad, la estructura productiva, política, ideológica. Este proceso se concreta con el surgimiento de los Estados Nacionales independientes. El Estado Nacional independiente —en esa época histórica— es la característica que adopta el Estado burgués en el proceso de conformar una nación independiente de interferencias externas e internas. Se trata de delimitar una unidad y consolidarla internamente. *Para eso, la burguesía necesita destruir los restos feudales que constituyen el elemento particularizante que se opone al proceso de integración.* En esa misma época histórica, así como se conforman Estados Burgueses Nacionales independientes, también se construyen Estados Burgueses Multinacionales. Estos Estados, llamados «abigarrados» porque comprenden varias nacionalidades, son, según Kautski, fruto de un desarrollo anormal, en el sentido de no corresponder a los mecanismos adecuados para impulsar el desarrollo del capitalismo [...] La clase social que lleva adelante este proceso de unificación nacional es la burguesía. La burguesía es el principal personaje en acción, lucha por la creación del mercado interno y su control; a partir de este hecho puede asentar su dominio económico, desarrollar su producción y conquistar la hegemonía política [...] No olvidemos que en esta etapa del capitalismo ascensional la lucha del movimiento nacional es fundamentalmente burguesa y la consigna del Estado Nacional independiente es una consigna democrático-burguesa. *La presencia del imperialismo cambia sustancialmente el contenido de la cuestión nacional.* En diferentes facetas de la obra de Lenin y de Stalin se insiste en este cambio de perspectiva. En la época del imperialismo aparecen características peculiares; veamos lo que dice Lenin en su obra *El imperialismo, fase superior del capitalismo*: «Puestos a hablar de la política colonial de la época del imperialismo capitalista, es necesario hacer notar que el capital financiero y la política internacional correspondiente, la cual se traduce en la lucha de las grandes potencias por el reparto económico y político del mundo, originan abundantes formas transitorias de dependencia estatal. Para esa época son típicos no solo los dos grupos fundamentales de países —los que poseen colonias y las colonias— sino también las formas variadas de países dependientes que desde un punto de vista formal, político, gozan de independencia, pero que en realidad se hallan envueltos en las redes de la dependencia financiera y diplomática [...] por ejemplo, la Argentina». La presencia de la cuestión nacional en el período del imperialismo es un problema inherente al desarrollo del sistema capitalista. En realidad es un complemento histórico lógico. «El crecimiento ulterior del capitalismo en Europa, la necesidad de nuevos mercados, la búsqueda de materias primas y de combustible y, finalmente, el desarrollo del imperialismo, la exportación de capitales y la necesidad de asegurar las grandes vías marítimas y ferroviarias condujeron, por una parte, a la anexión de nuevos territorios por los viejos Estados Nacionales y a la transformación de estos últimos en Estados Multinacionales, con todos los problemas inherentes» (Lenin: *Sobre las tareas inmediatas del Partido respecto al problema nacional*). De este modo el problema nacional se amplía, se fusiona con el problema general de las colonias, en tanto que la opresión nacional se convertía de problema del Estado en problema interestatal; en el problema de la lucha (y de la guerra) entre las grandes potencias imperialistas por el sometimiento de las nacionalidades débiles, que no gozan de la plenitud de sus derechos. Lenin da la real dimensión al problema nacional en la época del imperialismo. La posición de Lenin y de los bolcheviques adquiere una importancia trascendental en esa coyuntura histórica, dado que la II Internacional se desentendía «diplomáticamente» del problema de las colonias y de los países dependientes. Ellos reducían el problema nacional a los fenómenos de ese orden, generados en el marco del mundo «civilizado», suponiendo que el desarrollo de la democracia iba a posibilitar la superación de estos problemas dentro del sistema capitalista. Lenin desenmascara esta postura al señalar resueltamente que la revolución proletaria de Occidente está indisolublemente ligada a la lucha de liberación de las colonias y los pueblos oprimidos y que, en consecuencia, los socialdemócratas revolucionarios deben apoyar la lucha de liberación, particularmente de aquellos pueblos que tratan de independizarse de su propia nación. Lenin indica que hay cuatro factores determinantes en el nuevo planteo de la cuestión nacional: 1) El primer factor es la fusión del problema nacional, como parte, con el problema general de la emancipación de las colonias, como todo. 2) El segundo factor es la sustitución de la consigna vaga del derecho de las naciones a la autodeterminación por la clara consigna revolucionaria del derecho de las naciones y de las colonias al de la separación estatal, a la formación de un Estado independiente. 3) El tercer factor es haber puesto al descubierto el nexo, la ligazón orgánica existente entre el problema nacional-colonial y el problema del poder del capital, del derrocamiento del capitalismo, de la dictadura del proletariado. 4) El cuarto factor es la introducción de un nuevo elemento en el problema nacional, el elemento de la igualdad efectiva (y no solo jurídica) de las nacionalidades, como una de las condiciones precisas para el establecimiento de la colaboración fraternal entre las masas laboriosas de las distintas nacionalidades (Stalin: *El planteamiento del problema nacional*, 1921).

El tercer factor debe ser remarcado, dado que *la ligazón indisoluble entre el problema nacional y el problema de la revolución socialista mundial es un factor decisivo para comprender el cambio de naturaleza del problema nacional.* El problema nacional y el problema colonial no podrán resolverse dentro del sistema capitalista, porque el imperialismo no puede existir sin sojuzgar a países coloniales o «dependientes». En consecuencia la liberación nacional tiene que ser al mismo tiempo proceso de liberación social que de una u otra forma se encamine al socialismo. Pero hay algo más, la victoria del proletariado en el mundo y, particularmente, en las actuales potencias capitalistas, no se podrá dar mientras no se llegue a la solución del problema nacional y colonial. El planteamiento de Lenin es indudablemente profundo y cambió la óptica con la que los revolucionarios deben ver este problema. El contenido de clases de la lucha nacional en las colonias y en los países dependientes ha cambiado: ya no es una lucha entre burguesías; ahora es parte del movimiento proletario mundial por la democracia y el socialismo. El proletariado participa decididamente en la lucha nacional, junto al resto de capas y clases oprimidas, en un amplio frente anticolonialista y antiimperialista.

Frente a este esquema teórico, reducido a los problemas que más directamente se plantean en la historia y las estructuras sociales centroamericanas, cabe hacer, sin embargo, las salvedades siguientes:

a) En Centroamérica —independientemente del caso de los sectores indígenas, minorías africanas, etcétera— la cuestión nacional central no era la de un «Estado Nacional abigarrado», sino más bien todo los contrario, la de una nacionalidad básica surgida de la colonización española que se fragmentó en cinco Estados Nacionales burgueses independientes desde el punto de vista formal.

b) Las burguesías de los países centroamericanos no «lucharon por la creación de un mercado interno». Burguesías agroexportadoras, al incorporarse al sistema mundial del imperialismo, su mercado fue el mercado mundial para la agroexportación. El mercado interno existió precariamente para la producción de medios de subsistencia (alimentos, textiles, calzado, etcétera) y para las manufacturas y productos fabriles de importación. Las oligarquías criollas se apoderaron asimismo de la intermediación comercial en el campo de la importación.

c) El problema de la creación del mercado interno se plantea de hecho en Centroamérica como una necesidad del proceso de industrialización dependiente del imperialismo. AL EMBARCARSE EN EL PROCESO DE LA INTEGRACIÓN ECONÓMICA CENTROAMERICANA POR LA VÍA CAPITALISTA DEPENDIENTE, LAS BURGUESÍAS LOCALES DEPOSITARON EN MANOS DEL IMPERIALISMO LA CONSTRUCCIÓN DE LA «NACIÓN MODERNIZADA» IDÓNEA PARA LAS CONDICIONES DE LA DEPENDENCIA EN LA ETAPA ACTUAL DEL IMPERIALISMO. Esta es la ratificación histórica de la traición original de la burguesía centroamericana a la nación, cometida ya en lo principal en los albores de nuestras repúblicas «independientes».

8) Por su parte, Estados Unidos, de acuerdo a una nueva situación mundial, enfrenta el proceso histórico centroamericano de una manera nueva, a partir de un momento determinado. El hecho de que en la estructura del imperialismo se han dado recomposiciones y cambios cuantitativos notables que permiten diferenciar en diversos aspectos el imperialismo de la época de Lenin y de la segunda preguerra mundial del imperialismo moderno (dotado de los medios de la llamada «revolución científico-técnica»; de medios energé-

ticos nuevos; actuante en ramas enteras nuevas de la producción y en el desarrollo enorme de ramas antiguas, como
la electrónica; usando modernas técnicas de manipulación
de las masas, etcétera; y dotado asimismo de nuevas formas
de organización y actividad: aparecimiento del complejo
militar-industrial, corporaciones multinacionales, nuevos
centros de poder [Japón, RFA, Europa Occidental manco-
munada, etcétera]), ese hecho general, repetimos, ejerce una
influencia decisiva en la forma de dependencia, de sujeción
nacional centroamericana. A partir de un momento determinado y con base en la teoría contrarrevolucionaria de
la «construcción» nacional («nation building») —parte de
la estrategia de la reacción flexible en su etapa de guerra
especial— los imperialistas norteamericanos se han planteado una nueva maniobra histórica de gran envergadura
con el problema nacional centroamericano, dirigida en concreto a la liquidación paulatina (enmascarada bajo diversas
formas) de los actuales Estados Nacionales (Guatemala, El
Salvador, Honduras, Nicaragua, Costa Rica, Panamá) y a la
construcción de una nueva nación (centroamericana) que se
adecue al desarrollo actual y previsto del sistema imperialista mundial.

Usando criterios combinados, basados en la utilización del análisis marxista de las sociedades nacionales modernas y del pasado, avanzadas y atrasadas; usando los datos de campo recogidos
desde hace muchos años por sus instituciones e investigadores a
través del aparato estatal local y demás fuentes de información; y
aplicando al caso concreto los principios generales de su estrategia
mundial, los imperialistas parten del criterio de que los Estados
Nacionales burgueses centroamericanos no representan cada uno
a naciones completas en sí, sino simplemente a partes de una na-

ción mayor, la nación centroamericana; que, incluso siguiendo el más ortodoxo criterio marxista, los guatemaltecos, salvadoreños, hondureños, nicaragüenses, y costarricenses (el caso panameño tiene sus propias particularidades) serían nacionalidades y no naciones. En efecto, la teoría marxista distingue las categorías históricas de «nacionalidad» y de «nación». Gleb Starushenko (en *El principio de la autodeterminación de los pueblos y las naciones*, Editorial Progreso, Moscú) dice al respecto: «La nacionalidad es una comunidad de hombres históricamente constituida y bastante estable, que precede a la formación de la nación. La nacionalidad se forma sobre la base de tres elementos *que se hallan en proceso de surgimiento y desarrollo*: comunidad de idioma, de territorio y de psicología, manifestada esta en comunidad cultural». Según Starushenko, una de las condiciones para que la «nacionalidad» se transforme en «nación» es la existencia de estrechos vínculos económicos. Los vínculos económicos son los únicos capaces de agrupar a los hombres en naciones, pero vínculos de un cierto tipo, propios de los inicios del capitalismo. La burguesía, que empieza a desarrollarse en las entrañas del régimen feudal, es la encargada de desarrollar ese tipo de vínculos económicos… En definitiva, el paso de las nacionalidades a naciones se opera por lo general, en la época del capitalismo, por un proceso de integración económica promovido por la burguesía, destinado a delimitar el ámbito de las condiciones de producción propias de la nación y, al mismo tiempo, sobre la base de un marco histórico común, de creación de toda una superestructura política e ideológica de la nación (MIR). El esquema normal de la sucesión de formas históricas sería normalmente el siguiente: nacionalidad-nación-Estado Nacional (el Estado Nacional «normal» sería una nación jurídicamente organizada; el «anormal», un Estado formado sobre la base de dos o más naciones, una nación y «nacionalidades», «nacionalidades» que se convierten en nación al constituirse en Estado Nacional, etcétera).

Las nacionalidades salvadoreña, guatemalteca, hondureña, nicaragüense, costarricense —según esta visión imperialista, aparentemente científica— habrían sido comunidades de hombres históricamente constituidas y estables con idioma, territorio y cultura comunes que se constituyeron en naciones mediante la adopción de la forma de Estado Nacional burgués independiente (República de Guatemala, república de El Salvador, etcétera), pero *eludiendo el problema de la unidad económica de tipo capitalista*, base de las naciones en la etapa que se abre con el derrumbe del feudalismo y del antiguo sistema colonial (España, Portugal, en alguna medida Inglaterra, etcétera), y partiendo además de la fragmentación de la antigua unidad económica, la unidad impuesta por el colonialismo español.

Hasta aquí la parte de verdad de ese planteamiento es la siguiente: como el elemento esencial de la cohesión económica de cada una de las «unidades de producción» en que se fragmentó Centroamérica era un elemento exterior (el mercado mundial en manos de las potencias imperialistas en ascenso como destino de la agroexportación guatemalteca, salvadoreña, hondureña, etcétera), la nación tenía fuera de sí su razón de ser básica desde el punto de vista material, toda su vinculación económica se daba en función de ese nuevo elemento exterior (que además no era explícito como el español), cada parcela centroamericana evacuaba y vertía los atributos de la nacionalidad por su propia vía de dependencia respecto de la metrópoli. Como consecuencia lógica de esta situación, en la medida en que las economías de los países centroamericanos devienen economías competitivas, la historia común del istmo se vuelve historia de los antagonismos intercentroamericanos. Había en lo interno de cada país, es verdad, otros vínculos económicos, pero ellos eran incapaces de servir de base a una nación moderna y, por el contrario, estorbaban la unidad nacional de los fragmentos: las relaciones cuasifeudales entre terratenientes y peones migrantes, las relaciones entre los finqueros y *sus* colonos, las que se daban en los atomizados y minúsculos talleres artesanales urbanos y suburbanos, etcétera.

El imperialismo jugó una especie de partida doble. Por un lado, la fragmentación centroamericana favorecía sus intereses en el mercado mundial del café, del banano, etcétera: la «división para reinar» operaba matemáticamente en manos de una metrópoli que tenía por el mango la sartén de las contradicciones. La unificación se forzaba periódicamente en la cúspide de la pirámide de la explotación, y era la unidad de criterios de los explotados e intermediarios frente al criterio unificador del gran explotador: su medida estaba en los precios de las materias primas de la agroexportación centroamericana. Cada país por su lado, compitiendo y contradiciéndose con sus vecinos y aliados naturales, impedía la formación de una fuerza importante que pudiera reflejarse siquiera en el regateo del mercado internacional. El imperialismo se jugó en ese sentido, sin que incurriera en ninguna audacia, de manera casi natural, la carta del «fortalecimiento» (a su manera) de los Estados Nacionales de cada país. Los «fortalecedores» fueron múltiples y tuvieron incluso nombres propios: Ubico, Martínez, Carías, Somoza. Por otra parte, las posibilidades de las importaciones centroamericanas, en aquellas condiciones de conjunto reinantes en el istmo, no indicaban una diferencia sustancial dentro de aquella forma de dependencia, en el caso de preferirse la unidad centroamericana a la fragmentación, sin más ni más. No era hora, según el interés cauto de los imperialistas, para entrar de lleno en la cuestión del mercado interno, porque ella siempre supuso no solo la alternativa unitaria (que en la práctica era la aglomeración de la incapacidad de compra de la población de cada país), sino los cambios de estructura ya a partir de los fragmentos.

En lo ideológico, esta situación ambigua se reflejaba curiosamente en las burguesías que habían sido el apoyo social del imperialismo en cada país, impulsaban los nacionalismos particulares (incluso a niveles chovinistas y excluyentes, agresivos, revanchistas con respecto a cuanta guerra hubo a lo largo del siglo pasado y los principios del actual, acuñadores de cuanto estereotipo ofensivo y parroquial hubo a mano: «chapín [guatemalteco] que no la hace a la entrada la hace a la salida», «los salvadoreños son ladrones y prostitutas», «los nicaragüenses son gente doble y hábiles estafadores», «los hondureños son tontos», «los costarricenses son engreídos y afeminados», que se resumen en el clásico estribillo que se aprende desde la infancia: «Guatemala, gente mala; Honduras, gente impura; El Salvador, gente sin valor; Nicaragua, gente nagua [cobarde]; Costa Rica, gente pisirica [tacaña, mezquina]», que desde luego en cada país se repite omitiendo la caracterización peyorativa propia y sustituyéndola por una positiva, por ejemplo: «El Salvador, gente de valor», etcétera), pero al mismo tiempo impulsaban y exaltaban una especie de nacionalismo de reserva, el nacionalismo centroamericano. Con la excepción de Costa Rica (donde por la influencia de la fuerte emigración europea y la preponderancia de la pequeña propiedad rural, hubo desde hace mucho un persistente exclusivismo y separatismo anticentroamericano de carácter conservador), la retórica oficial burguesa de Centroamérica insistió siempre en «la Patria Común de nuestros padres», «la patria mayor». Uno de los más conspicuos representantes del caduco pensamiento liberal burgués de Centroamérica (desbocado ya en plena práctica fascista, como le sucede a todo burgués que se mantiene consecuente con sus «principios» hasta el último grado), Napoleón Viera Altamirano, sigue llevando diariamente a sus lectores desde la portada de su tabloide la consigna indiscutida: «Hay que hacer un gran pueblo de Centroamérica». El imperialismo dejó que estas efusiones ideológicas patrióticas consumieran los desvelos de nuestros liberales y nuestros demócratas frente al problema nacional: con las dictaduras criollas encima, con

la miseria y el hambre absolutamente locales, con las contradicciones guatemalteco-salvadoreñas por los deportes o las nicaragüen-
ses-hondureñas por el territorio de la Mosquitia, las lucubraciones
no llegaban mucho más allá de las fronteras y el enemigo principal
de todos y cada uno permanecía ignorado. Cuando se levantaba la
molesta tradición real, la tradición nacional-revolucionaria (la guerra nacional centroamericana contra la cabeza de puente walkeria-
na, la lucha guerrillera antiyanqui de Sandino, etcétera) el arsenal
de la historia había atesorado ya la polivalente acusación-respues-
ta: ¡comunismo!, gran ejemplo del diversionismo ideológico fun-
cionando en la historia.

En toda esa época el imperialismo dejó hablar a los separados
de unionismo, a los fragmentos de centroamericanismo. Pero no
posó públicamente de morazanista: era el gran aliado protector de
cada nacionalidad por separado, aunque no prohibía soñar en patrias grandes. Algún día esa capacidad de soñar podría ponerse al
servicio de la elevación de la tasa de ganancias del capital de inversión, con la ayuda de nuevas teorías sociales (*que ahora ya sabemos
cuáles son: «construcción nacional» en la guerra especial de la estrategia
de la reacción flexible, como estructura que responda a la explotación del
complejo militar-industrial y las corporaciones multinacionales*).

Con la nueva situación que se crea en el mundo en la segunda postguerra mundial, con la hegemonía decisiva del imperialismo en el mundo capitalista, con la formación y el fortalecimiento
multiforme del mundo socialista y el desarrollo impetuoso del
movimiento de liberación nacional, surgen, como ya hemos dicho,
nuevas concepciones estratégicas para sostener la dominación imperialista, surgen —a la par— nuevas necesidades para su sistema
mundial, nuevas posibilidades de desarrollo y nuevos medios para
este. El sistema imperialista, conservando aún las capacidades burguesas de renovación, por sobre su crisis de estructura cada vez
más profunda entró en un nuevo período de modernización con

las características apuntadas más arriba, al precio, desde luego, de intensificar su explotación sobre el «mundo libre» y de librar una guerra de nuevo tipo contra los pueblos (Corea, Indochina, Medio Oriente, guerras especiales en prácticamente todo el llamado Tercer Mundo). Para la nueva expansión, nuevos mercados: las zonas periféricas que habían servido como proveedoras de materias primas agrícolas, cuyas características como mercados se habían mantenido limitadas a las necesidades mínimas de la reproducción del sistema a nivel local, comenzaron a verse como posibles áreas para el consumo de la producción industrial imperialista. Las masas centroamericanas dejaron ya de verse como exclusiva y necesariamente limitadas a ser masas salvadoreñas de cortadores de café, masas hondureñas de cortadores del banano de la United Fruit, masas nicaragüenses que sembraban y cosechaban (y comían también) el frijol y el maíz para que ellas y el resto de sus compatriotas pudieran ir a cortar el café, el banano o el algodón: empezaron a ser vistas desde la metrópoli con el rostro potencial de consumidores de una «producción moderna», es decir, industrial, capitalista, imperialista, cuya «necesidad», cuya calidad, que respondía a «expectativas reales de los pueblos», había sido ya propagandizada durante años por el mero consumo de los limitados sectores que se nutrían de la importación (mucho antes de la euforia moderna por los «bienes de consumo», el más marginal de los centroamericanos había por lo menos *visto usar* los cosméticos Revlon, había bebido alguna vez Coca Cola, visto y escuchado un aparato de TV ajeno, visto pasar echando polvo por los caminos los autos del último modelo, etcétera). Pero al mismo tiempo surgieron ante la mirada metropolitana, ahora como factores molestos, como obstáculos ya para por entonces reales en un nivel y potenciales en otro, las fronteras (y los puestos aduanales y los aforos correspondientes). Rostros de potenciales consumidores y fronteras sumaban un resultado a atacar: la dispersión de cinco mercados, cada cual con una misma y mínima capacidad de consumo. La suma de esos cinco mercados, todo lo exclusivamente cuantitativa que se quiera, era la primera proposición dictada por «la voz del amo», proposición que luego se concretaría en las instituciones y la práctica de la Integración Económica y del Mercomún ya examinados antes. Con ese paso primero, limitado estrictamente, los intereses del imperialismo y de las burguesías locales se hacían coincidir en lo económico y lo político, *por lo menos para una temporada*. La integración de los cinco mercados creaba un Mercado Común capaz de incentivar a los monopolios yanquis, y las burguesías locales embarcadas como «socias» de los yanquis en la «industrialización centroamericana» veían ampliado el mercado indispensable sin necesidad de llevar a cabo en cada país las reformas de estructura necesarias (reforma agraria, principalmente). Como dijimos al principio de estas páginas, el proceso de industrialización perdía así en mucho su carácter progresista, pues en toda la jugada el pueblo centroamericano no obtenía beneficios, como no fueran los que supone el avance histórico del sistema imperialista hacia su liquidación definitiva.

Fueron pues, de nuevo, las burguesías locales las que servirían de peldaño, de instrumento (en su función de ayudar a dar un carácter falazmente nacional a la penetración renovada) del imperialismo. Como ellas habían acumulado capital a partir de la producción agraria y su comercio internacional, podían aparecer como inversionistas en el terreno industrial, en un papel de socios «dignos» de los monopolios norteamericanos. Pero en aquella «sociedad» bien pronto quedó claro que había un león y unos corderos, aun cuando entre estos había algunos con fuerza y dientes suficientes como para devorar al resto de sus congéneres. Las llamadas «empresas mixtas» apenas disimularon por un tiempo una realidad: la «industria centroamericana» sería en lo fundamental «la industria imperialista norteamericana para Centroamérica» o no sería. Muchos corderos audaces vinieron a comprender esta situación solamente después de haber sido devorados. Y es que desde el principio el imperialismo miraba mucho más lejos que las burguesías locales en sus planes de «integración centroamericana»: más allá incluso del momento en que el proceso de integración continuaría también a costa de importantes intereses propios de cada burguesía local y de su respectivo Estado Nacional burgués independiente tradicional. Pero en la misma medida en que Dios ciega previsoramente a los que quiere perder, el imperialismo convenció a las burguesías locales de que todos los datos negativos en el seno de su maridaje eran excepciones naturales que confirmaban la regla feliz y que en todo caso hablaban de un futuro incierto, para enfrentar el cual, en todo caso, había que emprender entonces, en ese reciente pasado que estamos enfocando, tareas concretas urgentes e indispensables.

La creación de un Mercado Común mediante la simple aglomeración de los cinco mercados, sin la transformación de las estructuras internas, fue planteada por el imperialismo como un paso intermedio en la continuidad de una ruta mucho más larga, pero las burguesías locales se la plantearon por lo general casi como un fin en sí, actuando por el reflejo condicionado de sus costumbres atrasadas en eso de obtener ganancias sin invertir o casi sin invertir. El imperialismo sabía, por su propia naturaleza y su larga experiencia internacional, que para la creación de un mercado interno realmente capaz de sostener por sí el ritmo creciente de la producción industrial, las reformas estructurales serían, más tarde o más temprano, ineludibles. Y aunque, como hemos dicho, en este terreno tenía un criterio que coincidía hasta cierto punto con el de las burguesías centroamericanas, también aquí terminaba por adelantárseles en la visión: este criterio era el de considerar ambivalentemente las reformas, dentro del marco de los intereses globales del sistema imperialista, que trascendía con mucho las instancias locales. Las reformas se miraban así como instrumentos necesarios para el desarrollo dependiente, aunque se coincidiera con las clases dominantes criollas en que también eran desencadenadoras potenciales de procesos políticos que pudieran, de una u otra forma, llegar a ser revolucionarios, antiburgueses y antiimperialistas. La necesidad surgía entonces con claridad: las reformas estructurales para la construcción del mercado centroamericano tendrían que hacerse, pero en un momento determinado y sobre la base de la existencia de condiciones determinadas. Estas condiciones serían aquellas que aseguraran que el proceso de reformas se iba a mantener dentro del marco del capitalismo dependiente y no iba a propiciar cambios que contrariaran los intereses básicos del bloque imperialista-oligárquico, y las mismas solo podrían ser creadas mediante la existencia y la actividad de un aparato político-militar-socio-administrativo de carácter centroamericano que respondiera a esos intereses (unificando en una práctica global el desarrollo capitalista dependiente en la zona y la aplicación de la estrategia contrarrevolucionaria correspondiente: la guerra especial contrainsurgente). Con ese aparato que asegurara el control sobre cualquier tipo de medidas de cambio que implicaran determinado grado de movilización popular, estas mismas medidas de por sí, las reformas estructurales, no saldrían del marco reformista y se pondrían por completo al servicio del desarrollo del sistema imperialista.

La simple aglomeración de los cinco mercados intocados se ha venido haciendo (con zigzags y retrocesos) y lo ya realizado creó las condiciones económicas mínimas para capear el temporal en el lapso crítico de la creación del moderno aparataje imperialista de dominación y explotación a nivel centroamericano (algunos de cuyos elementos y medios hemos examinado en estas páginas). Aunque el imperialismo ha avanzado mucho en esta «construcción», tal aparataje dista de estar acabado y en su nivel actual no está ni mucho menos exento de contradicciones graves que lo mantienen en perenne crisis (algunos ejemplos: resultados de la guerra hondureña-salvadoreña, salida de Honduras del CONDECA, salida de Costa Rica del Mercomún, la ODECA al borde del desmantelamiento, etcétera). Más adelante plantearemos algunas de las causas de esta situación. En todo caso lo que sí parece ser cierto es que el imperialismo en Centroamérica posee ya los medios de control necesarios como para embarcarse en las reformas de estructura indispensables para su avance, aunque es de esperar que la aplicación de las mismas se hará en forma muy cautelosa, con sus propios ritmos de zigzagueo y sin perjuicio de que en el camino aparezcan nuevas salidas hacia la ampliación del mercado que las pospongan o hagan más lenta aún su aplicación (por ejemplo: ampliación de la integración y del Mercado Común para incluir otros países fuera del istmo como República Dominicana, Haití, etcétera; manejo del «caso Panamá»; apertura del comercio hacia mercados «no tradicionales» como Australia, los países socialistas, etcétera). No hay que olvidar en ningún momento que el carácter fundamental de la política económica yanqui en los marcos de la fementida «construcción nacional» es el reformismo, pero tampoco hay que olvidar lo que decíamos antes: para el imperialismo toda esta actividad es solamente la que corresponde a un paso, a una etapa dentro de la perspectiva de incorporación de nuestras sociedades a su moderno modo de explotación: en el camino de esta perspectiva las mismas burguesías cómplices y traidoras a la nación serán cada día más arrinconadas e incluso (en la medida en que la confrontación imperialismo-trabajadores centroamericanos sea más directa y evidente) usadas como «chivos expiatorios», como objetos en la transacción (el reformismo actual de los militares, por ejemplo, siempre comienza por avanzar a costa de los sectores más conservadores de la oligarquía: incluso en El Salvador, un Gobierno tan reaccionario como el de Molina, ha empezado a fustigar, junto con los «extremistas calenturientos», a los «cerebros y corazones de piedra que se oponen a todo cambio»), como lastre que la nave capitalista dependiente tiene que echar por la borda para evitar el hundimiento; y luego, más aún: las formas mismas de la existencia de nuestros Estados Nacionales (soberanía, auto-determinación, independencia, aún aparentes) serán cuestionadas hasta ponerse en duda la posibilidad misma de nuestra existencia como naciones.

La concepción perspectivista con que el imperialismo ha manejado y maneja el problema nacional centroamericano con vistas a la incorporación total de las economías de nuestros pueblos a su sistema, se resume muy gráficamente, en nuestro criterio, en los siguientes párrafos del ya citado trabajo de J. Saxe Fernández sobre la estrategia militar norteamericana, parte central de su estrategia global:

> De acuerdo con los teóricos de la Rand Corporation —dice Saxe—, el desarrollo económico, lejos de promover la estabilidad y la «seguridad interna», tiende a provocar disturbios demográficos y psicológicos que pueden incitar al descontento y a la insurrección. Además, el desarrollo económico posiblemente fomentaría el surgimiento de políticas que podrían alterar el sistema de distribución y control de recursos naturales, de enorme interés ahora para las corporaciones multinacionales. Y podría reducir el acelerado proceso de desnacionalización industrial y financiera. *Los estrategas proponen la continua «internacionalización» de la actividad económica y el desmantelamiento del Estado Nacional, reduciéndolo, por medio de los militares, a mantener el orden interno.* Un estudio de la Business International señala que «[...] *para 1985 el sórdido conflicto entre la corporación internacional y el Estado Nacional será mucho más notorio. Durante este período, los poderes del Estado Nacional continuarán deteriorándose* [...] y un porcentaje sustancial de la actividad

económica mundial estará bajo la organización de un número relativamente reducido de inmensas corporaciones internacionales que movilizarán la tecnología, los recursos humanos, financieros y administrativos, a fin de proveer con mayor eficacia los bienes y servicios que la raza humana desea». *Según la General Electric, este proceso se logrará mediante la regionalización de mercados internacionales, que estarán bajo el control de corporaciones multinacionales a los cuales se superpondrá un sistema político-militar, también regional, que los controle.* (Véase la argumentación del general Robert W. Porter, ex comandante en jefe del Comando Sur, y sus referencias a la filosofía militarista del banquero David Rockefeller en: «Defensa del programa de asistencia militar para 1968», Comité de Asuntos Externos del Senado, Estados Unidos, 25 de abril de 1967). Por eso, es natural que tanto los administradores militares como los hombres de negocios aconsejen el continuo esfuerzo para la regionalización económica y militar en el área latinoamericana. De acuerdo con estas recomendaciones el Gobierno norteamericano, en una reciente evaluación de los programas de asistencia económica y militar llevada a cabo por el Consejo Nacional de Seguridad (NSC), ha decidido disminuir considerablemente los programas de asistencia económica. La información hecha pública en el memorando NSC-12, concluye que «el vacío creado por tales disminuciones en los programas de asistencia económica tendrá que ser llenado con un incremento en los programas de asistencia militar» (*The New York Times*, 29 de mayo de 1969). El resultado evidente de la línea sugerida por el Consejo de Seguridad Nacional es bivalente, ya que implica la gradual absorción de la asistencia internacional pública por las corporaciones multinacionales y, mientras tanto, se refuerza el programa de asistencia militar […] La absorción, por parte de las corporaciones multinacionales, de los programas de asistencia económica y la militarización de la política exterior se traducen en una proyección a nivel mundial del matrimonio morganático que Eisenhower denominó «complejo militar-industrial». En 1965 los investigadores del Centro para el Estudio de los Asuntos Externos de Washington no habían tomado con seriedad las propuestas del profesor y consejero militar Lucien Pye, y dudaban que los militares locales pudieran llevar a cabo programas de modernización. Esta discrepancia parece haber sido resuelta en la nueva corriente de estrategias de la «Pax Americana», mediante una división en las labores destinadas a construir el «Novus Ordo Seculorum». *A los militares locales se les asigna labores de seguridad interna, ideológicamente* justificadas como «construcción nacional» y administrativamente supervisadas por las misiones militares norteamericanas a nivel local, y por el Comando Sur a nivel «interamericano». Las corporaciones multinacionales tienen la función de formular e implementar las políticas económicas a nivel local e internacional.

O sea: los planes de asimilación del imperialismo con respecto a Centroamérica (variante del camino neocolonizador, del cual casos como Corea del Sur, Puerto Rico, etcétera, constituyen otras variantes) no son inventos «izquierdistas», infundios de la «propaganda comunista». Son propósitos explícitos de los cuales los ideólogos yanquis, los académicos de las ciencias sociales de MIT o la Universidad de Stanford, los estrategas del Pentágono y los analistas de la CIA, los «tanques pensantes» como la Rand Co., etcétera, hablan ya en voz alta, en público, o por lo menos en ese terreno «semipúblico» de las publicaciones especializadas.

El momento actual de este proceso de aplicación de la estrategia yanqui al caso concreto de Centroamérica es de recomposición de los niveles ya construidos del aparataje, para pasar luego a la plena «construcción nacional centroamericana». A esta recomposición el imperialismo ha sido obligado por las contradicciones surgidas de la realidad al serle aplicadas las teorías (la integración de las economías centroamericanas, objetivamente competitivas, ha tenido que sobrellevar la ebullición de diversas contradicciones intermonopolistas, interburguesas, interestatales, además de las contradicciones clasistas en cada país y a nivel conjunto, y de las contradicciones propias del capitalismo en el terreno de las fuerzas productivas y de las relaciones de producción, y ha entrado en una crisis cada vez más generalizada y profunda, para superar la cual el imperialismo necesita pasar a un grado superior dentro del planteamiento integrador). Este nuevo grado se sustanciaría sobre las siguientes bases:

- Profundización del planteamiento integrador mismo (en dos direcciones: una horizontal, que contemplaría la posible suma de nuevos países al Mercomún Centroamericano, bajo diferentes formas y por diversas vías: Panamá, República Dominicana, Haití, Belice; la creación de un *status* especial para la participación mexicana, etcétera; y una vertical, que sería la profundización propiamente dicha del desarrollo de la red de instituciones ya existente, sin detenerse ante posibles cambios cualitativos de la situación: reintegración de los cinco países básicos sobre la superación de los elementos principales de la crisis y fortalecimiento de los organismos supranacionales —ODECA, FECAICA, BCIE, etcétera, con aumento de la participación en ellos de la USAID y ROCAP—; integración legislativa (existe ya aunque con funciones meramente formales un «parlamento centroamericano») y de sistema judicial (Corte Suprema de Justicia Centroamericana); integración educacional (Consejo Superior Universitario Centroamericano, CSUCA, ya existente; programas y textos comunes en primaria y secundaria; extensión de la educación televisada y educación de adultos unificadas a toda el área; perspectiva de lograr a plazo intermedio un plan global educativo unificado para Centroamérica); integración del aparato de medios masivos de comunicación, tanto a nivel de tecnología (por ejemplo: red centroamericana de TV por satélite) como a nivel de organización centroamericana de empresarios del ramo; integración orgánica gremial-patronal de las burguesías locales (federaciones centroamericanas de Cámaras de Comercio, Industria, etcétera); integración de los Ejércitos y fuerzas de seguridad en el CONDECA, ya existente; impulso a la «centroamericanización proimperialista» de algunos sectores del movimiento popular, como el sindicalismo reformista, etcétera, etcétera; hasta llegar a una u otra forma de integración política de los Estados (lo más probable sería una federación «modernizada»).

- Énfasis creciente en las medidas político-militares para sostener la vía de desarrollo propuesta: dominio generalizado de la concepción de la contrainsurgencia, acción cívica y guerra especial para toda una etapa histórica.

- Emprendimiento de las reformas socioeconómicas en cada país y de acuerdo con cada condición concreta: reforma agraria limitada en El Salvador, organización campesina mediatizada y con base en organismos paramilitares de derecha, etcétera; reforma tributaria en otros países; posibles formas de intervencionismo del Estado en otros, etcétera.

- El contenido de toda la «construcción» nacional centroamericana seguiría siendo capitalista-dependiente y anticomunista-contrarrevolucionario.

Todo lo cual, sin que al decirlo nos propongamos hacer aspavientos dramáticos ni patetismo, evidencia un hecho: la actual vía de desarrollo capitalista-dependiente por la que transcurren nuestros países nos lleva, entre otros, al resultado seguro de la pérdida de nuestras nacionalidades actuales, de la pérdida de la calidad de salvadoreños, guatemaltecos, hondureños, nicaragüenses y costarricenses, sin que siquiera arribemos a la nacionalidad centroamericana auténtica, a la nacionalidad en el seno de un Estado Nacional centroamericano independiente, soberano, autodeterminado, pues la Centroamérica que el imperialismo busca «construir», destruyendo en el camino los actuales Estados Nacionales, es la «Centroamérica para los norteamericanos» que ya estaba implícita en la concepción de Monroe.

52

Esta «construcción nacional» centroamericana no termina, es evidente, en el istmo centroamericano y sus perspectivas en el seno de la estrategia imperialista para América Latina son evidentemente alarmantes. En los momentos de escribir estas líneas resulta claro que, después de las crisis del sistema imperialista centroamericano (crisis del Mercomún, guerra El Salvador-Honduras, salida de Honduras del CONDECA, salida de Costa Rica del Mercomún, relaciones diplomático-comerciales de Costa Rica con algunos países socialistas, ciertas actitudes independientes de Honduras, apertura de un proceso antiimperialista en Panamá, etcétera), el imperialismo se orienta a basarse principalmente en sus tres pilares «de mano dura» en la zona —los Gobiernos militar-dictatoriales de Guatemala, de El Salvador y de Nicaragua— para desarrollar una recomposición del cuadro que le sea favorable. Conservando posiciones básicas en Honduras y un amplio margen para la maniobra política, la conspiración de los sectores más reaccionarios del imperialismo apunta contra los Gobiernos de Costa Rica y de Panamá. Hace unos meses Figueres denunciaba alarmado los planes golpistas en su contra, bastante avanzados ya, que impulsaban, entre otros, los Gobiernos de Guatemala y de Nicaragua. El hecho indudable de que Figueres representa en Costa Rica, de acuerdo a las condiciones de ese país, los intereses fundamentales del imperialismo, le sigue garantizando la sobrevivencia mientras funcione la tradicional «democracia representativa» costarricense o mientras la ultraderecha no imponga por la fuerza sus pretensiones de uniformar a la Costa Rica «civilista». Y aunque es indudable que el proceso panameño, sobre todo el papel jugado en él por el general Torrijos, ha despertado grandes simpatías en extensos sectores de los Ejércitos centroamericanos, la conspiración contra el Gobierno panameño y el cerco contra su lucha nacionalista se lleva a cabo en todos los niveles del aparato centroamericano de dominación. Además, están los planes de ampliación física del Mercomún y de la Integración Centroamericana, que pueden darles a los planes imperialistas en la zona un rostro que se ha intentado echar al olvido en los últimos años, pero con el cual se aceleró el proceso de control que hemos estudiado parcialmente en estas páginas: el rostro agresivo contra la Revolución socialista cubana. Si se lograra integrar plenamente a Santo Domingo y a Haití a una alianza político-militar y económica con Centroamérica, la proximidad, la centralidad del primer Estado socialista de América Latina surge a la primera ojeada que se le eche al mapa. Sin usar criterios geopolíticos al revés, se trata de un hecho que los revolucionarios centroamericanos (y los revolucionarios cubanos, desde luego) no deben dejar fuera del análisis en ningún momento. La historia de la participación centroamericana en la conspiración y agresión constantes del imperialismo contra Cuba es bien conocida y, sin duda, la «cuestión cubana» sigue siendo prioritaria para toda «construcción nacional» imperialista que se impulse en la zona de Centroamérica y el Caribe.

53

Hemos tratado de dar una visión (que sabemos es limitada y parcial y que deja fuera del enfoque muchos elementos importantes)[1] del aparato de dominación y explotación del imperialismo en Centroamérica y de la *proposición nacional* que el imperialismo hace a los pueblos centroamericanos en forma tan instrumentadamente coercitiva. El énfasis en estas páginas debe buscarse en la denuncia, en el señalamiento de la actividad enemiga más que en el establecimiento de la correspondiente actividad de los revolucionarios, tarea que compete principalmente a las organizaciones populares de cada país involucrado.

Hemos partido de un convencimiento: el de la posibilidad real para nuestros pueblos de derrotar los planes del imperialismo y de dar sus propias soluciones a nuestros problemas nacionales. Creemos que precisamente la gran debilidad del planteamiento estratégico del imperialismo para la zona (reflejo de la gran debilidad de su estrategia a nivel mundial) estriba en dejar en segundo plano la actividad de las masas populares, que precisamente son las principales protagonistas de la historia, y evitan la consideración de nuestras sociedades como sociedades divididas en clases antagónicas. Ganados por los criterios de la superioridad norteamericana, por la embriaguez que da la posesión de los medios científico-técnicos, los estrategas norteamericanos, los pensadores del «Norte revuelto y brutal» que nos desprecia, seguirán pagando tributo a su racismo y a su desprecio: sus computadoras no recogerán la voluntad de nuestros pueblos de ser libres e independientes y de tener un criterio sólido de internacionalismo solamente en el seno de una comunidad de naciones libres que hayan borrado el signo de la explotación en los lazos que las unen.

El rejuego imperialista con el problema nacional centroamericano (propiciando primero la separación de nuestros pueblos y luego su integración subordinada) no es un procedimiento nuevo: es más bien un clásico procedimiento inherente al desarrollo histórico del capitalismo. Como dicen los compañeros del MIR boliviano:

> El capitalismo para iniciar su desarrollo necesita impulsar la creación de unidades nacionales y, lógicamente, fortalecer la «conciencia nacional». Pero el desarrollo de las fuerzas productivas impulsadas por el mismo capitalismo se ve limitado por las propias fronteras nacionales. Surge entonces la proyección internacional del capitalismo. La necesidad de expandirse y aprovechar otros mercados y otras condiciones de producción, tomando como base de operaciones el propio Estado Nacional independiente. De esta forma chocan los intereses de las burguesías, provocándose las guerras imperialistas, los nuevos repartos de zonas de influencias en el mundo y acentuándose la operación de aquellas naciones que no pueden resistir el avasallamiento imperialista, agudizándose así el problema nacional de nuestra era.

A nivel local, las grandes constantes del desarrollo del capitalismo y su paso a la etapa imperialista se han reproducido en el desarrollo del capitalismo dependiente entre nosotros. El análisis concreto de este proceso entonces solo podrá hacerse fructíferamente con un enfoque marxista-leninista (teoría de la formación capitalista y teoría del imperialismo) a la luz de la experiencia histórica internacional. En 1973 es evidente que existe para Centroamérica una vía fatal de desarrollo, la vía capitalista dependiente, la vía de la «construcción nacional» del imperialismo. Como alternativa frente a tal vía forzada y deformante está la vía revolucionaria de la liberación nacional y del emprendimiento de la construcción socialista, vía no solo planteada por las necesidades objetivas de nuestros pueblos centroamericanos, sino por la historia de nuestra época y la tendencia principal del presente y del porvenir. Esta vía no será emprendida de manera espontánea por las masas populares de Centroamérica. Por el contrario, frente a la existencia de todo un enorme aparataje imperialista que pugna por imponer la suya, la vía de desarrollo nacional liberador de nuestros pueblos requiere un enorme esfuerzo en todos los niveles: teórico, organizativo, político, económico, político-militar, etcétera, para crear la fuerza material, los instrumentos, el aparataje de signo popular que sea el instrumento de ese proceso reinvidicador y realmente *constructor*.

La vanguardia de ese aparataje es sin duda de tipo organizativo político-militar para la creación del instrumento o los instrumentos que garanticen con la fuerza el avance. Sus elementos, aún dispersos y con diferentes grados de desarrollo, se encuentran en las organizaciones armadas revolucionarias de Guatemala, El Salvador, Honduras, Nicaragua y Costa Rica, en las organizaciones y partidos marxistas-leninistas de esos países y en el movimiento popular organizado masivamente que dirigen e influencian unas y otros. La sólida unidad, unidad dialéctica basada en la crítica y en la autocrítica de estos elementos, es un presupuesto indispensable para esta gran tarea.

En el terreno de la teoría, de la investigación y de la divulgación, hay asimismo un gran campo para nuestros estudiosos, siempre que se parta de una concepción que una la teoría a la práctica revolucionaria y se luche intransigentemente contra la acción imperialista en el terreno ideológico: contra el diversionismo ideológico, las concepciones burguesas (entre ellas, el cientifisismo abstracto), etcétera; pues no se trata solamente de negar la perspectiva imperialista que se quiere imponer en nuestros pueblos, sino, al mismo tiempo, de plantear las perspectivas concretas de la liberación nacional y de la revolución social que se han fundido históricamente en un solo proceso ininterrumpido, perspectiva que ya ha comenzado a transcurrir por la acción de las vanguardias armadas, perspectiva que tiene la vía armada revolucionaria como vía decisiva de desarrollo, que para afirmarse deberá basarse socialmente en la alianza obrero-campesina bajo la dirección de la clase obrera, aunque en cada caso particular las formas de esta alianza y de esta dirección se resuelvan según las necesidades concretas de la conjugación estratégico-táctica.

Septiembre de 1973

Notas

1) Entre los aspectos que creemos deben completar este trabajo aproximativo, para dar una visión más completa del aparato imperialista en Centroamérica, se nos hacen ya evidentes los siguientes:

- Investigación acerca de las contradicciones intermonopolistas en Centroamérica. Campo de trabajo principal: el proceso de industrialización dependiente.

- Examen de la quiebra de la juridicidad tradicional de los países centroamericanos y su adaptación a las necesidades imperialistas supranacionales. Lesiones a la estructura jurídica tradicional basada en la soberanía del Estado Nacional. El énfasis represivo como apertura para una «legislación de la guerra especial».

- Los avances reformistas dentro de la dominación imperialista: sentido y carácter de las «reformas agrarias», las lesiones económicas a través medios legales a los sectores más conservadores de las oligarquías criollas, la ampliación del comercio internacional (comercio con los países socialistas principalmente).

- La tecnología en el desarrollo de la dependencia de Centroamérica con respecto al imperialismo y para el impulso de la «nueva unidad centroamericana» (en el terreno militar y de seguridad, comunicaciones y transporte, medios masivos de comunicación, etcétera).

Hay que advertir también que la ejemplificación usada en nuestro trabajo incluye muy pocos materiales sobre Panamá y casi ninguno sobre Costa Rica. Sobre ambos países, y siempre en el marco del sistema imperialista de explotación y dominación, hemos preferido elaborar un material especial que apenas estamos iniciando.

Segunda parte

El Salvador
en la revolución
centroamericana

Pórtico editorial

El Salvador en la revolución centroamericana constituye el segundo volumen del estudio de Roque Dalton *Imperialismo y revolución en Centroamérica* que, aun inconcluso, contiene, como el anterior, miradas inéditas, elementos indispensables para la reflexión de hoy, volviendo la vista con pupila crítica a la historia reciente, al pasado revolucionario salvadoreño.

Cuando apunto «crítica», no lo hago solamente para caracterizar una cualidad genérica del ensayo, sino un componente central, preciso, puntual, que ni queda en lo abstracto ni se limita a ciertos detalles; al contrario: recorre con mucha coherencia —y sin medias tintas— problemas centrales del movimiento revolucionario de 1930, y de la década de los sesenta. El lector informado lo podrá constatar enseguida.

Este volumen está integrado por dos textos que no me atrevo a llamar «capítulos», a pesar de su evidente vinculación. El primero, más breve, escrito en 1969, lleva el título de «El Salvador, el istmo y la revolución». En él, con su estilo, siempre al grano sin rodeos, Roque nos coloca ante la insurrección dirigida por Farabundo Martí en 1932, identificada como «uno de los acontecimientos claves en la historia contemporánea de América Latina, que permanece aún sin ser aprovechada por los revolucionarios del continente». Escasamente conocida y casi nunca aludida hasta que el movimiento revolucionario de los setenta revivió su legado, atribuye Roque su derrota a «errores de tipo militar y organizativo», en medio de una carnicería implacable orquestada por la que considera «la primera dictadura oligárquico-imperialista».

En efecto, las dictaduras precedentes, hasta la de Porfirio Díaz, en México, se asentaron sobre puntales oligárquicos, pero la presencia imperialista norteamericana aún no se hacía visible tras ellas como un componente orgánico en la medida en que lo sería, desde la primera mitad del siglo XX, después de la usurpación de la independencia cubana, con el clan Somoza en Nicaragua, Papa Doc en Haití o Trujillo en República Dominicana. En el caso de El Salvador esta triste condición de pionero correspondía a Maximiliano Hernández Martínez.

Roque nos recuerda que la represión del movimiento de 1932 cobró cerca de 30 000 vidas en menos de un mes, que «en El Salvador, en una estadística macabra, da la cifra de muerto y medio por kilómetro cuadrado». La insurrección derrotada, que fue también la primera frustración de un levantamiento orientado al socialismo en América Latina, había sido conducida por el recién creado Partido Comunista de El Salvador (PCS), que quedó propiamente desintegrado como estructura a partir del revés hasta su recomposición hacia mediados de los años cincuenta. Su introducción concluye polemizando con las observaciones críticas a un «foquismo» guerrillero, tan repetidas por los partidos comunistas a finales de los sesenta para descalificar la experiencia guerrillera del Che Guevara en Bolivia. Aduce Roque, frente a esta lectura simplista y reductiva, que «el foco es en la obra del Che un elemento importantísimo de una etapa en la guerra del pueblo y, en todo caso, una instancia táctica en el seno de una estrategia de la lucha armada». Se detiene en el recuento crítico realizado por el dirigente comunista salvadoreño Alberto Gualán, en 1965, publicado entonces en la *Revista Internacional,* que editaban desde Praga los partidos comunistas con liderazgo soviético con motivo del trigésimo quinto aniversario del PCS. El artículo, que parece abrir una nueva perspectiva de valoración, sirve a Roque, que lo considera «el cuestionamiento más importante de la corriente conservadora que predomina en la dirección y en extensos sectores de las bases del partido», para dar paso a la suya propia.

Este primer trabajo cobra, sin proponérselo, carácter introductorio. Le sigue el ensayo que constituye el grueso de su análisis histórico-crítico, titulado «Partido revolucionario y lucha armada en la formación social contemporánea de El Salvador». Es la alusión a la «contemporaneidad» la que nos advierte que estamos ante la parte inicial de un estudio pensado para ser completado con los saldos de la experiencia revolucionaria armada, en la cual el autor se incorporaba a la hora de interrumpirlo. El material se divide, a su vez, en tres epígrafes, de los cuales el primero constituye un esfuerzo coherente y documentado para la descripción de la estructura de explotación de la economía agraria salvadoreña.

El autor comienza por exponer el proceso a través del cual la gran burguesía local se posicionó como un núcleo monopólico sobre la tierra, la industria, la banca y el comercio exterior, subordinado, desde sus orígenes, a los intereses imperialistas, sin trazas de lo que tradicionalmente definimos como burguesía nacional. Tal aspecto esencial también estaba presente en sus análisis del volumen que antecede a este —ya que evidentemente se trata de una característica de toda la región centroamericana— pero aquí recibe un tratamiento propiamente probatorio a partir de la explicación sintética de la estructura de clases dominante en El Salvador, y de las potencialidades y las limitaciones de las mismas.

En el siguiente epígrafe, que cuenta con el recurso de los valiosos recuentos testimoniales y las valoraciones de Miguel Mármol, con quien Roque convivió años en La Habana antes de partir a la guerrilla, se adentra más en una crítica balanceada y rigurosa de las miradas lastradas del PCS en los mismos años sesenta. Se refiere a «consecuencias permanentes» del «corte de veinte años en la existencia del PC» en El Salvador, y a «resabios de su origen, [...] de su historia fragmentada por el enemigo, y con su anticuado estilo de trabajo».

Roque regresa al texto antes citado de Alberto Gualán, que afirmaba que «para 1962-1964 aún subsistía el viejo mal: el Partido continuaba desligado del proceso de producción y no había podido reubicarse socialmente como un organismo congruente con la estructura de las masas trabajadoras». Igualmente afirma Roque, y lo destaca como la mayor debilidad de las organizaciones salvadoreñas, que el Partido «tampoco ha podido establecer [...] lazos importantes con el proletariado agrícola hasta la fecha».

La tercera parte comienza, significativamente, observando:

> Hay preguntas que tienen la virtud de ser desencadenantes de una especie de alud de respuestas que, a su vez, abren el camino para otras preguntas cada vez más complejas. La pregunta sobre por qué el actual Partido Comunista de El Salvador no se ha planteado nunca su historia y, dentro de ella, particular y principalmente, la de la etapa 1930-1932 y la de los hechos de ese último año que llevaron a la destrucción del Partido y a la muerte de 30 000 trabajadores salvadoreños, es una de esas preguntas.

Roque se empeña a fondo en esta recapitulación crítica, para lo cual no vacila en rescatar experiencias de la tradición leniniana: «Cabe repensar y elaborar teóricamente el concepto leninista de "capacidad de la clase revolucionaria de llevar a cabo acciones de masas suficientemente fuertes para hacer caer al viejo Gobierno" y a la luz de ese concepto cabe pasar a analizar los factores propios de la estructura de la clase obrera salvadoreña en 1931-1932, que nos darían la medida de su *capacidad*». Con estas perspectivas se adentra en la valoración de aquella configuración para desembocar en la crítica fundamentada del plan militar mismo de la insurrección. Me detengo a continuación en aspectos que considero sustantivos, con el propósito de no dejar estas líneas de prólogo como un simple enunciado genérico:

> Se trataba de un plan insuficiente, apenas esquemático, que no cubría *todos los aspectos* —como lo exigía Lenin, frente a necesidades de este tipo— ni muchísimo menos, del problema planteado. Miguel Mármol mismo indica justamente que aquello no era un verdadero plan militar para una insurrección armada nacional. Y el «plan» mismo tenía un fallo fundamental: en caso de fracasar los asaltos a los cuarteles (como en realidad ocurrió) toda la insurrección se venía abajo, pues se volvía imposible armar al pueblo y dividir al Ejército. Todo lo demás dependía de aquellos éxitos iniciales, pero según los testigos y los estudiosos de uno y otro bando (Mármol, Schlesinger, general Calderón), ni siquiera las acciones aquellas, los asaltos a los cuarteles, obedecieron a un plan táctico preciso.

Oportuno es señalar que el autor no regatea reconocimiento a la valentía y a la decisión de los revolucionarios de entonces: «no fue problema de falta de coraje. […] El problema, a nivel del PCS, estribaba en que como estructura orgánica y como fuerza directriz no tenía capacidad para resolver las tareas y los problemas de la etapa insurreccional que había decidido emprender». Es aquí, precisamente, donde distingue aquella experiencia salvadoreña de la insurrección bolchevique, de acuerdo con «el principal problema instrumental: el problema de la organización militar, de la fuerza militar organizada».

> Si se quiere buscar comparaciones históricas para los sucesos salvadoreños no hay que buscarlas en la Rusia de 1917 sino, en todo caso, en el París de 1871, el París de la Comuna. Ni siquiera en la historia nacional nos encontramos un caso tan agudo de desarmamiento orgánico de las masas populares para enfrentar un combate revolucionario; por el contrario, las dos grandes epopeyas armadas de masas que resaltan en nuestra tradición (la lucha de nuestros antepasados indígenas frente al conquistador español y la gesta de Anastasio Aquino a mediados del siglo XIX) muestran incluso una gran riqueza en la inventiva de formas de lucha hasta entonces desconocidas corrientemente para enfrentar a un enemigo superior en técnica y medios de combate, y exponen una eficiente labor organizativa político-militar, hablando en términos modernos. He aquí un problema de nuestra historia nacional digno de ser meditado por nuestros especialistas, pues, por cierto, que no se trata simplemente de un «problema del pasado». Y todo esto sea comprendido sobre la base de un convencimiento muy arraigado en nosotros: creemos que para los revolucionarios salvadoreños no cabe, frente a los combatientes del año 1932 en El Salvador, otra actitud que la que tuvo Marx frente a los comuneros de París y Lenin con respecto a los revolucionarios rusos de 1905. Ni aquel ni este sacaron de tales derrotas objetivas la conclusión de que «no se debió empuñar las armas».

Dudo que ante el panorama que ofrece hoy el golpe usurpador contra el Gobierno legítimo de Zelaya en Honduras, Roque no hubiera vuelto a recordar estas críticas con la convicción de que tampoco ahora nos hallamos, simplemente, ante un «problema del pasado».

Aurelio Alonso
La Habana, 2009

El Salvador, el istmo y la revolución

El hecho de que en El Salvador no haya habido después de la Revolución cubana manifestaciones permanentes de lucha armada popular (en contraste con lo acaecido en países vecinos como Guatemala y Nicaragua) y la insistencia más o menos abierta por parte de algunos sectores de la izquierda en la consideración de que en el pequeño país centroamericano *no hay condiciones* para la lucha armada, ha logrado darle a nuestra historia la apariencia general de un contrasentido, pues la historia del pueblo salvadoreño es, como la de la casi totalidad de los pueblos latinoamericanos, la historia de una violenta y variantemente armada lucha de clases.

El primer testimonio documental de que hay noticia a su respecto (las cartas de relación que don Pedro de Alvarado, conquistador de Guatemala y de El Salvador, enviara a su jefe inmediato, don Hernán Cortés, conquistador de México, en 1524) nos muestra al pueblo cuzcatleco-pipil, antepasado indígena inmediato del actual pueblo salvadoreño, con las armas en la mano «alzado en las sierras», atacando a las columnas del invasor español con pequeñas unidades que aprovechaban las espesuras de las montañas. La culminación primaria de la conquista española y el desarrollo de la colonización no terminaron con la rebeldía indígena: esta se hizo permanente y alcanzó momentos de auge que llegaron a poner en crisis las estructuras de aquel sometimiento. Con todo, al cabo de casi 300 años de colonialismo español cambios fundamentales se habían producido en Centroamérica. El más importante de ellos era el que significaba la unidad de una nueva nación, la nación centroamericana; la unidad colonialista, pero real, que se concretaba en la capitanía general de Guatemala o «Reyno» de Guatemala, a la cual pertenecían en forma de «provincias» la mayoría de los territorios que en la actualidad forman parte de Guatemala, El Salvador, Honduras, Nicaragua, etcétera. Con la independencia Centroamérica nació unida a la vida republicana. Pero, como todo lo que existe en este mundo, esta unidad llevaba en sí a su contrario: en las ciudades-cabeceras de las provincias se habían desarrollado sendos gérmenes criollos de oligarquías terratenientes que se plantearon, y lo lograron, sustituir al explotador español en el área local. Para ello estas oligarquías iniciaron el más febril separatismo que terminó por dar al traste con la unidad centroamericana pese a la enconada lucha de los pueblos. Los avatares de la pugna unitario-separatista fueron sangrientos y estuvieron entrelazados mucho tiempo con los de la independencia misma de la zona. México intentó, en alianza con grupos oligárquicos centroamericanos, anexarse el istmo completo y en una ocasión los oligarcas de San Salvador plantearon la posibilidad de que la provincia salvadoreña pasara a ser parte de Estados Unidos de América. La figura egregia de Francisco Morazán presidió en estos años las esperanzas del pueblo en «la Patria Grande» desde la jefatura del Ejército Aliado Protector de la Ley, con cuya fuerza pudo imponerse la unidad federada durante algunos años en contra del separatismo de las oligarquías conservadoras locales.

La comprobación de que la independencia de España no había significado para nuestros pueblos un cambio esencial, un cambio revolucionario, quedó de manifiesto sobre todo cuando las capas más explotadas comenzaron a buscar su propio camino hacia la violencia reivindicativa. El ejemplo más logrado lo tenemos en la sublevación indígena que encabezara en El Salvador el peón añilero Anastasio Aquino, que planteaba su derecho no solo a la tierra, al pan y a la libertad, sino también al poder político por parte de los indígenas, y llegó a estar a dos pasos de conseguirlo. Usando espontáneamente formas elementales de la guerra irregular como la emboscada y el aprovechamiento de las armas rudimentarias, las fuerzas de Aquino derrotaron militarmente al caótico Gobierno salvadoreño de entonces y lo hicieron abandonar la capital. Las limitaciones políticas de aquellos combatientes los hicieron replegarse cuando la victoria estaba en sus manos, y dieron tiempo al Gobierno para rehacer fuerzas y contraatacar violentamente. Aquino fue fusilado en 1833 y su cabeza fue expuesta en una jaula «para escarmiento de subversivos».

A fines de esa década se hundió la Federación de Centroamérica y El Salvador inicia su llamada vida de «república libre, soberana e independiente» que no ha variado en lo jurídico y lo formal desde entonces pese a nuevos y efímeros intentos unificadores, sino hasta en la época actual cuando, según nuestro criterio, el imperialismo norteamericano ha planteado y ha comenzado a estructurar la nueva unidad centroamericana: la unidad que, a través de la Integración Económica del istmo y sus unificaciones concomitantes nos lleva a la nación centroamericana enajenada con respecto a ese imperialismo.

Ya a mediados del siglo diecinueve apareció en Centroamérica el fenómeno imperialista moderno. Nuestros países fueron por muchos años a partir de entonces campo de disputa entre los intereses alemanes, franceses, ingleses y norteamericanos, que dieron un nuevo sentido a la lucha popular… y a la lucha interoligárquica. Las «republiquetas» de la Federación desmembrada volvieron a unirse sobre las armas ante la necesidad de rechazar la intervención extranjera: el más alto ejemplo fue la campaña de los Ejércitos centroamericanos que terminaron por derrotar al filibustero William Walker, punta de lanza que el imperialismo norteamericano había logrado colar en Nicaragua ya para 1856. Mucha sangre de nuestros pueblos tuvo que correr en este nuevo marco: los intereses imperialistas movieron facciones, propiciaron guerras fratricidas «interestatales», derrocaron Gobiernos liberales o conservadores según las circunstancias. El siglo veinte encontró a Centroamérica desgobernada por bien consolidadas oligarquías terratenientes locales que, de la mano de los grandes consorcios extranjeros de exportación-importación, explotaban a nuestros pueblos con formas muy atrasadas, casi feudales. Sería después de la Segunda Guerra Mundial cuando el imperialismo norteamericano aparecería como el único explotador externo al desplazar a los imperialistas extranjeros de la zona. En lo que se refiere a El Salvador este proceso nos había llevado a ser un país peculiar en Centroamérica: el proceso de integración nacional en lo étnico se había completado a principios de siglo; la densidad de la población y la pequeñez territorial, si evitaron el aparecimiento de la gran plantación imperialista como las de la UFCO en Honduras, crearon la explosividad del problema social en las relaciones inmediatas entre el pueblo y la oligarquía cafetalera; la lucha popular tomó tempranamente los cauces de la organización revolucionaria, lo que obligó a las clases dominantes a concentrar su respuesta represiva en el tiempo y en el espacio. Desde otro punto de vista básico las características de la oligarquía criolla, el carácter de la explotación imperialista en el país, el nivel del sector comercial local, propiciaron que el desarrollo capitalista dependiente tuviera un ritmo más acelerado que en el resto de los países de la zona. El Salvador (como núcleo de la costa pacífica centroamericana) comenzó a ser como conjunto la principal zona urbana-suburbana de Centroamérica, lo cual le impone en la actualidad características y necesidades específicas al planteamiento de su lucha revolucionaria.

A partir de 1914 apareció, con las organizaciones gremiales de artesanos urbanos, suburbanos y peones, la organización popular clasista en El Salvador. En la década de los veinte esta labor organizativa cobra un desarrollo importante a nivel nacional y funde sobre líneas político-gremiales un tanto ambiguas (anarquistas, anarco-sindicalistas, reformistas, marxistas, etcétera.) a grandes capas de trabajadores de la ciudad y del campo, a cuya vanguardia se van colocando poco a poco los representantes incipientemente marxistas de la más incipiente aún clase obrera y del proletariado agrícola. De este auge organizativo radical surge en 1930 el Partido Comunista de El Salvador, que comenzó a desarrollar, ligado a la Internacional Comunista, una labor extraordinaria; tan extraordinaria que, a menos de dos años de su existencia en el seno de la *situación revolucionaria* que en los años 1931-1932 se planteó en El Salvador como resultado nacional de la crisis mundial capitalista, nuestro Partido llamó al pueblo a la insurrección armada para tomar el poder político en el país. Los detalles y análisis de esta acción histórica sobrepasan nuestros propósitos en estas líneas: baste decir que la insurrección salvadoreña de 1932, tan desconocida aún en nuestro país, es uno de los acontecimientos clave de la historia contemporánea de América Latina que permanece sin ser aprovechado como experiencia por los revolucionarios del continente. Fundamentalmente por errores de tipo militar y organizativo aquella insurrección fue derrotada por la primera dictadura oligárquico-imperialista propiamente tal: la de Maximiliano H. Martínez. El pueblo fue asesinado y las organizaciones revolucionarias, arrasadas. El número de víctimas obreras y campesinas llegó a cerca de 30 000 en menos de un mes, lo que en El Salvador y en una estadística macabra da la cifra de un muerto y medio por kilómetro cuadrado. Para comprender la magnitud nacional de la tragedia habría que imaginar lo que habría pasado en Cuba si la dictadura de Machado hubiese matado en un mes a cerca de 172 000 cubanos, además de arrasar con TODAS las organizaciones democráticas en 1932. ESTA PROFUNDA DERROTA, cuyo análisis no ha sido efectuado correctamente por las organizaciones revolucionarias de El Salvador, ha presidido durante décadas las concepciones organizativas y de ligazón con las masas en el seno del Partido Comunista —principal organización revolucionaria del país desde su nacimiento, a pesar de su debilidad y de sus concepciones estratégicas y tácticas no siempre justas—, ha servido como punto de referencia negativo para el planteamiento salvadoreño de la lucha armada revolucionaria, ha significado de hecho una seria ruptura entre la tradición revolucionaria de nuestro pueblo y su perspectiva de poder. Esto en lo subjetivo. En lo objetivo, la derrota de 1932 fue la base real para la construcción de un aparato de poder oligárquico-imperialista de gran eficacia, porque planteó a nivel operativo (local y nacional) el problema de la defensa del sistema frente a la lucha armada revolucionaria dirigida hacia la revolución socialista desde una época temprana como 1932.[1]

La larga dictadura militar que con cambios en las personas continúa hasta la fecha, se inició entonces. Al Gobierno de Martínez (derrocado después de trece años de detentar el poder, o sea, en 1944, por una huelga nacional encabezada por los estudiantes universitarios, en la culminación de un proceso insurreccional iniciado con un levantamiento militar que fracasó) le siguieron: el del sanguinario coronel Osmín Aguirre (que sobrevivió a una etapa de acciones armadas urbanas y a una invasión armada de estudiantes, profesionales, trabajadores y militares jóvenes que entró desde Guatemala a la zona de Ahuachapán, en donde fue rechazada por la Guardia Nacional y el Ejército), el del general Salvador Castaneda Castro, el del coronel Oscar Osorio y el del coronel José María Lemus (1956-1960). La Junta Cívico-Militar que ejerció el poder al ser derrocado el régimen de Lemus, fue a su vez derrocada por un golpe ultraderechista al cabo de tres meses y sustituida por un «Directorio Militar» que abrió el paso al poder de una nueva camarilla en el seno del Ejército. El Gobierno del coronel Julio Rivera fue el primer representante «constitucional» de esa camarilla, que a su vez representaba el estado actual de las relaciones oligárquico-imperialistas. Las luchas populares contra el Gobierno de Lemus abrieron una nueva etapa en la situación y en las perspectivas políticas del país en el mismo período en que para América Latina en general las abría, revolucionariamente, el triunfo de la insurrección en Cuba. Y no fue sino hasta el lapso 1956-1957 que existió de nuevo, real y no solo nominalmente, un Partido Comunista en El Salvador. El fortalecimiento del Partido fue veloz y extrajo del auge del movimiento de masas propiciado por la nueva crisis económica una nueva fisonomía: el aire popular borró en su seno, aunque no sin resistencia, las bases del enclaustramiento de décadas. Cuando el Gobierno de Lemus abandonó la línea de las relativas conciliaciones y se desbordó por la ruta de la brutal represión, ya fue posible organizar la resistencia, sobrevivir en la clandestinidad activa, buscar el contraataque. Las organizaciones revolucionarias salvadoreñas (entre ellas las organizaciones de masas de los trabajadores y los estudiantes) encabezadas por el Partido Comunista, pudieron participar de cerca en el golpe militar que derrocó al Gobierno de Lemus y estuvieron en condiciones de imponer una situación política favorable bajo la breve gestión de la Junta Cívico-Militar de Gobierno. Se hizo una amplia campaña de propaganda y organización en el campo (por primera vez desde 1932) y se habló directamente con todo el pueblo de la toma del poder y de la revolución. Cuba, Fidel Castro y el Che Guevara, los cohetes soviéticos y la perspectiva socialista eran los puntos de referencia obligados en las grandes concentraciones masivas de aquellos meses. El imperialismo y la oligarquía reaccionaron a tiempo instaurando de nuevo la dictadura militar reaccionaria, no sin antes cargar al pueblo una nueva cifra de muertos, heridos, presos, torturados. Dice el camarada Alberto Gualán, miembro del secretariado del Comité Central, al analizar este importante momento:

> Nuestro Partido ajustó su línea táctica a la nueva situación creada por el golpe del 25 de enero. La tarea principal fue la consigna de prepararse para la insurrección popular y con tal fin se crearon nuevas organizaciones en el terreno clandestino (el Frente Unido de Acción Revolucionaria, FAUR, concretamente). La adopción de esta consigna fue plenamente justa. Puso al Partido a tono con el espíritu de las masas y le permitió dar enormes pasos en su crecimiento y en su desarrollo cualitativo. Por primera vez desde 1932 se planteaba el PCES el problema del poder y elaboraba en esa dirección su estrategia y su táctica. Este hecho (aun cuando vino unido a determinados errores de infantilismo izquierdista) *era la culminación del proceso del cambio en las concepciones tácticas formadas después de la masacre de 1932* [...] Otra debilidad cometida entonces fue la de la falta de un programa del Partido. Durante décadas pudo pasarse sin programa y esto no podía apreciarse como una gran debilidad. Pero la situación cambió radicalmente en el período de auge revolucionario y de la transformación del Partido en una fuerza política influyente. La tarea de elaborar los documentos programáticos quedó así planteada en términos perentorios. El pleno ampliado del CC reunido en marzo de 1961 conoció ya un breve esquema del futuro programa y a base del mismo se elaboraron y entregaron a la discusión de todo el Partido, entre 1962 y 1963, un proyecto del Programa General y un proyecto del Programa Agrario. La debilidad teórica de todo el Partido y de su dirección hizo que se mantuviera una posición resistente a los cambios. Esto se debía a la composición no proletaria del Partido, así como también al rápido crecimiento de sus filas, a la inexperiencia y juventud de la mayoría de sus

miembros. Baste decir que en 1962 dos tercios de su membresía estaban formados por compañeros con menos de un año de antigüedad y una gran parte con menos de seis meses. Todo esto condujo en 1961-1962 a una especie de fiebre izquierdista en la táctica del Partido que le dio un carácter despreciativo de las formas económicas, legales y abiertas de lucha y mucho más despreciativo del trabajo de frente único. Especialmente perjudicial fue el manejo izquierdista de la línea de prepararse para la insurrección popular que se había trazado. Se hablaba y se amenazaba con la insurrección en la plaza pública y en la propaganda escrita. Esto creaba entre las masas la idea de que las batallas decisivas por el poder estaban a plazo inmediato. La verdad objetiva era otra. Las acciones decisivas no estaban aún maduras […] Para tomar el poder hace falta contar con el apoyo de las masas rurales, que en El Salvador están formadas en mayoría por los asalariados de las plantaciones de café, algodón y caña de azúcar. Nuestro trabajo en este aspecto apenas había comenzado y era tan insignificante que hubiese sido prematuro esperar una gran aportación de esta categoría de trabajadores en la lucha revolucionaria de las masas de la capital. El enemigo, en cambio, cuenta con una gran influencia entre los asalariados agrícolas que forman la reserva del Ejército y ejercen funciones de control policial permanente en patrullas civiles. Mientras que la revolución no podía movilizar a su favor a las masas rurales, el enemigo podría utilizar a una gran parte de esas masas para aplastar a la revolución […].

El análisis del camarada Gualán refleja a partes iguales los avances relativos de nuestro Partido frente a las largas décadas de postración y a los vacíos en sus concepciones actuales. Por una parte se elaboró una buena base programática y se adoptó teóricamente la línea de la lucha armada como vía hacia el poder y la revolución. Pero al pasar a instrumentarla clasista, masiva y organizativamente, los desaciertos son evidentes. Se habla de «desviación izquierdista» al señalar el error de plantear en voz alta la insurrección armada SIN PASAR A PLANTEARLA EN LOS HECHOS O AVANZAR REALMENTE EN EL CAMINO DE SU PREPARACIÓN, cuando ello supone un profundo resabio conservador, una profundización de la vieja línea derechista, reforzada ahora con el verbalismo, la fraseología «combativa». Se plantea la debilidad organizativa en el campo y se señala la influencia del enemigo sobre las masas rurales, pero no se advierte que el enemigo ha venido organizando al campesinado salvadoreño desde 1932 SOBRE BASES POLÍTICO-MILITARES y que en el contexto construido por él la tarea de organización *revolucionaria* del campesinado y del proletariado agrícola es en El Salvador UNA TAREA POLÍTICO-MILITAR DESDE EL INICIO, CLANDESTINA DESDE EL INICIO Y APOYADA Y ASEGURADA POR LA FUERZA ARMADA DESDE EL INICIO. De lo contrario ese trabajo no podrá hacerse o se hará falazmente, en dirección a un tipo de organización reformista en extremo, demagógica, retrasadora inclusive del proceso general de la revolución en nuestro país. Se habla asimismo de la lucha de las masas del campo COMO APOYO para la lucha de las masas urbanas, lo cual supone una inversión fundamental, de términos de nivel estratégico, en la línea de masas del PC de El Salvador, considerando las características económico-sociales del país y de la zona centroamericana, y supone asimismo plantear la lucha en el marco y las condiciones planteadas por el enemigo de clase, aceptar sus reglas del juego a nivel estratégico. Estos y otros aspectos son expuestos con mayor amplitud por nosotros en nuestros artículos y notas sobre las tesis de Régis Debray que aparecerán próximamente en un volumen: en este artículo bastará con dejarlos apuntados.

A partir de 1962 se abrió una etapa de reflujo en la acción revolucionaria de masas. El Partido sufrió impactos serios (traiciones, deserciones, paralización de frentes enteros de trabajo, etcétera) pero pudo reponerse en la medida suficiente para estar de nuevo al frente del movimiento obrero en las grandes huelgas de 1966,

1967 y 1968. Sin embargo, las nuevas concepciones de la lucha armada habían sido seriamente cuestionadas en la conciencia de los comunistas salvadoreños (por dos vías: la de los efectos ideológicos y organizativos del reflujo y la de la contraposición de hecho entre el movimiento huelguístico abierto y entre el movimiento proinsurreccional, contraposición esta última que en la cabeza de muchos se encarnaba en la diferencia entre las líneas políticas —y de resultados prácticos— del Partido Guatemalteco del Trabajo —señalado como un partido «aventurero» y «guerrillerista», sin advertir que simplemente era un partido que se enfrentaba a una etapa superior en un proceso revolucionario más avanzado— y del PC de El Salvador), hasta el grado de poderse afirmar en la actualidad que ese cuestionamiento ha pasado a ser la labor ideológica más importante de la corriente conservadora que predomina en la dirección y en extensos sectores de las bases del Partido, lo cual se ha reflejado en distintos aspectos de su actividad práctica (tendencias en la política de alianzas, política electoralista, caída en desviaciones economicistas y legalistas en el frente obrero —sobre todo por no dar a las masas agremiadas una perspectiva revolucionaria subsiguiente al elevarse la lucha abierta hasta determinados niveles—, rupturas y escisiones en las filas del Partido a un nivel y con unos resultados sin precedentes en los últimos años, diversas carencias en el frente militar, etcétera).

¿Qué ha hecho por su parte el enemigo durante este período? A partir de 1961 el imperialismo pasó a subrayar más aún el énfasis en la solución político-militar frente a los problemas revolucionarios de Centroamérica. La perspectiva marcada por el inicio de la guerra revolucionaria del pueblo en su forma guerrillera en Guatemala aceleró esta actividad contrarrevolucionaria, iniciada aun antes del triunfo de la rebelión cubana. En lo que a El Salvador se refiere el Ejército pasó a ser mucho más directamente, inclusive en las formas y de acuerdo con los principios de la estrategia mundial del imperialismo (etapa de la «guerra especial» antiinsurgente), el instrumento fundamental del Gobierno y concentró gran parte de la actividad administrativa en manos de sus cuadros de mando. Incluso se lanzó una proclama (bajo el régimen del Directorio Militar en 1961) en que las Fuerzas Armadas locales presentaban al pueblo un programa de Gobierno y de reformas sociales (que nunca se cumplieron, por cierto) en su totalidad coincidentes con la Carta de Punta del Este, con los «principios» de la ALPRO. Al desarrollo de la Integración Económica Centroamericana y a la creación del Mercomún en la zona siguió muy de cerca la integración de los Ejércitos centroamericanos bajo un estado mayor conjunto y un organismo planificador y ejecutivo común: el Consejo de Defensa Centroamericano (CONDECA). Todo este aparataje militar regional ha actuado conjuntamente, en los niveles en que hasta ahora ha sido necesario, contra los movimientos guerrilleros aparecidos en nuestros países. Para resumir la actividad del imperialismo en este terreno en los últimos años, diremos que el Gobierno de Estados Unidos HA CREADO Y PUESTO EN FUNCIÓN EN CENTROAMÉRICA LAS INSTITUCIONES Y LOS ORGANISMOS DE LA GUERRA ESPECIAL. Es decir que, hablando en términos amplios, el imperialismo en complicidad con las oligarquías y los Ejércitos locales HA PLANTEADO YA INSTITUCIONALMENTE LA GUERRA CONTRA LOS PUEBLOS CENTROAMERICANOS (independientemente de que en algunos países como Guatemala y Nicaragua esa guerra haya llegado a su etapa puramente operativa en lo militar). Retoques de últimos niveles de acabado se están dando ya a este conjunto de fuerzas, cuando, por ejemplo, se persigue una interpenetración entre el Ejército y las empresas «mixtas» de la Integración Económica usando el procedimiento de hacer de los cuadros de mando militares, accionistas, administradores o altos funcionarios de las grandes firmas industriales o comerciales o de las instituciones estatales que instrumentan la Integración.

En El Salvador la tradicional habilidad de la oligarquía criolla y las experiencias de la lucha contra el pueblo y de las guerrillas de Guatemala han hecho que el Ejército haya tratado de llevar las consignas imperialistas de organización de la violencia a un nivel de masas populares. El coronel José Alberto Medrano, coordinador de los servicios de inteligencia del país y hombre fuerte de la CIA, ha anunciado la existencia de una organización rural paramilitar llamada ORDEN (Organización Democrática Nacionalista) que con fines «anticomunistas y antiguerrilleros» agrupaba en 4 000 «células de combate» de quince individuos cada una a 15 000 campesinos en todo el territorio nacional a fines de 1968. Posteriormente se anunció que el número había llegado a 100 000. ORDEN es al mismo tiempo una especie de partido político y una organización paramilitar ultraderechista, cuyo «jefe supremo» es el presidente de la república y cuyo director ejecutivo es el jefe en funciones de la Guardia Nacional (el cuerpo represivo más tecnificado del país). Sus bases organizativas parten de la remodelación de las antiguas «patrullas militares de ciudad y campo», especie de milicias anticomunistas de base popular organizadas a raíz de los sucesos del año 1932. Estas patrullas se depuraron, se enmarcaron dentro de la nueva dislocación territorial del Ejército regular y se pusieron bajo el mando de un reservista del Ejército preparado en lucha antiguerrillera por la CIA y por los aparatos especiales salvadoreños. Periódicamente las células de ORDEN reciben adiestramiento político-militar contrainsurgente. ORDEN plantea además, desde su origen, su calidad *centroamericana*. Su declaración de «principios» dice:

> ORDEN es una organización cívica, integrada principalmente por campesinos, de carácter democrático y nacionalista, extensivo este último concepto a la *nacionalidad centroamericana* [...] para la defensa de los principios democráticos ante la penetración ideológica y la agresión permanente del comunismo internacional o de otras organizaciones políticas nacionales o

extranjeras que pongan en peligro la vida institucional de El Salvador.

Esta organización (que será muy conveniente estudiar a fondo por parte de los revolucionarios salvadoreños), sumada a los efectivos del Ejército (infantería, Policía Militar, blindados, aviación y tropas aerotransportadas, artillería, caballería, marina, etcétera), la Guardia Nacional, la Policía de Hacienda, la Policía Nacional, las Policías Municipales, etcétera, forman una bastante bien coordinada red antidemocrática cuyo papel real en el camino de la revolución es imposible ignorar pero que hay que saber establecer en sus exactas dimensiones, pues son datos como estos (agregados a los tradicionalmente esgrimidos en esta dirección, o sea: la pequeñez del territorio, la superpoblación que hace imposible el secreto inicial, la falta de montañas o lugares «inaccesibles», la existencia en todos los lugares de buenas carreteras y caminos, la carencia de bases revolucionarias en el campo y la gran preponderancia ideológica de las fuerzas revolucionarias en dos o tres de las ciudades principales, incluida la capital, etcétera) los que hacen que las tendencias al quietismo no revolucionario proliferen bajo diversos aspectos de «sensatez y prudencia». *Del hecho de que la lucha armada revolucionaria presenta en nuestro país dificultades especiales y problemas técnico-prácticos particulares suele llegarse muy a menudo a la conclusión de que la lucha revolucionaria es allí imposible.* Esto no siempre se dice directamente en los documentos, pero se desprende nítidamente del contenido de muchos de ellos al más ligero análisis. SOLO MEDIANTE LA ELABORACIÓN EN CONCRETO DE LA ESTRATEGIA Y LAS TÁCTICAS DE LA LUCHA ARMADA EN EL SALVADOR, DE ACUERDO CON LAS CONDICIONES CONCRETAS DEL PAIS, Y SOLO MEDIANTE EL EMPRENDIMIENTO PRÁCTICO DE LAS TAREAS QUE IMPONGAN ESA ESTRATEGIA Y SUS TÁCTICAS, PODRÁ EVITARSE ESA PELIGROSA TENDENCIA AL QUIETISMO QUE ES, EN ÚLTIMO TÉRMINO,

LA CONTRARREVOLUCIÓN. ESA PERSPECTIVA ESTRATÉGICA DEBERÁ ELABORARSE PARTIENDO DEL ANÁLISIS DE NUESTRO PAÍS NO COMO UN PAÍS AISLADO, SINO COMO UN PAÍS QUE PERTENECE A LA ZONA CENTROAMERICANA EN LOS MOMENTOS EN QUE EL IMPERIALISMO LE IMPONE UN NUEVO DESARROLLO UNITARIO CONTRARIO A LOS INTERESES DE LOS PUEBLOS. LA ESTRATEGIA DE LA REVOLUCIÓN SALVADOREÑA DEBERÁ SER UNA ESTRATEGIA POLÍTICO-MILITAR CENTROAMERICANA.

En virtud de estas últimas consideraciones (que son, como la mayoría de las expuestas en estas líneas, de carácter muy general, meros adelantamientos de ideas y de planteamientos de problemas que merecen ser profundizados en una labor intensa de discusión colectiva), nos parecen particularmente dignas de atención las ideas expresadas por la Comisión Política del CC de nuestro Partido en un epílogo a la edición salvadoreña del *Diario del Che en Bolivia*, intitulado «Extraigamos las mejores enseñanzas del *Diario del Che en Bolivia*». En dicho epílogo, que condensaremos aquí, la dirección de nuestro Partido comienza señalando el gran valor histórico revolucionario del *Diario...*, de cuyas páginas «[...] surge un noble aporte para la revolución latinoamericana: un altísimo ejemplo de moral revolucionaria y un caudal de datos para el análisis estratégico».

> Es que el Che —se agrega— reúne la valentía ilimitada con la voluntad férrea de alcanzar el ideal aun a costa de sacrificar todo lo concerniente a uno mismo —incluso la vida—; reúne la más ardiente rebeldía contra todo lo que es injusto que pretende perdurar bajo el manto de la santificación dogmática, con la más alta y humanista militancia del internacionalismo revolucionario que le hizo combatiente de todos los pueblos: argentino que combatió por la Revolución cubana y que no encontró dentro de sí fronteras para combatir por la Revolución boliviana y entregar su vida en aras de ella, como la habría entregado

sin duda por la revolución salvadoreña o de cualquier otro país de América Latina y el mundo.

Señala que ninguno de los camaradas cubanos del Che se doblegó ni desertó y que su sangre «[...] regó generosamente el suelo boliviano para hacerlo más fecundo a la revolución», el PC de El Salvador señala que ellos «[...] dan prueba del internacionalismo militante de la Revolución cubana, de la que son hijos y altivos exponentes». Con respecto al *Diario...* en sí, la CP del PCES agrega que es «en extremo útil para la formación de la joven generación combatiente lo mismo que para remecer los estados de ánimo blandengues de algunos revolucionarios cansados de la vieja generación».

«Quien no sea sensible a este aspecto del *Diario del Che...* —se agrega— [...] está quizás perdido para la revolución latinoamericana». En otro nivel de consideraciones, el epílogo afirma:

> El *Diario...* es, al mismo tiempo que un testimonio de la más elevada moral revolucionaria, un documento de inestimable valor para el análisis estratégico, frío, racional. ¿Cómo sale de la prueba la concepción estratégica del «foco guerrillero» como punto de partida de la revolución y como vía de la revolución? Esta es la interrogante *inevitable, ineludible,* que encierra a su vez muchas otras interrogantes y que *debe* ser respondida a la vista del *Diario del Che...,* porque durante los últimos ocho años se han realizado en el continente decenas de fallidos intentos por crear y desarrollar victoriosamente focos guerrilleros guiándose precisamente por esta misma concepción. Ninguno de esos intentos dejó un testimonio tan fiel como este de Bolivia y ningún guerrillero latinoamericano habría sido más autorizado que el comandante Guevara para escribirlo. Quienes se interesen por la suerte de la revolución latinoamericana y quieran llevarla a coronación victoriosa, deben plantearse la tarea de realizar el análisis del *foco guerrillero* a la luz del *Diario del Che...,* porque es indispensable que cuanto antes

el movimiento revolucionario del continente evalúe ese método y *todos* los otros métodos puestos en práctica en los años
transcurridos después del triunfo de la Revolución cubana y
haga esfuerzos supremos por encontrar un camino eficaz, para
derrotar a un enemigo redoblado que no puede ya ser tomado
por sorpresa [...] Renunciar al análisis frío y crítico de la experiencia reflejada en el *Diario del Che...*, sería convertir este
documento en un modelo de *cómo debe morir un revolucionario*,
honrosamente, heroicamente; pero no le extraeríamos las enseñanzas que arroja para resolver el problema de *cómo hacer la revolución* [...] Teniendo en cuenta estas necesidades apremiantes
de la revolución latinoamericana —manifiesta a continuación
la CP del Partido salvadoreño— nos permitimos discordar con
la opinión que vierte el compañero Fidel Castro en su prólogo
al *Diario del Che...*, condenando a todos aquellos que lleguen
a la conclusión de que este se equivocó [...] Fidel trata de demostrar en este prólogo que en Bolivia salió airosa la teoría del
foco guerrillero (hablamos del foco y no de la lucha armada
en general); explica la derrota del Che y sus compañeros principalmente por dos causas, según puede deducirse del texto:
en primer lugar, por la actitud retranca del dirigente del Partido Comunista Boliviano (PCB) Mario Monje, quien, según se
afirma, trató de disputar la dirección político-militar al Che y
estuvo interceptando compañeros adiestrados para la guerrilla
de modo que no se incorporaran a ella; *en segundo lugar*, por la
conjugación de factores adversos deparados por el «azar».

Los dirigentes comunistas salvadoreños no ponen en duda las afirmaciones del Che sobre Monje y dicen que «[...] no harán la defensa de este». Y agregan:

> Si esa fue su actuación, merecida se tiene la condena que se le
> hace. Pero al mismo tiempo —concluyen en este aspecto— no
> aceptamos el razonamiento de que la actuación de Monje y la

actitud poco cooperativa o no cooperativa del PCB sean una causa determinante en la derrota del Che. En Cuba y Argelia se desarrollaron dos guerras revolucionarias que no contaron inicialmente con la aprobación de los respectivos PC y fue el desarrollo ascendente de esas guerras, impulsado por las favorables condiciones existentes y por el correcto aprovechamiento de las mismas por la dirección político-militar en ambos casos, lo que obligó más tarde a los PC de Argelia y Cuba a cambiar su línea y a dar apoyo activo a la lucha armada, participando en ella. Fidel ciertamente —concede el PC de El Salvador— no dice de modo expreso que la actitud de Monje y de su partido fueron determinantes de la derrota, pero esa afirmación se encuentra implícita en la argumentación que presenta en su prólogo.

La dirección del PCES manifiesta a continuación:

Tampoco aceptamos como válida la explicación de la derrota por la conjugación de los factores adversos del azar. Quien haya leído los *Pasajes de la guerra revolucionaria*, escritos por el Che sobre la base de sus anotaciones en su diario de campaña en Cuba, verá que en contra de los expedicionarios del *Granma* se conjugó en un principio una carga muchísimo mayor de factores adversos y que, no obstante, pudieron vencerlos […] gracias al apoyo práctico y no solo moral que inmediatamente comenzaron a recibir de parte de los campesinos. Por otra parte —se agrega— la experiencia del Che en Bolivia no es un hecho aislado en la historia contemporánea del continente, sino que forma parte de un nutrido conjunto de esfuerzos similares en diversos países latinoamericanos. Desatender el examen profundo de estas experiencias a la vista del *Diario del Che...*, para conformarse con establecer una superficial relación entre azar y derrota, no parece ser lo que está demandando la revolución latinoamericana.

Rechaza seguidamente el PC de El Salvador los conceptos de Régis Debray que atribuyen la derrota del Che a lo prematuro del inicio de las operaciones, «[…] cuando aún hacía falta a la guerrilla dominar el terreno y consolidarse como grupo de combate adaptado al medio y poseedor de un adiestramiento militar mayor». Aducen los camaradas salvadoreños la comparación entre las guerrillas cubanas, formadas por novatos en ese tipo de lucha, y la guerrilla del Che, formada por hombres de gran capacidad combativa y experiencia militar.

> Ciertamente que fue prematuro el inicio de los combates —dice el PC salvadoreño— pero no en relación con la capacidad militar del grupo, incluido el dominio del terreno, como argumenta Debray, sino en relación con el escaso, prácticamente nulo, desarrollo de la lucha de clases y de la conciencia política de las masas de la región […] Lo que salta a la vista al leer el *Diario…*, y lo subraya así el propio comandante Guevara en sus resúmenes de mes, es la falta de apoyo campesino, y más aún la colaboración que los campesinos dieron al Ejército de Barrientos para mantenerlo informado sobre la guerrilla. Si se compara esta situación con la que describe el Che en sus *Pasajes de la guerra revolucionaria*, que se caracterizó desde un comienzo por el apoyo campesino, se puede comprender que es allí donde se encuentra la causa determinante de la derrota y no en los otros factores que se han alegado. Si la guerrilla se desplaza hacia una zona campesina de mayor desarrollo político, uno se pregunta por qué no se instaló aquella desde un comienzo en una zona de este tipo y la repuesta se encuentra —afirma el PC de El Salvador— en el desprecio que la estrategia del «foco» encierra hacia la lucha política en las masas. La estrategia del «foco» no considera indispensable la existencia de un desarrollo determinado del factor de la conciencia política entre las masas para el arranque de la lucha armada porque, según se desprende de la exposición que de esta estrategia hace Debray

en *¿Revolución en la revolución?*, en América Latina se encuentra invertido el esquema del estratega Karl Clausewitz de que «[...] la guerra es la continuación de la política por otros medios», y hoy aquí se presenta, no se sabe por qué, formulada así: la lucha política es una continuación de la guerra.

Termina la CP del PCES este párrafo citando a Debray: «De lo que se trata es de una nueva dialéctica de las tareas. Para expresarlo esquemáticamente digamos que se va de un foco militar al movimiento político —prolongación natural de una lucha armada de esencia política— pero no se va, salvo excepciones, de un movimiento político puro al foco militar».

Vistos los hechos fría y racionalmente, como debe procederse en todo análisis revolucionario —puntualiza el PC de El Salvador— la guerrilla del Che en Bolivia no fue parte de la lucha de clases interior de ese país, no surgió de esa lucha de clases como su forma superior, ni se desarrolló en combinación con las demás formas de esa lucha. La vieja tesis marxista-leninista de que la lucha de clases es el motor de la historia en las sociedades divididas en clases, de que la revolución es fruto de la lucha de clases que no puede por tanto exportarse ni importarse y que los revolucionarios solo pueden, como parteros, ayudarla a surgir del proceso interior de esa lucha de clases, ha demostrado una vez más ser rigurosamente válida a la luz de esta prueba de Bolivia, punto culminante de ocho años de pruebas parecidas en América Latina. Y esta tesis leninista no está reñida con el internacionalismo en sus formas más elevadas, como la participación de combatientes de un país en la lucha armada que libra el pueblo de otro país, ni tiene por tanto nada de chovinista o mezquina [...] No pretendemos dar lecciones a Fidel y menos demostrar que el Che fue un iluso. Es el mismo Fidel en *La Historia me absolverá* y en algunos de sus discursos quien nos ha ayudado, y continuará ayudando a las nuevas generaciones de revolucionarios, a comprender el nexo esencial que hay entre la lucha política y la lucha armada, la dependencia histórica de la segunda respecto a la primera. Y ha sido el propio Che quien nos ha enseñado en su *Guerra de guerrillas* que la lucha armada solamente puede surgir y desarrollarse allí donde se ha agotado la lucha política como medio para alcanzar el poder [...] Si después el Che y Fidel sufrieron cambios en tales concepciones sobre la guerra de guerrillas, dando origen a la teoría del foco de lucha armada como fuente del proceso revolucionario, ya sea de un foco surgido dentro de un país o del foco implantado desde fuera, ese es un fenómeno que debe tener su explicación en complejas causas que arrancan de la composición social de la vanguardia revolucionaria cubana y en el desarrollo de la revolución cubana después de la toma del poder, pero este problema —afirma el PCES— no viene al caso analizarlo aquí y por lo demás no es nuevo en la experiencia revolucionaria mundial.

Dicen seguidamente los miembros de la CP de El Salvador:

Al mostrar nuestro desacuerdo con la estrategia del foco guerrillero no estamos pronunciándonos en contra de la necesidad de la lucha armada para la toma del poder ni estamos cuestionando todas las formas de la guerra de guerrillas, sino una sola: la del foco guerrillero. ¿Cuál será la forma que revista la lucha armada en nuestro país y en otros países de América Latina? Pensamos que no tiene que ser única e idéntica en todos los casos y que corresponde a los revolucionarios de cada pueblo determinar en base de las condiciones concretas en que se desarrolla la lucha de clases interior, lo mismo que tomando en cuenta los factores exteriores de la lucha de clases, cuándo y cómo llevarían a las masas al combate armado. Nuestro Partido tiene en este punto sus propias concepciones en cuanto a la lucha armada en nuestro país pero no es esta la oportunidad para exponerla.

Terminan los dirigentes comunistas salvadoreños su epílogo al *Diario del Che…*, proponiendo una discusión basada en el análisis crítico de la práctica revolucionaria continental, de toda la problemática relacionada con la estrategia del movimiento revolucionario latinoamericano.

Desde luego, los problemas planteados por nuestros camaradas ameritan una discusión de fondo en el interior del Partido y del país, pero ello no debe inhibir a quienes por razones de trabajo revolucionario estamos en el exterior para manifestar nuestras opiniones más generales.

El epílogo de nuestro Partido al *Diario del Che en Bolivia* trata de ser un pronunciamiento contra «la estrategia del foco guerrillero». Pero en la medida en que hace del foco una abstracción y lo desvirtúa en conjunto SE CONVIERTE EN UN PRONUNCIAMIENTO CONTRA LA LUCHA ARMADA, vía de la revolución en Centroamérica surgida del análisis de las estructuras de nuestros países y de su perspectiva histórica en el marco mundial. Decimos que los compañeros abstractizan y desvirtúan en conjunto el foco guerrillero porque no se limitan a criticar los errores prácticos y teóricos de tal o cual experiencia foquista o de un conjunto de ellas, ni a señalar insuficiencias parciales en la eficacia del foco inicial para ciertas tareas organizativas, ni a cuestionar las posibilidades actuales en este momento histórico concreto de formas foquistas no aisladas en el territorio que encierran las estrechas fronteras salvadoreñas. No hay un intento serio de discusión y profundización del fenómeno. Los compañeros toman simplemente del foco su «leyenda dorada» para dedicarse a destruir teóricamente a un fantasma. Atacan como la encarnación del foco al «grupo de doce valientes que por definición y conscientemente despreciadores de las grandes masas populares eluden todo trabajo político y organizativo y se aíslan del proceso de lucha de clases nacional». Ese no es el foco guerrillero al que se refería el Che y sobre el que ha escrito páginas brillantes pero al parecer insuficientes para Régis Debray. Lo grave es que, aunque se diga lo contrario, esa negación del foco se convierte en Centroamérica en la negación de *la única forma segura y eficaz de* COMENZAR *la lucha armada en el campo.* Y como hablar de lucha armada en Centroamérica es hablar fundamentalmente de lucha en el campo, como forma principal y no como simple lucha de apoyo a las acciones de masas de las ciudades, la negación del foco se convierte en negación de la lucha armada. Tenemos derecho a pensar así porque los camaradas no examinan ninguna de las otras formas de realizar la vía armada de la revolución en El Salvador y en la zona centroamericana, que es la vía planteada por nuestro Partido en sus documentos. Estas formas no son ni mucho menos ilimitadas y a las principales que las resumen a todas podemos examinarlas aquí muy brevemente. Descartado el foco ¿qué nos quedaría? ¿La lucha guerrillera urbana? ¿La preparación y la realización de la insurrección de masas en las ciudades? ¿La organización paulatina del campesinado y la elevación de su conciencia política por medio de las luchas reivindicativas hasta que estas, derivando por fuerza de las circunstancias en la violencia, lleguen a las luchas de autodefensa o a la guerra de guerrillas o a la insurrección general? ¿La insurrección basada en el espontaneísmo de las masas que nos plantean los trotskistas? Ninguno de estos métodos por sí solo resiste el menor análisis si se les examina en concreto a la luz de las condiciones existentes en nuestros países, que son las que les imponen su carácter a la lucha de nuestros pueblos, y a la luz de la comprensión de la lucha revolucionaria como un proceso complejo, no lineal, integrado por etapas que no se superponen mecánicamente, sino que se interrelacionan dialécticamente y que, en conjunto, suponen una variedad de formas de lucha según el nivel del proceso y la correlación de fuerzas existente. Ninguno de los métodos apuntados en su puridad (y en el epílogo al *Diario del Che...*, el PC de El Salvador examina una pura concepción ideológica del «foco guerrillero») toma en cuenta el carácter prolongado y ascendente de una guerra que se iniciaría hoy y mañana a partir de una correlación de fuerzas desfavorable para los revolucionarios en la medida en que ya el enemigo construyó su aparataje de la «guerra especial» y posee medios suficientes para seguir reproduciendo su sistema socioeconómico como conjunto dentro de la confrontación cuyas reglas del juego domina en lo fundamental. Ninguno de esos métodos aislado soluciona el problema central de la instrumentalización revolucionaria: la creación de una fuerza estratégica capaz de derrotar militar y políticamente al enemigo de clase (local y externo), de tomar el poder y de conservarlo para hacer la revolución. Por el contrario, *todos* estos métodos en abstracto presentan facetas que en resumidas cuentas los hacen más aventuristas y contraproducentes para la revolución que el más ingenuo y empirista de los focos guerrilleros, pues exponen muchísimo más al pueblo a los golpes del enemigo (local e imperialista).

Habría que preguntarse si existe efectivamente una «teoría del foco», una «estrategia del foco», pues la paradoja estriba en que las totalizaciones teóricas a su respecto han sido hechas por sus adversarios (el PC de Brasil, por ejemplo, a través de G. Luiz Araujo), agotando el viejo y facilista método de atribuir a la teoría que debe ser derrotada todo cuanto de negativo se le ocurre al atacante. Los comunistas conocemos mucho este método porque lo hemos sufrido en carne propia desde siempre. En la obra del Che existe el encuadre concreto de una práctica de lucha armada que partió de un foco guerrillero hacia una verdadera guerra del pueblo (la experiencia cubana): el foco es en la obra del Che un elemento importantísimo de una etapa de la guerra del pueblo y en todo caso una instancia táctica en el seno de una estrategia de lucha armada. ¿Es *¿Revolución en la revolución?* de Debray una obra sobre «la teoría del foco»? Podemos remitirnos a un trabajo especial en este sentido que aparecerá en breve, pero por el momento diremos que en nuestro criterio este explosivo panfleto marxista-leninista analiza la situación concreta de un momento concreto del proceso de lucha armada de América Latina, en referencia concreta al inicio de la epopeya del Che en Bolivia. En su discurso el foco es un punto de partida alternativo frente a la inacción y no una teoría-receta abstracta. Ha habido y hay, y posiblemente habrá aún por desgracia, una práctica «foquista» que es al concepto de foco como la práctica «militarista» sería a lo militar: el empirismo individualista de origen pequeñoburgués que absolutiza el punto de partida de la pequeña unidad y lo convierte, en fin, en la concepción de los doce valientes que al son del tableteo de las metralletas dominan la montaña y bajan luego a la ciudad y no paran hasta llegar al salón donde está el sillón presidencial. Más tarde o más temprano habrá que hacer un trabajo minucioso para saber por lo menos de qué habla cada quien cuando se refiere al foco y al foquismo, dentro de la polémica revolucionaria de estos últimos años. Trataremos de aclarar aquí de qué foco hablamos nosotros. Para nosotros se trata de la pequeña unidad político-militar que inicia la lucha armada irregular, particularmente en las zonas rurales, en el contexto de una estrategia revolucionaria que presupone una clara línea de masas y un trabajo organizativo de las mismas, y que no excluye otras formas de organización y de actividad políticas. El foco es, en las condiciones latinoamericanas de hoy, la forma de *comenzar* la guerra de guerrillas en el campo y el hecho de que consideramos que El Salvador es prácticamente zona urbana y suburbana en Centroamérica no debe hacernos olvidar que El Salvador no lo es todo en el istmo y en América Latina. Que la guerra del pueblo salvadoreño depende del foco no quiere decir exactamente que ella deba iniciarse *hoy* abriendo focos guerrilleros *en el territorio de El Salvador*. Por el contrario, creemos que la lucha armada de nuestro país depende mucho más que la de los demás países del nivel del movimiento revolucionario armado en el resto de la zona, pero este movimiento revolucionario tendrá que desarrollarse a través de una guerra de guerrillas iniciada focalmente (en Guatemala, en Honduras, en Nicaragua), que extenderá las acciones a El Salvador cuando la generalización de la lucha lo haga adecuado. La lucha armada en El Salvador sería entonces (en su línea principal de desarrollo) una lucha de las etapas media-superior y superior (decisiva) de la guerra popular centroamericana, pero sus momentos altos, de gran participación de masas, de la insurrección popular generalizada, de la guerra de movimientos o de posiciones, etcétera, no deben hacer olvidar que hasta allí se habrá llegado a partir de los focos guerrilleros de las montañas del istmo; sobre todo si recordamos que hoy, que es lo que importa, estamos en la orilla del punto de partida y no en el puerto de llegada, en la orilla del triunfo. Asumir los riesgos del inicio de este proceso conociendo que la ruta será sumamente tormentosa es la dura tarea actual. Esto no quiere decir tampoco, es claro, que los salvadoreños debemos limitarnos a esperar que los hermanos guatemaltecos, hondureños o nicaragüenses transformen la situación en Centroamérica hasta una medida en que sobrevenga de manera natural la lucha armada principal del pueblo salvadoreño. No: los revolucionarios salvadoreños debemos emprender inmediatamente todas las tareas políticas y organizativas del aparato para la guerra del pueblo en todo el territorio nacional, las tareas de organización de la vanguardia de acuerdo con las necesidades nuevas y las tareas de desarrollar el movimiento de masas de nuevo tipo (con nuevos contenidos de conciencia y nuevos fines) y el emprendimiento de las formas de lucha armada que sean posibles y convenientes para el desarrollo del proceso nacional y centroamericano en su conjunto. Asimismo tenemos la obligación revolucionaria y la necesidad, con vistas a nuestro futuro, de ayudar con todos los medios a nuestro alcance al desarrollo del movimiento armado de los países vecinos. ¿O es que solo los imperialistas, los generales del CONDECA, los piratas de cuello y corbata de la Integración Centroamericana, los organizadores de ORDEN, etcétera, tienen el derecho de borrar las fronteras entre nuestras patrias cada vez que conviene a sus intereses? ¿Tenemos el derecho de renunciar a esa actividad centroamericanista los que decimos luchar por los sagrados intereses de nuestros pueblos?

No hablamos con vanas intenciones proféticas ni deseamos amoldar la realidad a la medida de nuestros deseos. Exponemos conclusiones extraídas del análisis exhaustivo de nuestras condiciones nacionales, de la naturaleza y las formas de acción del enemigo, de la historia de nuestras organizaciones revolucionarias, otorgando en tal exposición algunas ventajas polémicas. Hablamos, por primera vez públicamente para nuestro país, de estos problemas tan delicados; debemos hacerlo en forma breve y concentrada y sopesar además el hecho de que el enemigo también nos lee y toma sus notas. Escribimos estas líneas porque consideramos que, en definitiva, es mucho más peligroso que un ataque público a la lucha armada en Centroamérica quede sin discusión y respuesta, viniendo como viene de un Partido Comunista que es, a pesar de sus limitaciones, una de las organizaciones populares más importantes de la zona.

El carácter centroamericano de la lucha de los pueblos de Guatemala, Honduras, El Salvador, Nicaragua y Costa Rica lo establece el hecho de la unidad que de nuevo le ha planteado el enemigo imperialista a la región en la forma que hemos dejado esbozada antes. La unidad económica básica no es ya El Salvador, Guatemala, etcétera, sino el conjunto de países centroamericanos que componen el Mercado Común, por encima de las crisis a que llegan las contradicciones internas del sistema. Para asegurar esta estructura económica nueva (cuyas crisis estructurales, repetimos, comienzan a ser evidentes en muchos niveles), el imperialismo ha construido y continúa construyendo un aparato centroamericano de dominación y represión. La respuesta de los revolucionarios debe ser también a nivel centroamericano. En Guatemala y en Nicaragua esa respuesta han comenzado a darla los hombres que combaten bajo la dirección de César Monte, Carlos Fonseca Amador, etcétera. Las organizaciones revolucionarias salvadoreñas no pueden ser indiferentes ante esos esfuerzos extraordinariamente abnegados, pues ello equivaldría a serlo con su propio porvenir, de tal manera que subrayar en demasía el *carácter interior* de la lucha de clases de nuestros países como lo hace la CP de nuestro Partido en el epílogo al *Diario del Che...* se convierte en Centroamérica en una contraposición frente a la necesidad de centroamericanizar la lucha, en un despropósito basado en análisis obsoletos. Sobre todo cuando se hace para, en el fondo, mantener una supuesta «exclusividad en nuestro cerrado coto político» y no para emprender las indispensables tareas locales de instrumentalización de la lucha *armada* de clases que nos espera.

Estamos de acuerdo con que el espíritu analítico y crítico debe presidir la lectura del *Diario del Che en Bolivia*. Pero ese análisis y esa visión crítica deben tener un sentido revolucionario ascendente y no un sentido regresivo. La muerte del Che y el fracaso temporal de Bolivia no ha sido «el fracaso de la teoría del foco», ni mucho menos el fracaso de la concepción guerrillera, ni mucho menos aún el fracaso de la lucha armada, de la guerra de los pueblos latinoamericanos. El Che y sus camaradas asumieron las necesidades actuales del proceso revolucionario de América Latina, *fueron a Bolivia a cumplir con las tareas que serán indispensables de cumplir en uno u otro momento en la casi totalidad de nuestros países, incluso en algunos considerados como «excepcionales»*. Durante ese empeño histórico fueron abandonados por las organizaciones tradicionalmente consideradas como revolucionarias en la zona, en especial por aquella en la que más se confiaba por haberse llegado, al parecer, a acuerdos concretos con sus dirigentes, es decir, el Partido Comunista Boliviano. A pesar de sus extraordinarias capacidades político-militares no pudieron superar por diversas razones, previsibles unas, imponderables otras, la etapa inicial de gran vulnerabilidad que es característica de la guerra de guerrillas. Posiblemente la acción del Che haya puesto de manifiesto de una vez por todas las necesidades que el foco inicial tiene en las condiciones actuales de América Latina *de coordinar su acción con otros tipos de organizaciones,* de tener a su disposición determinada gama de instrumental organizativo para cumplir las múltiples tareas de la guerra del pueblo *y al fin de abandonar la etapa focal lo más pronto posible.* Es en esta etapa inicial donde los imprevistos y el azar pueden tener una incidencia decisiva y casi siempre la tienen en el sentido negativo. Es muy ilustrativo el análisis que hizo el comandante Raúl Castro sobre el asalto al cuartel Moncada y su fracaso, y sobre el significado que esa experiencia tuvo con respecto a la estrategia posterior de los revolucionarios cubanos, quienes al desembarcar desde el yate *Granma* encabezados por Fidel, aunque todavía pensaban en términos del «pequeño motor que echará a andar al gran motor» (foco-masas, guerrilla-masas) y desarrollaron exitosamente ese pensamiento, habían aprendido a «[...] no confiarnos de los resultados explosivos de una acción, haciendo depender los demás planes de los resultados de aquella, sino en forma tal que uno o varios fallos no hicieran fracasar la empresa» (comandante Raúl Castro, artículo publicado en la revista *Fundamentos,* La Habana, 1961). Cuando Fidel Castro en su prólogo al *Diario del Che...* evalúa determinadamente —y no en el nivel que lo afirma el PCES— el papel del azar en la gesta del Che no hace sino recoger el viejo conocimiento guerrero de quienes, como Karl Clausewitz dijeron: «[...] ninguna actividad humana tiene contacto más universal y constante con el azar que la guerra». Desde luego que, como lo decimos en otros trabajos nuestros sobre este tema, quien nos convoca ahora a la lucha no es Clausewitz solamente sino el marxismo-leninismo y que hay muchas leyes clásicas de la guerra que hemos visto hacerse pedazos en los últimos años, pero un elemento queda en pie después del mejor de los análisis: para hacer la guerra se necesita un determinado tipo de disposición moral, un determinado nivel de decisión moral. Este elemento tiene en la América Latina de hoy una importancia histórica determinante. El compañero Ernesto Guevara lo supuso mejor que nadie y aceptó la suerte de pasar a encarnar esa decisión. El movimiento armado boliviano y latinoamericano seguirá hablando por él. *Y de aquí que cada día somos más los comunistas latinoamericanos que entendemos que en la odisea boliviana fue el Che Guevara quien habló por nosotros y no el PCB, y no la línea encargada por Mario Monje.* Tal entendimiento es de hecho un compromiso de honor que coincide absolutamente con los resultados del análisis marxista de nuestra historia y de nuestra perspectiva como naciones y como individuos militantes por la revolución.

Comparar nominalistamente la experiencia del Che en Cuba con la lucha del Che en Bolivia implica un sofisma básico. Ni las condiciones fueron las mismas ni la tarea era igual ni el enemigo presentaba idénticas características. Para poder hacer esa comparación tendríamos entre otras cosas que imaginarnos al sector del «llano» del Movimiento 26 de Julio dejando a Fidel librado a su suerte o al mismo Che muerto en Santa Clara, a los *rangers* de la guerra especial contrainsurgente en lugar del Ejército batistiano. La tarea de la organización de las masas del campo en los países latinoamericanos para encarnar la guerra antiimperialista del pueblo requerirá desgraciadamente más muertos, más retrocesos, más derrotas parciales aún; pero renunciar a ella en nombre de renunciar al inicio focal es renunciar a la revolución o aplazarla para más de cien años. Es claro que un factor objetivo importante en la caída del Che fue la falta de apoyo y de incorporación campesina, pero ¿cuáles fueron los factores que hicieron que el Che no pudiera organizar ese apoyo y esa incorporación? Volvemos a lo mismo:

obstaculización activa, traición por parte de las organizaciones revolucionarias más importantes del país, forzado e inconveniente inicio de las operaciones militares a causa del temprano detectamiento enemigo, concurrencia de negativos acontecimientos tácticos (que en el caso de una guerrilla que es una unidad táctica y que de estratégico no tiene sino la perspectiva alcanzan, sin embargo, niveles estratégicos), etcétera, etcétera. Afirmar que todo se debió precisamente a que la «teoría del foco» encierra desprecio por la lucha política y por las masas es repetir un lugar común acuñado en el seno del dogmatismo más extremo en nuestras filas al cual no se ha afiliado antes, hay que decirlo, el PC de El Salvador. Muchos de nosotros, comunistas salvadoreños, habríamos estado dispuestos a arriesgarlo todo para que un revolucionario como el Che Guevara hubiera dado su aporte directo para la lucha de los pueblos centroamericanos y del pueblo salvadoreño, habríamos dado lo que hubiésemos podido para una acción del Che en este sentido se hubiera empalmado en el nivel adecuado con el proceso de nuestra lucha de clases interna para ayudarnos a hacer de él un proceso victorioso. Por eso es que nos parece que el epílogo al *Diario del Che...* no debe pasar inadvertido y que por el contrario debe ser analizado a fondo por los militantes: porque puede ser la expresión de un desviación derechista en el seno de una línea política que ha proclamado la lucha armada como vía de la revolución salvadoreña, y que puede por ello llegar a tener perfiles verdaderamente suicidas. En la primera parte de estas consideraciones hemos dejado apuntadas brevemente algunas de las formas y los instrumentos con que el enemigo se prepara para aniquilarnos.

Desde luego, estamos por la discusión más profunda de estos problemas y de todos los demás relacionados con la lucha revolucionaria latinoamericana, una discusión correctamente procesada sobre la realidad y alejada del simple intercambio de epítetos y la contraposición de tesis abstractas. Al fin y al cabo, cuando hemos llegado juntos a la conclusión de que en nuestros países la lucha armada es el camino revolucionario consecuente con la estructura de nuestras sociedades históricas no lo hemos hecho por contrariar línea alguna del movimiento comunista o para concordar con otra por razones de simpatía o antipatía. Hemos arribado a una conclusión estratégica por la vía del marxismo-leninismo. Debemos seguir avanzando en esa dirección y tendiendo siempre a la práctica, fuente de la teoría y fuente del desarrollo de esa misma práctica. Desentrañar hasta las últimas consecuencias de elección del Che es tarea de quienes pudieron dejar definitivamente atrás las ilusiones pacifistas que se encarga siempre de estimular el enemigo, es tarea de los comunistas decididos a marchar por el duro camino de la guerra popular.[2]

1969

Partido revolucionario y lucha armada en la formación social contemporánea de El Salvador

I

Es un hecho que el Partido Comunista de El Salvador nació del movimiento organizado de los trabajadores salvadoreños, del seno de la Federación Regional de Trabajadores Salvadoreños (FRTS), cuya estructura orgánica, dicho sea de paso, correspondía en forma muy funcional a la estructura clasista del país en su época (agrupaba a obreros-artesanos, a proletarios agrícolas y, aunque como excepción, a campesinos pobres y semiproletarios y a productores-comerciantes pobres). El proceso de la formación del Partido, el proceso de la consolidación del «grupo comunista», del «llevar la ideología revolucionaria al seno de la clase obrera» (por los intelectuales radicales salvadoreños primero, por los cuadros extranjeros de la Internacional Comunista luego, y por los militantes del Partido una vez fundado este), su fundación formal a orillas del lago de Ilopango en 1930, etcétera, pueden seguirse con algún detalle en el testimonio de Miguel Mármol.[1] A estas alturas es difícil hacer un análisis riguroso basado en datos precisos, en estadísticas, de la composición clasista en el seno del Partido de 1930 a 1932, y los datos de su posterior desarrollo son insuficientes para analizar su composición original, porque después de la gran masacre de 1932 el PCES se vio no solo reducido a una mínima expresión, sino que fue transformado en *otra* organización, fue violentamente desplazado de su ubicación clasista primigenia (en dos sentidos: en el de la destrucción de su inserción real en las masas fundamentales y en el de la desaparición casi absoluta de su seno de los obreros y campesinos, ya que los grupos de sobrevivientes que continuaron la labor estuvieron formados exclusivamente por pequeños burgueses: artesanos, profesionales, intelectuales), retrotraído a formas ideológicas premarxistas, etcétera, y comenzó a marchar por otra vía de desarrollo organizativo y sociopolítico. Sin embargo, es posible intentar un enfoque muy general de las características sociales del Partido como instrumento clasista entre 1930 y 1932 a la luz de la formación social existente en el país en aquellos años, aclarando desde ahora que en nuestro criterio hay que considerar que lo importante es no perder de vista la finalidad política y no «académica» de este trabajo, lo cual nos permitirá (sin caer en anticientifismos invalidadores) extremar la simultaneidad en el análisis de los datos de aquella época y el examen de los problemas actuales en lo que se refiere a la organización revolucionaria y su línea estratégico-táctica. Los sucesos de 1932 casi a la manera de un fenómeno natural catastrófico dividieron en dos la historia y la forma de desarrollo del Partido en nuestro país: de 1930 (o si se quiere, desde que se inicia en el seno de la FRST el proceso hacia la fundación del Partido) hasta 1932, habría transcurrido la etapa que podría llamarse del desarrollo normal del partido marxista-leninista salvadoreño, y desde 1932 hasta la actualidad (con algunas distinciones que habría que hacer desde la mitad de los años cincuenta), la etapa de su desarrollo mediatizado, deforme, anormal. Volveremos sobre este problema, y no solo en las presentes páginas, porque es en él donde hallaremos parte de la respuesta a la pregunta de cuál es la tradición revolucionaria que debemos reivindicar en la actualidad del conjunto de experiencias históricas del Partido Comunista de El Salvador. ¿El PCES de hoy es simplemente el PCS de 1932, el de Farabundo Martí y Francisco Sánchez, con cuarenta y un años más de edad? En una eventual recomposición de la vanguardia revolucionaria concreta nacional ¿cuáles serán los elementos de continuidad marxista-leninista que el PCES extraerá de su historia para ofrecer a la lucha ideológica y a la acción común, a la unidad y a las alianzas? Esto es sumamente importante porque no se trata tan solo de hacer la historia de un nuevo partido progresista salvadoreño, de una organización popular más, sino específicamente del Partido de la clase obrera, marxista-leninista, del «instrumento mediante el cual la fracción consciente de la clase obrera accede a la lucha política y prepara (dirige, encabeza) el enfrentamiento contra el Estado burgués centralizado, llave maestra de la formación social capitalista» (Bensaïd y Nair).

Ya la historia de lo que han sido los «partidos políticos en general» en El Salvador es una tarea difícil por la ambigüedad de la materia a tratar. Entre nosotros lo común ha sido el organismo faccional-caudillista electorero más o menos efímero (Liga Roja, Propatria, Fraternal Progresista, PID, PAN, PAC, PRUD, PCN, etcétera), salvo que la facción triunfe en las elecciones y pase a ser *base política* del sector de las clases dominantes que pasa a su vez a ejercer directamente el poder en el marco de la dependencia imperialista. Lo tradicional en estos organismos instrumentales de distintos sectores del bloque oligárquico-imperialista y de los distintos matices de su ideología (que suelen adoptar las formas más burdas del populismo —las Dolly Sisters en el desfile obrero del 1ro. de Mayo bajo el régimen de Osorio— cuando es necesario, o de la violencia fascista —del clima de 1932 y la mentalidad policíaca de los militantes de Propatria al aparato electoral del PCN, pasando por las prácticas del osminismo-castanedismo— cuando no hay más remedio) ha sido precisamente el negar su carácter ideológico: siempre han pretendido partir de programas *concretos* de mejoras sociales, administrativas, de estilo de gobierno inclusive, casuísticos y vagos a la vez, cuyo incumplimiento y fracaso no tuvo nunca que cuestionar el poder conjunto de la oligarquía o del Estado burgués o del invariable aparato administrativo, venas nutricias nacen y desembocan por mil vericuetos en los mares del comercio internacional dominados por la gran o las grandes potencias imperialistas, Estados Unidos en nuestro caso, hegemónicas por lo menos desde la Segunda Guerra Mundial. Las dos únicas referencias expresas, dichas en voz alta hacia lo ideológico, de todo ese conjunto de partidos, uniones y organismos, fueron la simbología nacionalista (lo «cívico») y el anticomunismo. Su carácter permanente, su énfasis en la explicitación clasista, su esqueleto ideológico proclamado desde el comienzo ya de por sí hacen del Partido Comunista salvadoreño un fenómeno totalmente nuevo en la historia política del país. No digamos ya su naturaleza de instrumento activo para la revolución, para la revolución que surge objetivamente de una base material (la crisis de estructura, de formación social como conjunto), que se caracteriza táctica y estratégicamente por propósitos mediatos e inmediatos, y que en definitiva apunta a la destrucción de la sociedad que le ha dado nacimiento y a su sustitución por otra sociedad, la sociedad sin clases a la que se llega por el puente de la dictadura del proletariado, *pero que no se hace por sí sola.* Por eso es que los comunistas salvadoreños hemos sonreído para nosotros mismos cuando en la década de los sesenta los dirigentes de la democracia cristiana, los intelectuales repartidos en los nuevos grupos políticos llamados «radical-democráticos», «social-demócratas», «nacionalistas revolucionarios», etcétera, y hasta los autores de la Ley Electoral y los empleados del

Consejo Central de Elecciones comenzaron a hablar como de una novedad histórica de los «partidos políticos permanentes» y sobre todo de los «partidos ideológicos» en El Salvador. Pero muchas veces esa sonrisa nos llevó a olvidar que un Partido Comunista no puede ser tal si únicamente ostenta para la historia el haber inaugurado la permanencia organizativa en el seno de una formación social que se mantiene inalterada en lo fundamental, y la calidad de portavoz de una ideología clasista explícita (concretizada o no en un programa), ya que tales cualidades son solo funciones que se desprenden de una naturaleza básica que hay que conseguir: la del sujeto político de la revolución.

De ahí que sea necesario, para examinar en primer lugar la «normalidad» del desarrollo del Partido Comunista de El Salvador entre 1930 y 1932 como instrumento revolucionario clasista, hacernos un cuadro de la formación social salvadoreña de aquel momento, ya que solamente ella podrá aclararnos el carácter de la revolución que a su respecto se planteaba histórica y estructuralmente y porque, como dice Lukács, «[...] el problema de la organización de un partido revolucionario puede desarrollarse orgánicamente solo a partir de una teoría de la revolución misma»; con lo cual nos aseguramos mínimamente (es decir, guardando *todas* las distancias) la ruta elaborativa de Lenin en dirección a concebir el partido concreto de la revolución que tomó el poder en Rusia. Como dicen Bensaïd y Nair: «Lenin en sus primeros escritos de 1894 a 1898 se dedicó a definir la naturaleza de la futura revolución: ¿cuál es la formación social contra la que se combate? ¿Qué Estado debe ser destruido? ¿Qué clase debe ser vencida?». La base de la estrategia leninista descansó en la comprobación de que los revolucionarios rusos luchaban con una formación social con dominante capitalista y no feudal (aun cuando las supervivencias feudales eran importantes): por ello pudo cumplir la doble tarea de definir el sujeto teórico de la revolución preanunciada (clase obrera, generada por la dominante de la formación social) y darle el sujeto político capaz de triunfar en ella (partido bolchevique revolucionario, de vanguardia, democráticamente centralizado; ideológica, teórica y técnicamente capaz de enfrentar en cada momento las formas de lucha dominantes dentro de la vía general —no pacífica, sino insurreccional— de la revolución; en fin, conformado de acuerdo con las normas y principios que pasarían a llamarse «normas y principios leninistas de organización»). ¿Cómo aparece ante nuestros ojos el panorama salvadoreño alrededor de 1930 al retomar cuarenta años después las líneas generales de esa elaboración leninista? ¿Cuál era la formación social salvadoreña de aquel momento y cuál era el instrumento que la misma necesitaba para dar una salida revolucionaria victoriosa a la crisis? ¿Cuál era la calidad instrumental revolucionaria del PCS, no en teoría sino tal y como existió en la realidad? Hay que ir por partes.

Si entendemos, con Poulantzas, que una formación social es el «encabalgamiento específico de muchos modos de producción puros», que «[…] constituye una unidad compleja con dominante de un determinado modo de producción», la de El Salvador en 1930 formaba parte del proceso siguiente: Después de la independencia con respecto a España, el problema de la *dependencia* de El Salvador se entremezcló con las vicisitudes de la alternativa «unidad centroamericana o fragmentación en distintas unidades nacional-republicanas». Como se sabe este último término de la alternativa fue el escogido por la historia, por la historia de la dependencia, dando al traste con los anhelos liberales de la «Patria Grande» en la Centroamérica que había nacido como un conjunto de «provincias unidas» a la vida independiente. Hubo intentos, rechazados o derrumbados, de anexar Centroamérica a México (al imperio de Iturbide), El Salvador a Estados Unidos, etcétera. En la cabeza de los sectores criollos y mestizos (concretamente, los que se beneficiaban con la producción del añil, que era la materia prima que el país exportaba entonces para el mercado internacional) que habían sustituido a la Corona española en el «frente de los negocios y de la administración pública», la idea de la dependencia real del país subyacía bajo la alharaca en torno a la independencia formal. Posiblemente era una manifestación del sentimiento de toda burguesía de asumirse como parte de una economía mundial o cada vez más mundial. Centroamérica (y El Salvador) pasó a ser campo de batalla de las fuerzas en pugna en el seno del sistema capitalista mundial, en el seno del naciente imperialismo de la segunda mitad del siglo diecinueve. Definidas las luchas tempranas entre liberales y conservadores, restauradores monárquicos y republicanos, federalistas unitarios y divisionistas, el siglo diecinueve centroamericano sería principalmente la historia de aquella pugna, siempre ocultada por los oropeles de los hechos secundarios y resultantes, por los nombres y por los acontecimientos que los historiadores burgueses harían crecer y crecer: los Barrios y los Zaldívar, los 44, los guerras intestinas, los Menéndez, los Dueñas, etcétera. La lucha del pueblo y sus sectores más progresistas (los que hoy llamaríamos «de vanguardia») fue encausada por diversos medios y, en general, sirvió apenas como término extremo de la contradicción que impulsó el desarrollo de la dependencia. Los imperialistas por su parte aprendieron rápidamente la lección del *affaire* Walker: la intervención directa no era la única vía para la incorporación de las neocolonias, y tenía además el inconveniente de unificar a los pueblos contra el invasor extranjero. Había, pues, que combinarla con otras formas políticas y económicas de asimilación más hondas y permanentes, sobre la base de una Centroamérica fragmentada (y debilitada) en cinco republiquetas y cinco pueblos acorralados. La correlación de fuerzas en el seno del sistema capitalista mundial se fue reflejando en Centroamérica (y en El Salvador) algebraica, matemáticamente. Los imperialistas ingleses, alemanes, franceses, etcétera, fueron siendo desplazados por el cada vez más pujante

imperialismo norteamericano. El proceso de su dominación exclusiva y excluyente (en lo fundamental y hablando en términos
generales, ya que habría que considerar el proceso del imperialismo no solo en lo referente a sus contradicciones internas, sino en
lo que se refiere a las recomposiciones e integraciones en su seno
—particularmente en lo que se refiere a las corporaciones multinacionales— y otra serie de fenómenos de la llamada «repartición
de responsabilidades nacionales» en la estructura mundial del
mismo) tuvo para El Salvador dos momentos definitorios: el de
los sucesos del año 1932 (la oligarquía se consolidó políticamente como fuerza social interna predominante y Arturo Araujo, que
fue apartado del Gobierno para el que había sido elegido democráticamente por el pueblo, fue —y así lo señala Miguel Mármol en
su testimonio— el último gran peón individual del imperialismo
inglés en El Salvador), y el de la caída de la dictadura del general Maximiliano H. Martínez en el marco de la inicial postguerra,
cuando ya aparecía Estados Unidos sin duda ni discusión colocado
en la supremacía imperialista mundial.

Ahora bien, para ahorrarnos toda una enorme serie de detalles históricos diremos que la forma de incorporarse y explotar a
El Salvador que usó el imperialismo norteamericano fue diferente
en varios sentidos a la que usó en el resto de Centroamérica. Por
la pequeñez y las características del territorio, por la ubicación del
país en el istmo, pero sobre todo porque la formación social salvadoreña se nucleaba en lo interno en torno a una oligarquía terrateniente que producía desde hacía tiempo en función del mercado
internacional, del comercio exterior, poseía la mayor acumulación
de capital concentrada de la zona, y era por lo tanto el apoyo idó-
neo para estructurar y dirigir la dependencia en las condiciones de
la nueva hegemonía, el imperialismo norteamericano no construyó entre nosotros la plantación al estilo ya clásico de las bananeras
de la United Fruit en Honduras, en Guatemala o en Costa Rica,

sino que se limitó a coger el rábano por el rábano: se apoderó de El Salvador, lo hizo parte de su sistema mundial por medio del control de su comercio exterior. Entre otras ventajas esta manera de poseer un país eliminaba o reducía al mínimo la exportación de capital, la inversión directa en el país satélite. Además, por el poder de la oligarquía local El Salvador era el país centroamericano donde había más elementos para una eventual, futura, industrialización. El café salvadoreño, sustituto del añil en el sistema de monocultivo para la monoexportación, y sembrado en las tierras que tras un proceso de concentración y selección habían servido de base material al nuevo núcleo interno de dominación económica y social (a partir de la extinción de los ejidos y de las tierras comunales y de su traslado casi mecánico —normado por la ley de gravedad— a las manos de los abanderados de la «libertad de compra y explotación de terrenos») encarnaba con aroma y color el nuevo factor dinámico en el proceso de desarrollo-del-subdesarrollo salvadoreño: era la materia prima demandada ahora por el mercado internacional del imperialismo; y al menos por el momento incluso las otras poleas de transmisión imperialista se supeditaron a las necesidades del rubro principal de producción: el transporte marítimo y aéreo, los ferrocarriles, la importación (de combustibles, de lubricantes, de abonos y productos químicos, de productos alimenticios, etcétera), la distribución de la energía eléctrica, etcétera. Los empréstitos sirvieron para disipar las dudas y los escrúpulos en una primera etapa, y luego fueron el grillete al pie de la nación, incluidos los oligarcas locales, si no en la nación, en el grillete. Cuando las cosas marcharon tan mal que no alcanzaban a ser arregladas con las liquidaciones anuales que se hacían en Nueva York, aparecía físicamente la figura del verdadero amo: un agente fiscal norteamericano llegaba e imponía un embargo a las rentas aduaneras, por ejemplo, y cobraba en persona en los puertos «salvadoreños». Esta incorporación que el sistema mundial del imperialismo hizo con respecto a El Salvador en el curso de su proceso hacia la nueva composición en que Estados Unidos ejercería la hegemonía, determinó muchas cosas pero, sobre todo, determinó la estructura de clases de nuestra nación. La estructura de clases salvadoreña resulta entonces parte de un conjunto mayor: el del imperialismo como modo de producción a nivel mundial. Solo así vistas las cosas podremos explicarnos el proceso de nuestra dependencia y podremos eliminar todas las confusiones teóricas y políticas que dimanan de considerar nuestra situación actual como el producto de un simple proceso de desarrollo clásico del capitalismo que fue «deformado» por la intromisión del imperialismo, un proceso interno que fue interrumpido y modificado por un proceso exterior convertido poco a poco en dominante. La historia de El Salvador como nación formalmente independiente (para no ir más atrás en el tiempo) es la historia de una unidad socioeconómica que desde el inicio es parte dependiente de una economía mundial (etapa temprana del imperialismo). Su formación social de dominante capitalista no surge de una revolución industrial propia: la revolución industrial para El Salvador es la revolución industrial que dio origen al capitalismo, la revolución industrial europea. El modo de producción capitalista que llegó a El Salvador es el capitalismo que llegó de Europa y nos llegó por las vías comerciales de los imperialismos europeos y posteriormente de Estados Unidos. De acuerdo con el papel que le asignó el imperialismo, el desarrollo-del-subdesarrollo salvadoreño, repetimos, se ha hecho sobre la base del estímulo que significó la importación de materias primas por parte de dicho imperialismo. No hay que olvidar que «dependencia» quiere decir modernamente, antes que todo, dependencia del mercado mundial, y luego, dependencia del dueño del mercado mundial. El punto de vista de conjunto del proceso de desarrollo de la formación social salvadoreña desde principios (primer cuarto de siglo) del siglo diecinueve como parte de una economía mundial, nos permitirá asimismo medir en su debido alcance el valor que tienen entre nosotros conceptos tales como «resabios feudales», «semifeudalismo», etcétera, el especial y concreto tipo de coexistencia que en nuestro país se ha dado entre diversas formas y tipos de relaciones de producción, entre diversos niveles técnicos en las actividades productivas, etcétera, sin caer en equívocos de necesaria repercusión política.

El proyecto de Programa Agrario del Partido Comunista de El Salvador, aprobado como tal en el V Congreso del Partido celebrado en 1965, sintetiza el desarrollo del capitalismo dependiente en la agricultura salvadoreña hasta nuestros días, y pone de relieve el carácter esencialmente «monocultivista para la monoexportación» de la producción en ese sector, así como el proceso de formación de la clase social clave, la oligarquía criolla, instrumento fundamental del imperialismo para establecer y mantener la dependencia salvadoreña:

En El Salvador, como en toda América Latina, las relaciones de salario aparecieron en las ramas de la producción mercantil destinadas a la exportación cuando en ellas llegó a ser incompatible la necesidad de ampliar el volumen de la producción, determinada por el crecimiento de la demanda en Europa, con las relaciones esclavistas y feudales de trabajo que le imponían a este un carácter forzado e impedían la elevación de su productividad. En muchos países latinoamericanos el trabajo asalariado libre o más o menos libre apareció primero en la minería que en las demás ramas de la producción, porque la minería representaba en ellos la fuente más abundante de productos para la exportación. Pero en nuestro país, sin una minería rica, la producción de materias primas agrícolas para Europa, a través de España, fue la principal actividad destinada a la exportación. Concretamente fue en la producción del añil donde en El Salvador surgieron primero las relaciones de salario en un principio envueltas en resabios esclavistas. El cultivo del café, que vino a sustituir al del añil a mediados del siglo pasado, se afianzó sobre la base de una completa reforma burguesa del régimen de la propiedad sobre la tierra y le imprimió gran impulso al desarrollo del capitalismo en nuestra agricultura. Tres factores se conjugaron en el inicio del cultivo cafetalero para imprimirle un rumbo capitalista:

a) La formación del monopolio privado de la tierra mediante el despojo violento de las comunidades indígenas, de los ejidos, de los pequeños propietarios campesinos. Las leyes de extensión de comunidades, de extinción de ejidos y de registro de la propiedad raíz e hipotecas promulgadas en los años 1881, 1882 y 1897, respectivamente, vinieron a legalizar el despojo, ya realizado de hecho en gran medida, y a facilitar el definitivo asalto sobre la tierra por parte de los grandes terratenientes y, de manera especial, de los altos funcionarios estatales y municipales que estaban en mejores condiciones para utilizar en su favor la fuerza pública.

b) La formación de una gran masa de trabajadores desposeídos de todo medio de producción, con su fuerza de trabajo para vender por un salario como único medio de subsistencia. Esta masa desposeída fue el resultado inmediato de la formación del monopolio privado sobre la tierra que ya ha sido descrito. Las plantaciones de café y el beneficio del mismo pudieron contar de esta manera con una mano de obra abundante y barata.

c) La inversión en el cultivo cafetalero de importantes capitales monetarios acumulados anteriormente en el cultivo y la exportación del añil que, con la eliminación de los impuestos gravosos y de las trabas para su libre comercio en Europa que la independencia trajo consigo, se convirtió en un negocio muy lucrativo y próspero durante la mayor parte del siglo pasado. Fue precisamente cuando comenzaba a declinar el añil, como consecuencia de la producción de colorantes sintéticos en Europa, que se iniciaron los esfuerzos oficiales de El Salvador para arraigar y extender el cultivo del café. En el cultivo cafetalero fueron invertidos también capitales procedentes de la malversación de fondos municipales y estatales. El cultivo del café, por ser de carácter permanente y requerir inversiones considerables en la creación de sus plantaciones, exigía la propiedad privada de la tierra. ¿Quién, en efecto, estaría dispuesto en tierra ajena a los arbustos que producen el grano mantenerlos libres de la maleza, a podarlos y abonarlos sistemáticamente durante algunos años en espera de las primeras cosechas, raquíticas, además, por ser las primeras? Tales inversiones no era posible realizarlas sino en tierra propia. Esta circunstancia impuso decisivamente el proceso de liquidación de las formas colectivas de la propiedad territorial (comunidades y ejidos) y el despojo de los pequeños propietarios individuales a que nos hemos referido atrás.

La producción de café, sobre la base de la reforma burguesa del régimen de propiedad, se desarrollará hasta convertirse en los últimos años del siglo pasado en el principal reglón de las exportaciones y la principal actividad económica del país. Hasta hace muy pocos años, el café representaba el 80% y a veces el 90% de las exportaciones anuales.

El cultivo, beneficiado y la exportación del café han jugado un papel de primer orden en el desarrollo del capitalismo en nuestra agricultura y también en el desarrollo del capitalismo en toda la economía nacional. El trabajo asalariado se convirtió en la forma predominante de la relación de producción en esa rama y con ello se extendió la circulación mercantil y se dio un fuerte impulso a la formación del mercado nacional, superándose el aislamiento y la dispersión anteriores. El comercio entre el campo y la ciudad se acrecentó; la producción artesanal se convirtió por entero en una producción mercantil y se incorporaron otras ramas de la agricultura a este tipo de producción. Las relaciones de salario se generalizaron y se extendieron parcialmente a otros sectores de la producción agropecuaria. La acumulación de capital en el negocio cafetalero dio origen a la formación de una rica capa de compradores monopolistas de la cosecha para su exportación. Como una lógica consecuencia de sus negocios estos exportadores se convirtieron en habilitadores de crédito a los medianos y pequeños finqueros, y en grandes importadores de mercancías industriales. Como prestamistas, se colocaron en situación de acaparar más tierras, arrancadas de los deudores morosos, incrementando así sus ya extensas posesiones territoriales. Grandes capitales fueron acumulados por este pequeño grupo de burgueses que más invirtieron en la organización del sistema bancario y de varias compañías aseguradoras. Así pasaron a monopolizar los recursos financieros del país y a invadir otras ramas de la economía. Se convirtieron gradualmente en grandes empresarios de la industria y dieron origen a sociedades anónimas de diverso género. A este puñado de multimillonarios es al que se ha dado en llamar «los catorce grandes». Son, pues, un reducido grupo de grandes burgueses monopolistas de la tierra, del comercio exterior, de la banca y de la industria.

De los datos de este proceso que nos expone el citado documento del PCES se pueden sacar, por lo menos, las siguientes conclusiones:

1) Que el cultivo del añil, primero, y del café, después, como materias primas agrícolas para los mercados extranjeros, fueron los elementos claves del desarrollo capitalista en El Salvador. *O sea, que el capitalismo en El Salvador ha surgido determinado por el capitalismo internacionalizado, por el sistema imperialista en cuanto sistema mundial de producción y explotación.* 2) Que el desarrollo capitalista de la agricultura —siendo El Salvador hasta la fecha un país eminentemente agrario— propició el desarrollo del capitalismo en los otros sectores de la producción, de la infraestructura y de los servicios (industria, transporte, comunicaciones, administración) y determinó el carácter del comercio interno y de la importación. 3) Que la oligarquía que este proceso produjo es un núcleo gran burgués «monopolista de la tierra, del comercio exterior, de la banca y de la industria», o sea, *un núcleo capitalista*, capaz de cumplir el papel de núcleo central del resto de la burguesía salvadoreña que (en la medida en que su núcleo central fue siempre un sector dependiente y determinado por el imperialismo) no ha podido ser nunca «burguesía nacional» (independientemente de la acción de incorporación directa, por parte del imperialismo, de las otras capas de la burguesía local, culminada en los últimos años). Este núcleo gran burgués, capitalista, es tal aunque en diversos niveles de las relaciones de producción que impone mantenga signos de atraso —los llamados «resabios feudales» o «semifeudales» (que sería más propio llamar «cuasifeudales»)—, signos que de ninguna manera han sido principales después de la independencia (al margen de su mayor o menor extensión e importancia) y no pueden servir para caracterizar en primacía la sociedad salvadoreña desde que existe como tal, ni han sido dominantes en nuestra formación social moderna, cuya independencia política formal se debió incluso a que la tendencia capitalista local y mundial terminó por romper los frenos políticos coloniales españoles para transformarse en dominante dinámica. El proceso no ha hecho más que acentuarse

en nuestros días (sobre todo a partir de los últimos veinticinco o treinta años) con la extensión que ha cobrado el cultivo del algodón (cuya producción necesita técnica industrial en prácticamente todas sus fases), la caña de azúcar (sobre todo después de la usurpación de la cuota azucarera cubana en el mercado mundial de importaciones que han practicado los países productores de dicha materia prima, con algunas honrosas excepciones) y con el proceso de industrialización dependiente.

Es más, ya en nuestros días productos como el arroz, el maíz, los frijoles, etcétera, se cultivan para el mercado capitalista centroamericano, para la exportación al área regional integrada, para el Mercomún, hecho paradójico en un país de tan gran déficit alimenticio de su población que, a la par de exportar, importa ese mismo tipo de cereales. Esta situación se ha acentuado más en lo que respecta a la ganadería, producción que siempre mostró en nuestro país los mayores aspectos «cuasifeudales». La producción salvadoreña de carne se ha tecnificado para su distribución en el mercado interno local y centroamericano (a través de las cadenas de supermercados yanquis recientemente instalados y de acuerdo a las normas del comercio internacional). Los hatos ganaderos salvadoreños (el hato de Sola, por ejemplo) compiten ya y en algunos aspectos se dice que superan a los centroamericanamente famosos hatos del opulento Anastasio Somoza de Nicaragua. Como si ello no fuera bastante, la producción de carne salvadoreña ha recibido recientemente una cuota anual de exportación para el mercado norteamericano, lo que completa la caracterización capitalista dependiente del sector.

A estos aspectos elocuentes sobre el desarrollo del capitalismo dependiente en El Salvador, habría que agregar los avances en la infraestructura y en el transporte. Sin entrar en mayores detalles, baste con citar el estado actual de la red de carreteras en todo el país, en cuyo sistema resaltan las modernas autopistas que unen

a los centros de producción con los puertos y las fronteras (autopistas Santa Ana-Sonsonate, Acajutla-San Salvador; carretera del
litoral y su sistema de alimentación; carretera troncal del norte,
etcétera); aunque, desde luego, subsisten aún en la actualidad marcados signos de atraso, de relaciones ya arcaicas, precapitalistas,
en la producción agrícola salvadoreña, que hacen que el carácter
predominantemente capitalista de nuestra formación social deba
matizarse conceptualmente con el término «atrasado». Y hay que
distinguir también en el seno de la producción agrícola nacional
la dedicada al cultivo de cereales y legumbres para el mercado interno, para el consumo mediato o inmediato, etcétera, en donde
las relaciones atrasadas son incluso predominantes en algunos lugares (zona de Chalatenango y Cabañas, por ejemplo). Todo ello,
tomada en cuenta la preeminencia absoluta de las relaciones de
salario a nivel nacional, la universalización de la circulación mercantil en el país, la pertenencia a una economía mundial mercantil
de la formación económico-social salvadoreña, etcétera, presentes
y actuantes entre nosotros desde principios del siglo diecinueve en
su mayoría y desde mediados del siglo diecinueve en su totalidad,
hace que el término «feudal» se vuelva de uso por lo menos sospechoso en lo que se refiere a la caracterización de nuestra sociedad.
Es necesario un replanteamiento profundo de este problema. Entendemos que a estas alturas hasta en el seno del Partido Comunista de El Salvador, que fue el acuñador de la caracterización de
nuestro país como «semifeudal» (la cual ha mantenido hasta en sus
documentos recientes), se acepta ya que somos más bien un país
capitalista-dependiente, agrario y atrasado, y se comienza a aceptar
una crítica retrospectiva a la correspondencia del término «feudal»
aplicado a nuestra sociedad, inclusive en lo que ya se refiere al último siglo de la dominación colonial española. Es hasta corriente es-
cuchar ya entre los revolucionarios salvadoreños la aceptación de
que ciertas características consideradas anteriormente «feudales» o

«resabios feudales», por ejemplo y en primer lugar la concentración de la tierra en pocas manos, ha sido, por el contrario, una medida indispensable para una producción con las características de la cafetalera, una medida adecuada al modo de producción imperialista en último término, una de las bases del desarrollo del capitalismo dependiente en El Salvador. Los fenómenos del atraso en el marco capitalista dependiente entre nosotros siguen siendo concretos y pueden ser señalados específicamente para llenar de contenido la caracterización conceptual (el término «atrasado», precisamente). Es peculiar que sea el PCES quien lo haya hecho en el país antes que nadie, y que tal señalamiento no lo haya llevado antes a una revisión de sus propias conclusiones y de sus propias caracterizaciones generales. Hablando de los «remanentes feudales en nuestra agricultura», el PCES decía, todavía en los documentos del V Congreso:

> En las fincas y haciendas cafetaleras, algodoneras y cañeras de más elevado desarrollo capitalista, las masas asalariadas están sometidas a un régimen de explotación que incluye grandes remanentes feudales. En los cortes de café, por ejemplo, se obliga a los trabajadores a diversas formas de trabajo gratuito: el acarreo y picado de leña, la trasegada (completar los sacos casi llenos que vienen del corte con el contenido de los más vacíos, para preparar los fletes en carreta o camión), la chapoda de pequeñas áreas gratuitamente en el día de pago, el acarreo de agua, etcétera. Todas estas formas de trabajo no pagado son restos de la servidumbre feudal. También son residuos de feudalismo en las haciendas cafetaleras, algodoneras, azucareras, etcétera, el pago en comida de una parte del salario, que obstruye el desarrollo de la circulación monetaria en el campo y por lo tanto la producción y la circulación mercantil; el uso por los terratenientes de la Guardia Nacional como tropa a su servicio; el establecimiento de cárceles en las haciendas y el

«derecho» de los hacendados para ordenar la captura de los trabajadores, que son crudas supervivencias de las tropas feudales y los derechos absolutos de los señores sobre los siervos de la gleba; la forma moderna del pago en ficha: el descuento obligatorio por planilla de las deudas con la tienda de la hacienda, cuyos precios son mucho más caros que los de afuera; la prohibición al libre comercio dentro de las propiedades del terrateniente, que son un evidente acomodamiento moderno de la autoridad que tenían los señores feudales para regular el comercio y el tránsito de las mercancías por sus dominios; el uso de las medidas arcaicas y arbitrarias para evaluar las labores, como por ejemplo «la puya» para «pesar» el café cortado por los trabajadores durante la cosecha, las «brazadas» para medir las «tareas» en las chapodas y peinas, etcétera; el régimen legal al que están sujetas las masas rurales, que prohíbe su libre organización, el desamparo en que se encuentra su vivienda ante el allanamiento de la fuerza pública; el trato humillante que reciben los trabajadores por parte de los llamados «cuerpos de seguridad» incluso por motivos fútiles como portar el machete con puñera, trato humillante y carencia de derechos que hacen de los trabajadores del campo ciudadanos de segunda categoría que recuerdan en mucho la situación de los siervos de la gleba durante el feudalismo. Estos son los más sobresalientes ejemplos de sobrevivencia del feudalismo en las haciendas capitalistas donde predomina el trabajo asalariado. Además [...] los capitalistas en las haciendas algodoneras y cafetaleras recurren frecuentemente a la colonia en sus dos formas. Pero no solamente estas son las remanencias feudales en la agricultura en nuestro país. En la parte que no está destinada a la exportación se encuentra muy extendida la parcela minifundista y de un nivel técnico atrasado, la colonia y el pequeño arrendamiento. Los terratenientes entregan la tierra a los campesinos en «colonato», es decir, a cambio de un «terraje» o canon en dinero. Ambas modalidades se combinan con diversas tareas gratuitas, sobre todo en el caso de los colonos. Entre los colonos pueden distinguirse dos categorías: los colonos propiamente dichos y los mozos-colonos. El colono recibe para sus cultivos propios una pequeña parcela dentro de la hacienda y un solar para construir su rancho (choza, bohío). A cambio de esto debe pagar una renta en especie (censo) y realizar trabajos gratuitos o mal remunerados en los cultivos o labores ganaderas propias del hacendado. El mozo-colono recibe únicamente un pequeño solar dentro de la hacienda para construir su rancho, sin tierra para cultivar. A cambio de esta concesión está obligado a toda suerte de tareas gratuitas que varían según las zonas y según la arbitrariedad de los patrones y administradores y a trabajar por un salario miserable, inferior al común, sin que pueda contratarse libremente en otra parte mejor. Así pues, sin tener cultivos propios, el mozo colono tampoco es un asalariado libre.

Una parte de las cosechas de los campesinos propietarios está destinada al pago de deuda con los grandes terratenientes y usureros y otra al consumo familiar. Solo llevan al mercado un pequeño excedente, si lo hay, donde caen bajo la explotación de los comerciantes acaparadores. Los insignificantes recursos monetarios de que disponen no les permiten mejorar su técnica y la tierra va perdiendo gradualmente su fertilidad. Eso redunda en un mayor endeudamiento y peores cosechas.

Los colonos y pequeños arrendatarios, además de las limitaciones y dificultades que soportan los pequeños propietarios, deben entregar al terrateniente una parte importante de la cosecha o su equivalente en dinero como pago del alquiler. La continua reducción de sus cosechas, determinada por las causas ya referidas, ha conducido a gran número de ellos a una situación en la que, después de pagar al hacendado la renta, no les resta nada o solamente les resta una cantidad insuficiente del producto, que es destinado íntegramente al consumo propio o familiar. Hay un número crecido de ellos cuyas cosechas ni siquiera son suficientes para pagar la renta y caen en un endeudamiento permanente con los terratenientes que los obliga a permanecer decenios trabajando para ellos en sus haciendas por un pequeño salario y entregándoles una alta cuota de trabajo gratuito. Cuando las cosechas mejoran, por efecto de factores atmosféricos benignos o por el uso de variedades mejores de simientes, la renta sube y el círculo vicioso entra en una nueva vuelta. En la producción de maíz, arroz, frijoles y maicillo se encuentra la masa principal de estos campesinos minifundistas, colonos y terrajeros. Los instrumentos de trabajo que predominan en la producción cerealera son el arado de madera con punta de hierro, la tracción con bueyes, el machete o la cuma (machete de punta curva). El uso de abonos e insecticidas es casi inexistente en ella.

Entre los grandes terratenientes y los pequeños y medianos propietarios existen relaciones cargadas de remanentes feudales. El hacendado trata de ahogar económicamente a todos los pequeños propietarios vecinos para obligarlos a venderle la tierra a malbarato. En muchos casos las maniobras de los hacendados terminan con la usurpación de la tierra de los campesinos sin pago de ningún precio. Se valen con este fin del cierre de los caminos que cruzan la hacienda para impedir el paso de los campesinos con sus productos hasta las vías públicas que conducen a centros de mercadeo; se niegan a permitirles el uso del río que atraviesa la hacienda; los obligan a pagar el uso de los caminos o del río; los endeudan con fuertes intereses y los obligan a entregarles en pago sus cosechas cotizándoles precios muy inferiores a los del mercado; les ponen pleitos legales obligándolos a fuertes gastos en abogados, para hostilizarlos y llevarlos a la conclusión de que deben vender al terrateniente o irse, etcétera. De esta manera las tierras de los pequeños y medianos parceleros se van agregando a las haciendas. En las haciendas donde predominan las relaciones feudales de producción y las fuerzas productivas atrasadas hay, sin embargo, cierto grado de combinación de la técnica moderna de la mecanización, de las semillas selectas, abonos e insecticidas y de las relaciones de asalariado libre.

Dar a estos signos de atraso la categoría suficiente como para caracterizar al país como «semifeudal» resulta, como lo ha apuntado en sus trabajos sobre el desarrollo de la sociedad peruana Aníbal Quijano, del hecho de tomar aisladamente los elementos que caracterizan las relaciones de trabajo, cuya función y contenido concreto no puede dejar de ligarse totalmente *con el destino capitalista de la producción.*

> Ciertamente —apunta Quijano— las relaciones de trabajo en las grandes y medianas propiedades «hacendarias» contenían y contienen una intensa impregnación de elementos de tipo señorial, agudizados por las diferenciaciones étnicos-culturales entre la población de trabajadores y los dueños de las haciendas. Sin embargo, como unidades de producción estas propiedades, cuya consolidación proviene del estancamiento y de la completa agrarización de la economía desde la emancipación hasta la primera mitad del siglo XIX, fueron siempre capitalistas, tan primitivas y tradicionales como se quiera. Su producción no estaba destinada sino en parte al consumo familiar de los propietarios, sino a proveer el mercado local y regional [...].

El estancamiento de la producción agrícola, la agrarización de la economía y el mantenimiento de relaciones atrasadas, primitivas (que en determinados momentos no solo han parecido «feudales» sino hasta «esclavistas») provienen de la dependencia del mercado internacional, de las necesidades que implica producir para el mercado internacional (relación de costos y salarios, la usura intermediaria, la inversión en transportes, etcétera) y de la falta de interés en el desarrollo de un mercado interno nacional que habría supuesto, entre otras cosas, profundas reformas de estructura. Vendiendo el café en Estados Unidos y Europa, la oligarquía y la burguesía cafetalera no consideraron jamás a la población salvadoreña en términos de mercado a estimular elevando su capacidad de compra y por ende su estándar de vida. No iban a ser los salvadoreños los que comprarían el café de la oligarquía, y si esos salvadoreños nada más servían para cortar el grano, había solamente que garantizar los niveles de vida suficientes para que llegaran hasta el cafetal en las temporadas adecuadas sin morirse de hambre en el camino. De ahí el atraso en el sector de la producción de alimentos para el mercado interno, los salarios bajísimos, la negociación de tierras en arriendo para el peón agrícola, las relaciones de colonato y terraje, etcétera. Y en cuanto a las importaciones, ya se ha dicho: estaban fundamentalmente destinadas a garantizar el proceso de producción de materias primas agrícolas, al consumo de las capas privilegiadas de la sociedad, al despilfarro, y también a reparar en parte el déficit permanente en la producción alimenticia. De esa filosofía mercantil básica partieron las clases dominantes salvadoreñas cuando se embarcaron en el proyecto imperialista de la Integración Centroamericana: en lugar de abrir para el desarrollo industrial un mercado interno cualitativamente elevado en su capacidad de adquisición sobre la base de una reforma agraria, etcétera, se prefirió buscar una elevación cuantitativa (mediante la aglomeración o yuxtaposición de los cinco pobres mercados internos centroamericanos que permanecieron intactos). Era una manera bastante directa de la oligarquía y de la burguesía «salvadoreñas» como conjunto, de aclarar que de nacional lo único que tenían era los títulos de propiedad raíz e industrial, el llamado «asiento de sus negocios».

El proceso de industrialización deforme tuvo dos etapas; la primera estuvo más directamente determinada por las necesidades de la producción y de la exportación agropecuaria y sus fluctuaciones dependían de esta: industria de transformación del café, industrias

textiles, industria del calzado, bebidas, tabaco, industria del azúcar, aceites, grasas, jabones y productos derivados de la leche. En el
citado testimonio de Miguel Mármol se comprueba que en cuanto
subían los precios del café había un relativo progreso en el estímulo a la circulación mercantil: los campesinos compraban la llamada
«manta colombiana» y la «nagüilla» y proliferaban los telares del
barrio de Candelaria de San Salvador, y surgían los talleres que fa-
bricaban cumas, machetes, velas, objetos de uso diario. La industria
textil tenía ante sí una buena coyuntura que era aprovechada por
los capitalistas palestinos o españoles instalando fábricas relativamente grandes. Los artesanos de San Salvador y Santa Ana, de San
Miguel y Usulután, los artesanos de los municipios importantes,
podían usar entonces magnolias de cinco pesos en la solapa y portar
pistola con mango de concha nácar. El mercado interno de productos manufacturados se nutría de la importación, pero, desde luego,
los campesinos no formaban parte de este mercado. La cerveza ale-
mana, el casimir inglés, los automóviles norteamericanos, eran para
selectas capas de los núcleos urbanos grandes que se beneficiaban
por estar lo más cerca posible del eje oligárquico. También es so-
bradamente conocido que siempre hubo en el pasado una política
minuciosa para frenar la producción industrial y mantener en su
ritmo soñoliento de desarrollo a la producción manufacturera artesanal. Incluso se llegó a fijar, ya en el Gobierno de Martínez, un
límite para el monto del capital a invertir en la creación de establecimientos industriales, con el pretexto de proteger a los artesanos.
La verdadera razón era que en aquellos momentos el desarrollo de
la industria manufacturera chocaban con la base y las tendencias
del modo de producción imperialista en El Salvador: requería inversiones que eran necesarias para *servir* a la producción agropecuaria
para la exportación, habría dado una alternativa a la mano de obra
del campo y se la habría disputado por lo menos a la producción
agropecuaria, habría tendido a sustituir (aunque se lo plantease en

el inicio en términos casi imposibles de competencia) a los productos de manufactura industrial que el sector importador de la misma oligarquía traía al país, etcétera. Hay que decir que hasta una artesanía como la del calzado usaba hilo, agujas, pegamentos, clavos y chinches, pieles finas, charol, ojetes, tacos de goma, etcétera, traídos de Alemania, Francia, Inglaterra o Estados Unidos.

No ha sido sino hasta que el imperialismo decidió explotar *también* el mercado interno salvadoreño en forma directa (prescindiendo o tendiendo a prescindir, vistas las cosas a fondo y con perspectiva, de la forma antigua de intermediación de la burguesía importadora, compradora) como parte de un conglomerado mayor —el mercado centroamericano—, que el proceso de industrialización deforme (dependiente) de El Salvador tuvo un incremento notable. A partir de los años cincuenta se incrementa en El Salvador la inversión directa norteamericana (que tradicionalmente se había mantenido en términos exiguos: en 1908 era de 1 800 000 dólares; en 1929 de 29 millones y medio de dólares; en 1950 de 18 500 000 dólares). Comenzaron a aparecer bajo diversas marcas, nombres y respaldos las industrias «de Integración», las empresas «de capital mixto». Es muy difícil establecer el monto de la inversión directa norteamericana en nuestro país: es muy significativo que las generalmente ostentosas estadísticas yanquis se vuelven pudorosas en cuanto llegan a Centroamérica (por ejemplo, el último dato que se conoce en cuanto a inversiones directas yanquis en El Salvador es una cifra que se da para 1965, y ella ha tenido que ser construida por la agencia de Prensa Latina, de La Habana, a partir de diversos documentos estadísticos de la ONU y la CEPAL: 28 400 000 dólares, cifra sin duda muy alejada de la realidad); fuera de que, como dice Guillermo Molina Chocano, los monopolios extranjeros penetran y obtienen beneficios a través de formas mucho más indirectas y ocultas como el pago de derechos de patentes y marcas, las ventas bajo contrato de exclusividad de insumos y maquinarias y, sin arriesgarse a inversiones directas, obtienen cuantiosas utilidades en muchos casos superiores a las de las firmas «nacionales». En el plano financiero el capital norteamericano participa en muchas empresas «nacionales» —agrega Molina Chocano— a través del accionariado, y logra paulatinamente su completo dominio, pero guarda la apariencia de «nacional» en formas que varían según los países. En esas condiciones el desarrollo industrial dependiente no significa otra cosa que una vía más de uncir el país al sistema imperialista. La diversificación industrial es mínima y no atiende a los intereses nacionales, sino a los planes de los monopolios extranjeros. Es un desarrollo industrial que sigue siendo complementario, no solo ya con respecto a la producción agraria para la exportación, sino complementario de las industrias imperialistas extranjeras que usan instalaciones «nacionales» para acabar, montar, mezclar, ensamblar los productos semielaborados con mano de obra barata y con la ayuda del capital financiero criollo, que en ocasiones cada vez más frecuentes termina por pasar íntegramente a los bolsillos del socio mayor. Los productos industriales que El Salvador ha exportado entre 1965 y 1972 hablan elocuentemente de esta situación (sobre todo porque el incremento industrial se hizo a partir y con rumbo al Mercado Centroamericano para «diversificar las fuentes de divisas», «sustituir las importaciones», etcétera, y se mantuvieron en lo fundamental los viejos criterios negativos con respecto a la elevación de la capacidad del mercado interno, aunque, desde luego, haya habido en estos años una relativa elevación del consumo de productos industriales sobre todo en las áreas urbanas más importantes, lo que ha hecho que algunos propagandistas del régimen caigan en el ridículo de hablar de una «nueva sociedad de consumo en El Salvador»).

Al principio del quinquenio 1965-1969 el ex secretario general del Partido Comunista de El Salvador mostraba un cuadro del imperialismo en el país cuyos datos son muy gráficos y sirven para apoyar lo que hemos venido diciendo, aunque los datos actuales de la realidad sean aún más variados y alarmantes:

> El imperialismo yanqui —dice José Sánchez en su artículo «Los cambios sociales y la política del PC de El Salvador», aparecido en la *Revista Internacional* (Praga, 1965)— no posee plantaciones ni controla totalmente la banca nacional, pero su dominio económico lo ejerce eficazmente a través del comercio exterior, de su control de vitales ramas de la industria y servicios públicos, de los empréstitos y de diversas formas de penetración económica neocolonialista. En el comercio exterior controla el 33,8% de las exportaciones (directamente) y el 36,5% de las importaciones (directamente). Determina el bajo precio de nuestros productos agrícolas de exportación y el alto precio de los productos industriales que importamos […] La penetración del capital yanqui en la banca salvadoreña es cada vez mayor. En 1964 se estableció la agencia del First National City Bank de Nueva York con una inversión inicial de 10 millones de dólares. El «Banco Salvadoreño» ha contraído crecidas deudas con el Bank of America de California. Y el Banco Central de Reserva tiene una línea de crédito por 30 millones de colones, procedente de bancos norteamericanos. La participación del capital norteamericano en la actividad bancaria del país es superior a los 70 millones de colones. Eso representa la gradual absorción de la banca nacional por los monopolios norteamericanos […] Las compañías imperialistas controlan el transporte marítimo, ferroviario y aéreo. Disponen de un puerto marítimo operado por una empresa subsidiaria de la United Fruit Co. Controlan y distribuyen la energía eléctrica. A los monopolios extranjeros pertenecen una refinería de petróleo, las empresas de TV, grandes tiendas comerciales, gran cantidad de fábricas establecidas en los últimos años (directamente o por medio de empresas mixtas). Las inversiones directas extranjeras, casi todas norteamericanas, solamente en sociedades anónimas (en la industria,

transporte, servicio y comercio interno) se elevaron de 16 a
66 millones de colones de 1953 a 1962. Las inversiones indirectas han crecido aún más rápidamente [...] En la agricultura el
imperialismo no había efectuado inversiones apreciables, pero
la penetración se está realizando por medio de préstamos directos de bancos norteamericanos a los productores agrícolas.
Solo para el financiamiento de la cosecha de algodón (1962-1963)
tales instituciones proporcionaron a los algodoneros 37 millones de colones [...].

José Sánchez completa el panorama con los datos sobre las transformaciones efectuadas por el imperialismo en las estructuras estatal e institucional salvadoreñas. Datos más recientes hablan de un
51% de la industria de transformación en manos de capital norteamericano, así como de una arrolladora penetración yanqui en la
«nueva industria del Turismo»: restaurantes, hoteles, inversiones
en zonas turísticas; y en el sector comercial, etcétera. En países
como El Salvador pensaba, sin duda, el compañero Fidel Castro
cuando reiteraba hace poco en Chile:

> Y les dijo con toda responsabilidad que en nuestro concepto el
> enemigo principal es el imperialismo, tanto en Vietnam como
> en Cuba como en cualquier lugar de América Latina [...] Tengan
> la seguridad de que los reaccionarios, oligarcas, fascistas y todos
> los elementos de esa laya, sin el imperialismo, no son nada [...]
> Tanto en Cuba como en Vietnam, como en cualquier otro lugar
> de América Latina, el enemigo principal ha sido, es y seguirá
> siendo el imperialismo [...] La estrategia revolucionaria sin duda
> de ninguna clase, deberá subordinar la táctica a la consecución
> de ese objetivo fundamental que es la liberación de nuestros
> pueblos de América Latina del dominio imperialista.

Desde hace un tiempo se ha venido aprendiendo en América Latina, además, a no ver al imperialismo como un simple «elemento

externo» sino como un sistema global que nos involucra con todo y nuestro atraso. Solo así es posible entender que el imperialismo ha estado presente entre nosotros *en* las clases dominantes locales para él, y ha obtenido en el transcurso de la operación su ganancia emparentadora, su *comisión* histórica de poderío económico y político, social y cultural; que el imperialismo sigue estando presente en las clases dominantes de hoy y, *además*, directamente, por medio de sus inversiones directas en la industria y de los otros medios y vías que han quedado expuestos. *Solamente con la comprensión del carácter de nuestra sociedad como un complejo dependiente de un complejo mayor, como un complejo fundamentalmente determinado por la relación de dependencia con respecto al imperialismo (y en cuyo desarrollo debemos ubicar entre las apariencias «feudales» del atraso, la tendencia irreversiblemente principal) será posible establecer el carácter unitario, ininterrumpido, del proceso revolucionario que deberemos impulsar, lejos de la paralizante concepción de las «dos revoluciones» (democrático-burguesa, primero; socialista luego) que necesitaría la «sociedad dual» (semifeudal, por una parte; y en desarrollo capitalista, por la otra) que, como es bien sabido, no solo el agente imperialista Raúl Haya de la Torre ha proclamado en nuestros ámbitos, y lejos también del reclamo «trotskista» de la «revolución socialista inmediata».* Una consideración de conjunto, estructural, de la relación dependiente de nuestro país en el marco del imperialismo como sistema mundial, no tiene por qué lesionar la consideración del proceso interior de la lucha de clases: de lo que se trata es de colocar este proceso interior en su verdadero marco, que no está formado, por cierto, por la zona geográfica limitada por el Pacífico, Guatemala y Honduras y las aguas territoriales de Nicaragua en el golfo de Fonseca. El marco real de operatividad de las fuerzas sociales salvadoreñas es el sistema imperialista mundial, aunque en él nuestra formación social se ubique de una manera concéntrica y la lucha de clases a nivel nacional deba procesarse en concreto y, antes que frente a nadie, frente a la oligarquía terrateniente y a la burguesía surgida en el desarrollo del capitalismo dependiente y frente a todo el aparato local de explotación y represión. Pero solamente si consideramos a la oligarquía terrateniente y a la burguesía (primero solamente productoras de materias agrícolas para el mercado mundial y ahora además «socias» del imperialismo en las empresas industriales de supuesto capital mixto) como elementos locales indispensables para la integración del país al modo de producción imperialista, es que podremos comprender cómo el carácter nacional liberador de la auténtica revolución que reclaman las condiciones reales de nuestra sociedad no puede detenerse en las tareas «de contenido democrático-burgués», ya en la actualidad neta y objetivamente reformistas si se les aísla de la perspectiva socialista. Es un hecho que la relación de dependencia se concretiza en el territorio salvadoreño, la explotación se concretiza en los cafetales de Santa Ana y en los algodonales de oriente y en las fábricas de Soyapango, y que ambas se aseguran con aparatos «salvadoreños» de represión: Ejército, Guardia Nacional, etcétera. Pero la relación misma no se agota dentro de las fronteras nacionales, valga la insistencia, sino dentro del marco internacional del imperialismo. La concreción física, inmediata, local, de una estructura clasista determinada en último término por el imperialismo, hace que la lucha inmediata se deba enfilar *contra la oligarquía y la burguesía del imperialismo.* Ello explica también que para la actual toma del poder los revolucionarios deban plantearse la eventualidad de que no bastará con destruir o inmovilizar el aparato represivo «interno», sino que será necesario absolver las instancias de una u otra formas de intervención imperialista directa. Recuérdese (pero sobre todo, analícese seriamente) el caso de la República Dominicana. Al decir que nuestra formación social se ubica de una manera concéntrica en el sistema imperialista, partimos precisamente de la lucha de clases interna, cuyo agotamiento entre las fuerzas motrices locales no basta para hacer la revolución en nuestros países, pues lo fundamental es romper la dependencia. Si tomamos a las fuerzas revolucionarias como el factor principal dentro de este punto de vista, tenemos que ellas deben romper una cáscara conjunta para salir a la superficie revolucionaria, pero entre las capas de esta cáscara —las capas internas—, las que inmediatamente envuelven y someten a las fuerzas revolucionarias son las clases dominantes criollas. Si logramos que nuestra fuerza desgaste o haga desaparecer inclusio solamente a estas capas, el resto de la cáscara imperialista nos seguirá cubriendo y, además, estará en capacidad de (por sus propios medios, externos a nuestra formación social, o por medios intrínsecos de esta) impulsar un proceso regenerativo de sus instrumentos locales de dominación. No es otro el peligro que corren los procesos latinoamericanos que «se quedan a medio camino», en la medida en que no van más allá de las reformas convencionales de orientación neocapitalista o populista, o de las reformas marginales de acuerdo a los esquemas liberales y tradicionales de modernización tecnológica.

Estas afirmaciones en nuestro criterio están exhaustivamente comprobadas por la forma en que triunfó y llegó a la vía socialista la Revolución cubana, pero también por lo que pasó años antes con los procesos reformistas de Guatemala y Bolivia, por los hechos del proceso abierto en Chile (que se mueve entre tan agudos peligros) y en el Perú, etcétera. En la comprensión de la esencia que unifica por la base a estos fenómenos está la posibilidad de captar la estrategia latinoamericana del imperialismo a fin de plantearnos la contrapartida consecuente; sobre todo para nosotros los salvadoreños cuando desde los años cincuenta la forma de explotación imperialista para la zona centroamericana ha devenido conjunta y supranacional con la Integración Económica del istmo y la creación del Mercado Común. Nuestra historia cruel nos obliga a mirar cara a cara a los hechos y nos exige abandonar toda superstición política, pues los resultados de los fenómenos propios de la estructura crítica del imperialismo terminan siempre por pagarse con sangre y con sufrimientos de nuestro pueblo: la crisis mundial del capitalismo de 1929 nos costó 30 000 muertos obreros y campesinos y un estancamiento sociopolítico y económico que duraría lustros; la crisis reciente de la Integración y del Mercomún centroamericanos se reflejó en la guerra salvadoreño-hondureña cuyos muertos «anónimos» (para la gran prensa local e internacional) se contaron por miles; cada vez que caen radicalmente los precios del café en el mercado internacional se posibilitan en el país procesos veloces que suelen desembocar en situaciones revolucionarias más o menos completas, etcétera.

Una concepción global de nuestra dependencia tampoco niega la existencia de contradicciones entre los instrumentos sociales locales del imperialismo y los intereses más cercanos al centro del sistema. Es elemental saber que contradicciones hay en todo lo que existe; es más: sin contradicciones internas nada puede existir. Ni niega tampoco una concepción así la descomposición con fines tácticos del concepto total de nuestro sistema social a transformar revolucionariamente, en la medida o medidas que sean necesarias para cubrir las urgencias de la lucha concreta: enemigo principal y sectores y grupos fundamentales dentro de este en un momento dado, contradicciones entre sectores o grupos de una clase o capa social, formas de aislamiento del enemigo principal, alianzas tácticas, etcétera. Y se trata asimismo de la única concepción que, hoy por hoy, da una base real al internacionalismo proletario en las condiciones específicas de la América Latina, y que nos aleja de ese internacionalismo «de buena voluntad» que suele predicarse entre nosotros, ya que sin pretender lo que nadie ha pretendido jamás, o sea, partiendo de esta visión sistematizante y orgánica de la revolución llamar al «levantamiento simultáneo antiimperialista» de los pueblos de América Latina por medio de ella es que será posible únicamente enfrentar la estrategia global imperialista con una estrategia también global, acorde con la unidad *básica*, diversificada, dialéctica, de América Latina, definida en términos antiimperialistas; tener una táctica nacional no empírica sino correspondiente a una estrategia antiimperialista cuyo objetivo sea la revolución mundial; coordinar lo coordinable en el proceso revolucionario continental cuyos flujos y reflujos son relativamente simultáneos; resaltar dentro del conjunto continental conceptos hasta ahora dejados a un lado como anticientíficos, como sería el de la «zonalidad», que reúne caracteres comunes en una unidad intermedia entre lo nacional local y lo general-latinoamericano, y que el imperialismo ha usado para su provecho desde hace tiempo (sin pedir permiso a los «marxistas tradicionales») en los casos de Centroamérica, Venezuela-Colombia, Ecuador-Perú-Bolivia, el Caribe, etcétera.

Esbozados en sus términos más generales, los criterios con los que desde hace algún tiempo tratamos de enfrentarnos (no solo en lo personal sino en compañía cada día más creciente de estudiosos y militantes revolucionarios) a los problemas fundamentales de la sociedad salvadoreña en su proceso de desarrollo dependiente, cerraremos la primera parte de estas páginas (y antes de entrar directamente a las consideraciones sobre el partido marxista-leninista en El Salvador) con una breve descripción puntualizada de las clases sociales operantes en nuestros país, tratando de conservar el enfoque simultáneo de su estado actual y del proceso de su desarrollo que hemos venido utilizando.

1) En primer lugar, en la cúspide de la pirámide, está la llamada «oligarquía», que ya hemos definido como «un núcleo gran burgués imperialista». Esta capa de la burguesía explota al resto de la sociedad salvadoreña (y actualmente no sería impropio decir que explota también no solo al resto de los pueblos centroamericanos por medio del aparato de la Integración Económica, sino también

a otros pueblos latinoamericanos y aun de otros continentes donde cuela inversiones en mixtura con el capital norteamericano de exportación) en nombre del imperialismo y en el suyo propio. Se trata de un sector muy reducido numéricamente: es muy gráfica, aunque no exacta, la calificación que le da el lenguaje convencional del periodismo: «los catorce grandes», «los catorce barones del café», «las catorce familias», etcétera, aludiendo al concentrado número de poseedores multimillonarios que ejercen una implacable dictadura económica, social y política sobre la nación y que terminó de consolidarse en la forma actual (con las variaciones secundarias, ampliaciones y entrecruzamientos posteriores) entre los años veinte y treinta del siglo veinte en el proceso que hemos dejado esquematizado más arriba. Este concentrado núcleo gran burgués imperialista está formado por:

a) Los grandes latifundistas (productores de materias primas agrícolas para la exportación —principalmente café y algodón— en forma intensiva y en tierras seleccionadas, utilizando técnica moderna, y de productos alimenticios para el consumo nacional en áreas relativamente grandes y de baja productividad por los métodos atrasados; acaparadores de la tierra que arriendan parcelas a los campesinos o a los productores capitalistas urbanos para el cultivo del algodón, de caña de azúcar, de cereales, etcétera; acaparadores de tierras ociosas mantenidas perennemente «en reserva»; etcétera). Hay que señalar que la concentración de la tierra en pocas manos es extrema en El Salvador. En 1956, mientras el 4,10% de los propietarios poseían el 67,28% de la tierra en propiedad, el 95,90% de ellos poseían apenas el 37,72% de la tierra en propiedad. Unos tres años antes el Frente Unido de Acción Revolucionaria, FUAR, señalaba que unos 1 000 propietarios acaparadores de la tierra tenían en su poder las dos terceras partes de la superficie en propiedad, mientras que más de 100 000 medianos y pequeños propietarios y parceleros minifundistas se repartían la tercera parte restante. En el sector latifundista se ha originado el resto de la actual oligarquía salvadoreña.

b) Grandes exportadores de café.

c) Grandes importadores.

d) Banqueros.

e) Grandes industriales. Este sector ha surgido a partir de la lenta inversión en la producción industrial del capital agrario de los grandes latifundistas y se ha incrementado con la inversión directa de los monopolios yanquis a partir de la Integración Económica de Centroamérica en la forma que ha quedado apuntada.

g) Grandes comerciantes.

Es frecuente en el seno de la oligarquía que los individuos o las familias poseedoras sean a la vez latifundistas, grandes exportadores de café, grandes importadores, banqueros, grandes industriales y grandes comerciantes. El núcleo actual de la oligarquía debe ubicarse siguiendo la pista a la concentración mayor de capital financiero, elemento que capacita a este sector social para ser el principal instrumento socioeconómico del imperialismo a nivel local y para mantener la reproducción del sistema.

2) En segundo lugar está la burguesía llamada en otros países «nacional». Esta capa de la burguesía rodea al, depende del, y está conformada por el núcleo oligárquico-imperialista, aunque desde luego es explotada por él y por lo tanto existen entre ambos sectores contradicciones que, si bien no han llegado hasta ahora a ser

antagónicas y tienden a borrarse cada vez más en la medida en que se acentúa la vía del capitalismo dependiente como vía de desarrollo del país, pueden ser objeto de enfoques específicos, particulares (en casos individuales o de grupos e inclusive de sectores) por parte de las fuerzas revolucionarias. A ella pertenecen:

a) Industriales fabriles que no son de la oligarquía (en su gran mayoría son ya en la actualidad socios del imperialismo en diversas formas y a través de varias vías: empresas de capital mixto, a través del crédito, etcétera). Esta capa se desarrolló en lo fundamental a partir del sector manufacturero artesanal urbano, en forma por demás veloz, después de que su expansión fue mantenida por décadas en niveles bajos y rigurosamente controlados.

b) Comerciantes al por mayor que no son de la oligarquía, incluidos algunos importadores medios.

c) Terratenientes medios (cafetaleros medios como subsector más importante).

d) Algunos profesionales, algunos militares.

3) La pequeña burguesía. Está formada por:

a) Industriales artesanales.

b) Pequeños industriales fabriles.

c) Pequeños comerciantes (en mercados, tiendas de «artículos de primera necesidad» o pulperías, vendedores ambulantes).

d) Estudiantes y profesionales. Esta capa es de una importancia política tradicionalmente enorme: por una parte es la fuente de cuadros de la oligarquía y del imperialismo, por otra es el núcleo de la intelectualidad revolucionaria.

e) Empleados estatales y privados. Militares: oficialidad de las FF.AA.

f) Intelectuales en el sentido más restringido del término: artistas, escritores, publicistas, etcétera. Los maestros participan de las características del sector intelectual y del de empleados estatales o privados.

g) Pequeña burguesía rural (campesinado). A su vez se divide en: campesinos ricos (propietarios y algunos arrendatarios); campesinos medios (propietarios o arrendatarios) y campesinos pobres o semiproletarios (propietarios minifundistas, pequeños arrendatarios, aparceros).

4) En cuarto lugar está la clase obrera, el proletariado.

Se divide en clase obrera urbana y clase obrera agrícola o proletariado rural. La clase obrera urbana está integrada por:

a) Obreros artesanales. Ha sido el núcleo del movimiento obrero salvadoreño de este siglo que se desarrolló a partir del movimiento gremial de los artesanos urbanos propiamente dichos. Fue el sector obrero que más cuadros dio al movimiento marxista salvadoreño entre 1930 y la actualidad, pero asimismo fue la base social de las tendencias anarco-sindicalistas, economicistas y reformistas en el seno de aquel.

b) Obreros fabriles o proletarios propiamente dichos. Se ha incrementado con el proceso de la industrialización dependiente que se da en El Salvador a partir de la década de los cincuenta y constituye el núcleo dinámico de la clase obrera salvadoreña.

c) Trabajadores de servicios, transportes, obreros de las instituciones del Estado (obras públicas principalmente), etcétera.

d) Trabajadores del servicio doméstico. Este sector de la clase trabajadora está integrado en su casi totalidad por mujeres y corrientemente es dejado fuera de la clase obrera, pero su calidad de grupo integrado al sector de los servicios es indiscutible. Su relación con la producción queda más clara después de las discusiones sobre el «trabajo doméstico» como reposición de la fuerza de trabajo social que se han llevado a cabo en derredor del problema de la liberación de la mujer del trabajo del hogar en los países capitalistas desarrollados y en los países socialistas. Además, la terrible situación social de las trabajadoras domésticas de El Salvador (las «sirvientas»), sus niveles de salario y su carencia de derechos, las vejaciones y las humillaciones excepcionales que sufren, les otorgan objetivamente una inserción muy especial en el seno del proletariado y una potencialidad revolucionaria no considerada corrientemente en los análisis sociopolíticos del país.

La clase obrera agrícola o proletariado rural es la capa social más numerosa del país. La integran:

a) Los peones agrícolas y los colonos y mozos-colonos.

b) Los trabajadores de los beneficios de café y los ingenios algodoneros y azucareros.

c) Los manejadores de la maquinaria agrícola (cuyo nivel de salarios es notablemente más alto que el del resto de los trabajadores rurales).

5) Finalmente, los elementos desclasados, el «lumpen».

Desde luego, hay que hacerse cargo de que hemos construido un esquema que, por sí solo, no vale apenas nada. Un cuadro estático de las clases sociales en El Salvador sirve solamente para el tipo de visión aproximada, de términos generales y de primera intención que nos proponemos en estas líneas. Para vivificarlo y dinamizarlo —es decir, para hacerlo carne de análisis operativo en lo político— sería menester profundizar en los detalles que le dan a cada sector su «lugar en la producción» (con base en cifras fehacientes incluso), su segmento en la estructura, su campo en la formación, pero sobre todo sería necesario examinar su conjunto a la luz de una coyuntura político-social determinada y a partir de un concepto de «clase social» complejo y funcional que parta de y vuelva a la realidad histórica donde nunca se dan formaciones sociales puras.

Las carencias impuestas por la circunstancia de trabajar en el extranjero explican, aunque no justifican del todo, que no hayamos podido superar en estas líneas el tipo tradicional de «presentación y desglosamiento» de la estructura de clases salvadoreña. Habrá en el futuro oportunidades para avanzar en este camino, abandonando los criterios que absolutizan ese factor que hemos citado, el «lugar que se ocupa en la producción», para definir la clase social y dejar de lado la dimensiones verdaderamente *operativas*, insistimos, que el marxismo impone tomar en cuenta para tal definición, como sería la existencia de las clases solamente dentro de una relación social dada, la calidad permanente del enfrentamiento entre las clases, la sustantivación de la clase ante los individuos que pertenecen a ella (lo que abre el campo para el trabajo sociológico más amplio), la calidad que impone al concepto de clase el hecho de la dominancia social de las ideas de las clases dominantes, la actividad política de las clases (dimensión clave del concepto), su existencia en relación con una forma principal de ejercicio del poder político por parte de la clase dominante (el Estado). Ello es fundamental porque todos estos problemas se plantean para El Salvador en la lucha por encontrar una vía hacia la toma del poder, hacia la revolución, y por lo tanto es necesario actualizar la definición de clase social de Marx, centrada en lo político. Sin desestimar, desde luego, la importancia básica de la ubicación de los grupos y de las clases sociales frente a la producción, nosotros necesitamos, para la lucha revolucionaria salvadoreña, apuntar hacia un concepto que involucre la «conducta social» de aquellos y las *razones* de su participación política en una forma determinada, ya que «el análisis de clase sirve en definitiva para entender la situación revolucionaria y el proceso que culmina en ella o no sirve prácticamente para nada».

Entre 1924 y 1932 (fechas respectivas de la fundación de la Federación Regional de Trabajadores Salvadoreños —FRTS— y de la masacre anticomunista que arrasó con TODAS las organizaciones populares del país) el panorama clasista de la nación salvadoreña no era desde luego tan acabado como para encajar perfectamente en este esquema que hemos elaborado (aun mirando hacia atrás) en 1972. No había prácticamente clase obrera industrial, ya que la industria salvadoreña estaba ínfimamente desarrollada y el gran grueso de la manufactura salía de las unidades artesanales: pequeños y medianos talleres, cuchitriles individuales, etcétera. Había solamente núcleos concentrados de clase obrera en la incipiente industrial textil, en los transportes (ferrocarriles, principalmente) y en los servicios estatales (construcción, carreteras, etcétera), y el estrato artesanal era absolutamente preponderante, era *el* proletariado urbano. Desde aquella época ha habido un gran desarrollo numérico de los otros estratos del proletariado urbano, aunque —no se han dado y es probable que no se darán por ahora— grandes concentraciones de proletariado industrial de acuerdo con las características de la industria moderna neocolonialista que, con los logros de la actual tecnología no promueve grandes concentraciones de personal en los centros de producción. El campesino pobre y medio era en los años 1920-1932 una capa relativamente mayor, ya que en los últimos años se ha ido reduciendo al nutrir cada vez más aceleradamente al proletariado agrícola. Pero el proletariado agrícola y el campesinado pobre formaban ya el sector más numeroso de la población salvadoreña. Junto con el artesanado urbano eran la mayoría absoluta de la población. La burguesía como conjunto transcurría un período ya viejo de recomposición interna en que el elemento dinamizador era el proceso de consolidación de la oligarquía terrateniente-cafetalera. Esta oligarquía ya tenía preponderancia económica en el seno de la estructura de la burguesía de El Salvador y ya explotaba al país para sí misma y para los capitales internacionales, y establecería su preponderancia política excluyente (en lo interno) a raíz de los sucesos de 1932 en que se inauguraría la forma de gobierno del sistema oligárquico dependiente: la dictadura militar. Sin embargo, no existía entonces el fenómeno de la capa militar como sector de la burguesía con intereses económicos propios como en la actualidad. Los sectores pequeñoburgueses estaban mucho menos desarrollados tanto en su número absoluto como en su importancia relativa en el seno del conglomerado social: desde aquellos años se han desarrollado mucho los sectores urbanos de la pequeña burguesía industrial-fabril, el comercio en pequeño, estudiantes y profesionales, oficialidad del Ejército, intelectuales. La pequeña burguesía rural (campesinos) se ha reducido mucho desde entonces. El fondo de desocupados y subocupados y el «lumpemproletariado» se han multiplicado (sobre todo este último grupo con el fenómeno de la urbanización en desarrollo). Los cambios en la composición social de la población salvadoreña desde el período 1924-1932 hasta nuestros días corresponden al desarrollo del capitalismo dependiente en el país, tanto en el campo como en la ciudad.

II

El carácter «normal», consecuente con la realidad social del país, del desarrollo temprano del Partido Comunista de El Salvador (1930-1932) estuvo basado en los siguientes hechos:

1) El PCS *surge* del seno de la mayor organización de trabajadores de El Salvador en aquellos años (la FRTS), cuya estructura organizativa estaba conformada directamente por la propia estructura de las capas trabajadoras salvadoreñas. De acuerdo con la casi inexistencia de la clase obrera industrial, el grueso del movimiento sindical que abarcaba la FRTS (la cual llegó a tener más de 75 000 afiliados formales, aunque el número de trabajadores que influenciaba y dirigía era mucho mayor) estaba compuesto por los artesanos urbanos (zapateros, sastres, panaderos, carpinteros, albañiles, ebanistas, hojalateros, tejedores, etcétera), los trabajadores de servicios (ferrocarrileros, choferes, saloneros, barberos, etcétera), los pequeños productores-expendedores (vendedores ambulantes, golosineros), pero también, y en gran medida, por el proletariado agrícola (a través de los «sindicatos de finca» y los llamados «sindicatos de oficios varios», en los que entraban indistintamente obreros urbanos, artesanos urbanos, rurales y proletarios agrícolas y hasta, aunque excepcionalmente [sobre todo después de que los delegados salvadoreños al Congreso Mundial de la Sindical Roja, PROFINTERN, trajeron al país los criterios correspondientes a nivel mundial], campesinos pobres y semiproletarios).

2) A pesar de la preponderancia artesanal que marca al movimiento comunista salvadoreño, desde su inicio, con muchos resabios ideológicos pequeñoburgueses, el Partido mismo encarnó —aunque en niveles primitivos de manejo y elaboración para lo «concreto-nacional» salvadoreño— el nivel de la ideología sistematizada

del proletariado mundial de la época, el marxismo-leninismo elemental *en la forma en que era transmitido por los canales latinoamericanos de la III Internacional.*

3) El PCS, surgido del sector más avanzado (el sector organizado
sindicalmente) de las capas trabajadoras explotadas fundamentales del país (artesanado urbano con un ínfimo germen de clase
obrera industrial, proletariado agrícola mayoritario y campesinado pobre) y de sectores de las capas medias (profesionales, estudiantes, intelectuales), pudo comenzar a desempeñar su papel de
llevar —a través de la lucha sociopolítica y económica cotidiana
y en sustitución de los primeros ideólogos marxistas nacionales
y extranjeros que iniciaron esa labor— la conciencia revolucionaria al seno de la amplia clase trabajadora salvadoreña con el fin
de transformarla de *clase en sí* en *clase para sí* y pasar entonces a
plantearse tareas revolucionarias de alta complejidad, incluida la
toma del poder político nacional. Sin duda se abre para el investigador frente a este problema un campo de trabajo decisivo: ¿cuáles
fueron las formas de surgimiento, los desfasajes o contradicciones
entre los diversos niveles de la conciencia de clase proletaria en El
Salvador desde la etapa 1930-1932 hasta nuestros días, en su triple
aspecto de elemento constitutivo de la clase, elemento definitorio
del partido político clasista y factor básico de la revolución? ¿Hasta
dónde se avanzó en este terreno entre 1930 y 1932?

Es necesario precisar el sentido del *carácter normal* en el desarrollo primigenio del Partido de que estamos hablando. Se trata
de un proceso que transcurrió en un período menor de dos años,
tiempo extremadamente corto para hacer de una masa tradicionalmente dispersa y atrasada, de un movimiento organizado de
trabajadores tan joven y heterogéneo, el sujeto teórico-histórico
en funciones de la revolución; y de un Partido Comunista surgido
en tales condiciones, su sujeto político práctico, apto para instru-

mentar TODAS las tareas de un planteamiento revolucionario radical en las condiciones del país y del mundo de los años treinta. Y ello a pesar de que la profundización de la crisis generalizada de la sociedad salvadoreña de la época sirviera de acelerador de la acumulación de experiencia para las masas y para su vanguardia organizada mediante la multiplicación de la actividad política popular ante el recrudecimiento de la miseria y de la represión. Se trata de un desarrollo «normal», pues, marcado por la debilidad social de la «vanguardia-de-la-vanguardia-histórica» (obreros avanzados) y por el nivel ideológico insuficiente de la vanguardia organizada en concreto (Partido, movimiento obrero, juventud comunista, Socorro Rojo Internacional, cuadros marxistas, etcétera). Esta debilidad y esta pobreza ideológica y política no obstaron sin embargo para que en derredor del PCS, la FRTS y el SRI se organizara el más grande movimiento revolucionario de masas de la historia salvadoreña, y para que el Partido se viera, a menos de dos años de su fundación, en el trance de encabezar una insurrección armada nacional para tomar el poder político en nombre de las clases trabajadoras y pasar así a hacer las transformaciones revolucionarias que iniciarían el camino hacia el socialismo, revolución social *pensada* en términos «democrático-burgueses» por la dirigencia comunista salvadoreña de aquel tiempo. La situación revolucionaria que surgió en El Salvador en los años 1930 y 1931 fue fruto de las condiciones nacionales e internacionales del sistema capitalista dependiente que, con un grado mayor de madurez y profundidad, aún se mantiene en nuestro país. *Los niveles de debilidad, insuficiencia e incapacidad del Partido y de la clase trabajadora salvadoreños se refieren precisamente a no haber podido dar una salida revolucionaria victoriosa a la situación revolucionaria que planteaba la crisis general aguda de nuestra sociedad.* (La crisis general del capitalismo de 1929, al incidir en la estructura salvadoreña, propició la crisis social generalizada en nuestro país). *O sea, que se refieren al carácter instrumental (práctico y hasta «técnico» si se quiere) del Partido y (social-histórico) de la clase, frente a la tarea de la ejecución de la revolución salvadoreña de entonces.*

El testimonio de Miguel Mármol sobre el desarrollo del Partido entre 1930 y 1932 y muchas otras informaciones que obran en nuestro poder son un material bastante rico como para que podamos tratar de analizar o, simplemente, considerar algunos de los elementos en juego. En primer lugar, es un hecho que el PCS que se fundó en 1930 fue fruto del desarrollo de un pequeño núcleo de trabajadores avanzados (el grupo de los que «se sentían comunistas», como dice Mármol, y que concurrían en posiciones comunes bajo la influencia de materiales marxistas que recibían: trabajos de Lenin y Stalin, etcétera) y no de la concurrencia de grupos de diverso origen de trabajadores revolucionarios, intelectuales, etcétera, que hubieran transcurrido por su propia experiencia política hasta encontrarse y fundirse. El «grupo comunista» nace y se desarrolla en la FRST y se vuelve hegemónico, «echando por la ventana» a los reformistas que recibían la línea de la II Internacional desde Amsterdam, a los anarco-sindicalistas, anarquistas, etcétera, que entonces se disputaban a nivel salvadoreño y mundial la dirección de las organizaciones obreras. El reducido núcleo inicial comunista crece rápidamente y la fundación del Partido se impone: los cuadros internacionalistas (Jorge Fernández Anaya, de la Juventud Comunista Mexicana; Jacobo Horwits y otros cuadros de la IC; Esteban Pavletich, etcétera, y el mismo Farabundo Martí, que regresó al país en 1930 en calidad de responsable local del Socorro Rojo Internacional) hicieron que el nuevo y pequeño Partido naciera vinculado al movimiento comunista internacional: el PCS nace como Sección Salvadoreña de la Internacional Comunista. La excepcional receptividad popular, acicateada por la profunda crisis económica, hace, incluso, que el Partido eche también por la ventana todo fetichismo con respecto a los esquemas organizativos y crezca sobre la base de amplios comités locales y no de células cerradas (lo que desde luego, al absolutizarse, debilitó la seguridad de la organización y la hizo muy vulnerable a la vigilancia, la información y la penetración enemigas), aunque conservando su estructura de «red de organizaciones». Sin embargo, de ese crecimiento «de bambú después de la lluvia», no se pretendía hacer lo que se llama un *partido de masas*, especie de club electoral a la manera de ciertos partidos marxistas europeos. Miguel Mármol es bien claro al decir que desde el principio la organización se orientó a construir un núcleo selecto a la manera leninista, una vanguardia organizada con normas estrictas de funcionamiento, donde estuvieran los mejores, independientemente de representar los intereses históricos de todos los explotados. Fue precisamente por la comprensión de esta última representatividad que los primeros comunistas salvadoreños entendieron que el núcleo aislado de las masas no tiene sentido, que el núcleo por sí mismo y sin ligazón o perspectiva de ligazón con las masas no es un núcleo, sino un grupúsculo estatizado para los fines históricos, y lograron que sus comités locales del Partido dirigieran la labor del FRTS en todo el país, que es lo mismo que decir —de acuerdo a las condiciones de los tempranos años treinta— la labor de la inmensa mayoría de los trabajadores de la ciudad y del campo, sobre todo en el centro y el occidente del país. Hay que dar los méritos del caso a otros organismos paralelos al Partido que cumplieron en la labor político-organizativa-agitativa del pueblo salvadoreño un papel extraordinario que habría que estudiar a profundidad: el Socorro Rojo Internacional, por ejemplo, instrumento que a primera vista a nadie le recuerda en nuestro país una organización de auxilio a las víctimas de la burguesía, una especie de cruz roja proletaria internacional, sino más bien una organización militante, más radical aun que el propio PCS. El desarrollo del primitivo núcleo comunista salvadoreño es específico y no cabe cómodamente en ciertos esquemas de discusión sobre posibilidades organizacionales que se han puesto en boga últimamente. No se trata del núcleo del cual *sale todo lo demás* (organizaciones de masas, organizaciones revolucionarias militares, etcétera), pues él mismo surgió del seno del movimiento obrero organizado salvadoreño que ya tenía más de una década de nacido y que estaba centralizado por la FRTS desde 1924, ni de una selección natural de los diferentes frentes de masas y de grupos que se concentraron y se volvieron núcleo. Se trata de un núcleo que se desarrolló, se volvió hegemónico en el seno de los obreros avanzados (organizados) y tuvo las condiciones para adoptar la forma de Partido Comunista (Sección de la Internacional Comunista), en virtud de haber planteado a las masas la teoría general de la revolución más aceptada por ellas, aunque a partir de cierto momento el mismo núcleo hegemónico ya transformado en Partido se vio rebasado por esas masas, que entraron en un ánimo insurreccional directo y reclamaron del PC la dirección político-militar adecuada que suponía la teoría revolucionaria que les había transmitido aún en forma muy general y divulgativa, propagandística, agitativa.

Habrá que volver más de una vez sobre este grupo de problemas, cuya comprensión total daría nuevas claves para el presente. Quedándonos con los simples hechos, hay que señalar que antes del planteamiento de la instancia puramente insurreccional de 1932, el PCS, en su desarrollo desde un pequeño núcleo y a causa de una línea de masas adecuada en lo fundamental a la realidad nacional, presentaba aproximadamente el siguiente «panorama de logros»:

a) *Era la vanguardia organizada político-reivindicativa indiscutida del movimiento de los trabajadores salvadoreños.* Esta calidad le permitía efectuar movilizaciones masivas legales e ilegales en formas que no se han vuelto a ver en El Salvador desde entonces: «marchas de hambre» de campesinos con participación normal de 50 a 60 000 personas; reuniones «de barranca o quebrada» de centenares y a veces de miles de concurrentes (generalmente clandestinas, nocturnas); manifestaciones de protesta en San Salvador que alcanzaban con facilidad los 100 000 asistentes, etcétera.

b) *Tenía una importante penetración en las capas medias urbanas: profesionales, intelectuales, estudiantes.* El principal órgano de divulgación del PCS era el periódico *Estrella Roja*, dirigido por Mario Zapata y Alfonso Luna, y aparecía como vocero del «Grupo Marxista» de la Universidad. Frente a las tareas de la insurrección, el Partido comisionó a Farabundo Martí para que «formara gobierno» con diversas personalidades universitarias.

c) *Tenía una importante penetración organizada en el Ejército, entre la base de soldados y aun entre la oficialidad baja y media.* Había células comunistas activas en casi todos los cuarteles de San Salvador y en algunos de ellos su número era importante, pensando inclusive en términos operativo-militares.

d) El PCS tenía su organización dislocada a nivel nacional. Había comités en todos los departamentos del país y fuerza ampliamente mayoritaria a nivel de organismos de trabajadores y de apoyo de masas en el occidente y en el centro del país (o sea, en la zona que concentraba y concentra la mayor parte de la población y las unidades de producción fundamentales de El Salvador).

Es decir, hablando en términos modernos, el PCS entre 1930 y 1932, sin dejar de ser un núcleo selecto de militantes de vanguardia, estuvo construido simultáneamente de arriba hacia abajo y de abajo hacia arriba («núcleo que se desarrolló en el seno del movimiento obrero organizado, se volvió hegemónico, dirigió el movimiento del cual nació y lo hizo crecer y comenzó a crecer a su vez nutriéndose del mismo»), e inclusive «horizontalmente» (organización de la población de acuerdo a como esta se halla distribuida en el territorio dado, o sea, en nuestro caso en el territorio nacional, según una determinada división administrativa del Gobierno burgués: departamentos, distritos, municipios, cantones, etcétera). En ese sentido el PCS coincidía en la práctica organizativa en aquellos años con el criterio del líder coreano, compañero Kim Il Sung, cuando al hablar de la construcción del partido marxista-leninista ha dicho:

> Para organizar un partido marxista-leninista no existen métodos ni procesos invariables. El Partido debe ser organizado siempre conforme a la realidad concreta del momento, del país y de la región en cuestión. No hay por qué tratar de ajustar mecánicamente esta cuestión a una teoría determinada. ¿Qué es lo primero, la organización de masas o la organización del Partido? Esto es un sofisma. Lo verdaderamente importante en la construcción de un partido marxista-leninista no es seguir tal método o proceso en particular, sino establecer firmemente las organizaciones del Partido *como verdaderas filas para la revolución y el combate* que permitan conducir la lucha revolucionaria a la victoria.

El PCS se desarrollaba normalmente de arriba a abajo (núcleo-masa), de abajo a arriba (masa engrosando el núcleo por la vía de la organización sindical, política, de socorro mutuo, etcétera) y horizontalmente (territorialmente), pero no tuvo el tiempo ni la capacidad de convertirse en el partido de combate que habría sido necesario para conducir a las masas del pueblo hacia la salida victoriosa de la situación revolucionaria de 1931-1932, transcurriendo la vía armada hacia la revolución.

Después de la masacre, el Partido simplemente no se construyó: ni de arriba hacia abajo ni de abajo hacia arriba (cuando precisamente era necesario crearlo todo de nuevo, inclusive las organizaciones de masas), ni «horizontalmente». No hubo movimiento organizativo, no hubo ese ir del uno al otro nivel que supone el encuentro del instrumento político con la masa, aun en condiciones de aguda clandestinidad, cuando ese encuentro tiene características especiales. Al negarse, por convicción y práctica, al desarrollo, el grupúsculo o los grupúsculos a que el PCS se vio reducido mediante la masacre y el terror permanente se negaron a sí mismos la posibilidad de volver a ser o de tratar de volver a ser Partido, desaparecieron como Partido Comunista.

Hablando de lo que significa construir el Partido, el máximo dirigente de los comunistas uruguayos, Rodney Arismendi, apunta en su libro *Lenin, la revolución y América Latina* (Montevideo, 1970) los requisitos formales y prácticos mínimos para que se pueda dar ese proceso orgánico (y que son, desde luego, previos a los problemas de línea política adecuada, ubicación social idónea, etcétera, que le darían el carácter de *realmente revolucionario* en una situación histórica y en una sociedad dadas):

> En la concepción leninista —dice Arismendi— el Partido se forja, no nace con todas las armas. En la forja del Partido se integran tres elementos, por lo menos: *la propia práctica política, de masas y de organización*, sin la cual no podrá haber verdadera formación; *la discusión política e ideológica permanente*; y la *preparación teórica*, que no puede ser nunca hija de la espontaneidad o librarse a la voluntad individual de cada cuadro. En relación con el movimiento internacional, la formación del Partido presupone el conocimiento de la experiencia de todo el movimiento y su fusión crítica con la experiencia nacional. Y la plena conciencia de que el internacionalismo es principio inmutable de la condición marxista-leninista del Partido.

En el período de desarrollo «normal» del Partido, los comunistas salvadoreños, con todas sus carencias y desviaciones, estaban cumpliendo la tarea histórica de «delimitar la vanguardia y reagruparla en el Partido»: sus deficiencias teóricas e ideológicas eran balanceadas por el ardor de una práctica política y organizativa, agitativa y concientizadora, que partía de la realidad inmediata y volvía a ella sin perder de vista el hacer énfasis en el internacionalismo proletario. Esta labor fue interrumpida por la gran masacre de 1932 y sus resultados posteriores, entre los cuales cabe destacar los siguientes:

a) *Destrucción de TODAS las organizaciones populares existentes en El Salvador,* particularmente de las organizaciones de carácter clasista y las vinculadas con el movimiento político y social del período que transcurrió entre 1924 y 1932.

b) *Prohibición de todo tipo de nuevas organizaciones populares* (en el caso de las organizaciones gremiales o sindicales de la población rural, la prohibición fue elevada a rango de norma constitucional). La primera labor organizativa de carácter político vino a hacerse ya en las postrimerías del régimen martinista, cuando se agruparon los «intelectuales antifascistas» aprovechando el clima de repudio mundial contra el nazismo y las posiciones del imperialismo norteamericano en la Segunda Guerra Mundial, hechos que habían «ablandado» el sentimiento germanófilo del sangriento dictador. Asimismo a partir de una iniciativa de la dictadura para reorganizar a algunos sectores del movimiento sindical y lograr así su apoyo, elementos revolucionarios pudieron hacer algún trabajo organizativo independiente en la capital y en las ciudades principales.

c) *Construcción de organismos reaccionarios de carácter masivo, paramilitares, en el campo y en las poblaciones; movilización del Ejército y los cuerpos de seguridad en el sentido anticomunista; instauración de una fé-*

rrea dictadura fascista que se prolongaría hasta 1944 (Gobierno del general Maximiliano H. Martínez). Las fuerzas reaccionarias dominantes sobre El Salvador, enfrentadas a la posibilidad de la toma del poder por el pueblo encabezado por los comunistas y en uso de la vía armada, de la insurrección nacional-popular, estuvo en condiciones, después de la derrota de las fuerzas revolucionarias y del amplio genocidio contra el pueblo trabajador (30 000 muertos en menos de un mes), de organizar la violencia anticomunista con un criterio futurista de indudable eficacia que revelaba una comprensión básicamente adecuada por parte de la oligarquía y del imperialismo de las necesidades represivas que planteaba el sostenimiento del poder consolidado en forma tan bárbara y criminal. Un cuadro de los organismos de control territorial nos dejó trazado nada menos que el general José Tomás Calderón, uno de los ejecutores directos de la gran masacre (fue jefe de la «columna punitiva» que arrasó la zona occidental del país), en las páginas de un extraño *Prontuario comercial*, aparecido bajo sus auspicios en 1937 (y en cuya primera página, dicho sea de paso, aparece acuñada para la historia latinoamericana la localmente célebre frase de este gran asesino: «El Salvador: un país donde nadie se muere de hambre ni de sed, ni de frío, ni de calor»). Es el siguiente:

> En los cantones, en los cuales están comprendidas las aldeas —dice el general Calderón—, existen servicios para el mantenimiento del orden público tanto en el orden civil como en el militar, con un total este último de varios miles de ciudadanos, voluntarios, que se relevan cada año en los primeros cinco días de enero. El jefe del servicio civil se denomina «comisionado» y el del militar «comandante». También en los barrios de las poblaciones existe servicio civil y militar, pero en algunos se les denomina «alcaldes auxiliares» a los jefes del primero. El servicio civil de orden público depende del Ministerio de Gobernación, gobernación departamental y alcaldías muni-

cipales; y el militar, de las comandancias locales, estas de las comandancias departamentales y estas a su vez del Ministerio de Defensa Nacional. En resumen, el mantenimiento del orden público descansa en la Guardia Nacional, Policía de Línea, Policía de Tránsito, de Seguridad, municipales, forestales, servicios civiles y militares de barrio y de cantón, comandancias locales, jefes expedicionarios militares de servicio permanente, gobernaciones departamentales y, finalmente, en los cuerpos de tropa del ejército de guarnición permanente en cada departamento.

Este aparataje represivo fue aumentado sucesivamente con nuevos cuerpos armados como la Policía de Hacienda, la Policía de Aduanas, etcétera, con la proliferación de los servicios secretos, y modernizado para conservar su eficacia en la nueva situación (sobre todo a partir del triunfo de la Revolución cubana y del aparecimiento de la lucha armada en Guatemala y en Nicaragua, cuando las llamadas «patrullas militares cantonales o de los barrios urbanos» —formadas por «varios miles» de voluntarios— se reorganizaron y tecnificaron en el sentido «antiinsurgente» de la CIA y el Pentágono norteamericanos, bajo la dirección inmediata de los servicios de inteligencia «nacionales» dirigidos por el general José Alberto Medrano hasta hace algunos años. La organización paramilitar anticomunista rural ORDEN es la versión moderna de la milicia anticomunista formada en derredor de los años treinta bajo la forma de «patrullas» de voluntarios. En nuestro artículo «El Salvador, el istmo y la revolución» (*Tricontinental*, La Habana, 1969) y en el libro «*¿Revolución en la revolución?» y la crítica de derecha* (Cuadernos Casa de las Américas, La Habana, 1970) hay referencias concretas a este fenómeno tan peculiar de nuestro país.

d) *Desalojo violento del Partido de su ubicación social primigenia mediante su casi total destrucción física y el corte de sus nexos con las masas.*

La casi total destrucción física del PCS, la prohibición organizativa bajo el martinismo, la represión a nivel nacional mediante todos los medios político-militares, sociales y de organización al alcance de la dictadura imperialista-oligárquica, hicieron que los elementos de reorganización del Partido fueran ínfimos y que no pudieran desarrollarse normalmente en el seno de las clases trabajadoras explotadas fundamentales, como había ocurrido entre 1930 y 1932. El PCS pasó a ser en concreto *un pequeño grupo de artesanos y pequeños burgueses urbanos, desligados completamente de las masas y del proceso de producción del país.* Diversos grupos comunistas del interior del país que trataron de reorganizarse terminaron por desaparecer o sucumbieron ante la represión. Solo en San Salvador y en Santa Ana los pequeños grupos lograron funcionar como tales y sobrevivir. El hecho de que carecieran de una perspectiva estratégica de desarrollo que no fuera esa sobrevivencia del grupo, niega en los hechos su carácter germinal. Esta situación marcó un corte profundo en el proceso de continuidad real, orgánica, del PCS: una interrupción relativamente prolongada de su desarrollo seguida, después de algunos años, de un desarrollo no solamente lento y débil, sino deforme, anormal, socialmente incongruente y políticamente equivocado. La deformidad y la mediatización de este desarrollo orgánico produjo en lo que podría haber sido el núcleo del nuevo órgano de vanguardia del pueblo salvadoreño una falsa conciencia revolucionaria concretada en *una ideología de la sobrevivencia en defensiva perenne,* una vida definida en términos eminentemente negativos (no ligarse con la masa mientras no cambiasen las condiciones —que no podían cambiar por sí solas—; no ser imprudentes; no provocar al enemigo; ocultar la existencia del Partido; no hacer propaganda; no actuar, en suma) que, fuera de su dañosidad inmediata, al actuar durante años y años abonarían el campo para las posiciones reformistas, quietistas, derechistas, etcétera, que pasaron a actuar cuando el organismo que pasaba por

Partido tuvo de nuevo condiciones político-sociales, de marco nacional e internas de su propia estructura, para transformarse en un verdadero partido marxista-leninista congruente con la realidad salvadoreña, ella sí en desarrollo ininterrumpido. Esto ha sido, por supuesto, más evidente a partir de los años cincuenta y ha llegado a ser, dijéramos, flagrante, a partir del triunfo de la Revolución cubana. El artículo del compañero Alberto Gualán, máximo dirigente actual del Partido Comunista de El Salvador, «Años de lucha heroica: el 35 aniversario del Partido Comunista de El Salvador» (*Revista Internacional*, 1965), es indispensable para conocer sintéticamente ese proceso, que no es simplemente el fruto trágico de la abulia. Tal artículo constituye, de hecho, el reconocimiento oficial por parte de la dirección de nuestro Partido Comunista de su inexistencia como partido marxista-leninista durante por lo menos veinte años, o sea, aproximadamente entre 1932 y 1952.

e) Esta interrupción en el desarrollo del Partido tuvo su consecuente aspecto internacional. Los vínculos normales con el movimiento comunista y obrero mundial quedaron rotos. Hubo débiles y esporádicos intentos de restablecerlos a través del PC de México, por ejemplo, pero lo cierto es que el contacto permanente se vino a establecer de nuevo desde Guatemala ya en el proceso de la llamada Revolución guatemalteca (1944-1954), por medio del Partido Comunista Mexicano, el Partido Socialista Popular de Cuba, el naciente Partido guatemalteco y mediante viajes de camaradas dirigentes a Moscú y Pekín, etcétera. De esta manera el organismo que mantenía el nombre de PC no pudo recibir asistencia, crítica, experiencia internacional del movimiento comunista y, al no haber tomado parte en sus vicisitudes internas, en la sucesión de sus éxitos y sus fracasos, en su avance, se crearon las condiciones para que su reincorporación formal fuera acomplejada y tímida y comenzara a permanecer marcada por las más agudas formas del *seguidismo*.

Y decir esto no es caer en un remedo de ciertas actitudes descalificatorias que contra todos los PC latinoamericanos, sin excepción y sin establecer las debidas diferencias, se han visto surgir en diversos sectores de la nueva izquierda revolucionaria de nuestros países en los últimos años. Por el contrario, se trata para El Salvador del planteamiento de problemas de nuestra historia revolucionaria aún no resueltos satisfactoriamente y que gravitan de una u otra forma en las concepciones de los revolucionarios de hoy, desde luego que no se trata de imponer un criterio caprichoso, sino más bien de abrir la discusión entre revolucionarios, la sustanciación de nuestras discrepancias, diferencias de puntos de vista, etcétera.

Por ejemplo, en este aspecto de la «desaparición por veinte años del Partido Comunista en nuestro país» podría decírsenos lo siguiente: es por lo menos durante veinte años. Ambos fenómenos depararon otro que en la práctica y en la teoría significaba la desaparición de la calidad instrumental que con respecto a las clases explotadas tiene el partido del proletariado: la renuncia a la toma del poder, la renuncia al poder político. El problema del poder se volvió para los restos sobrevivientes del PCS un problema tan lejano que llegó a desaparecer del léxico corriente de los comunistas. Incluso, cualquier conocedor de la teoría del partido político burgués nos dirá que lo que define a un partido político es su perspectiva de poder, su actividad tendiente a realizar su programa desde el poder. Cuánto más este es un problema básico para el partido del proletariado, que pretende destruir revolucionariamente un tipo de poder para luego instaurar el suyo propio: un organismo que no lucha por el poder para el proletariado y para el pueblo no es, no puede ser, un Partido Comunista, independientemente de su fuerza numérica, de las coyunturas difíciles, de las oscilaciones en su actividad. Y como tal situación duró en El Salvador más o menos veinte años, nosotros insistimos en que durante ese lapso no hubo entre nosotros Partido Comunista.

Creemos asimismo que el verdadero núcleo de la reorganización del PC entre nosotros comenzó a formarse en derredor de los años cincuenta, cuando de nuevo a partir del movimiento de los trabajadores urbanos surgió por lo menos un centro de dirección que había logrado acumular experiencia, que se había despojado de los elementos corrompidos (los profesionales pequeñoburgueses como Julio Fausto Fernández —que había llegado a ser secretario general— y otros) y de los vacilantes más influenciados por las posiciones y por la ideología burguesas y que verdad que Miguel Mármol deja claramente descrito en su testimonio el carácter no marxista-leninista de la organización a que se vio reducido el PCS después de 1932 y que el citado artículo de Alberto Gualán confirma aquella descripción e incluso la conceptualiza en diversos aspectos (Miguel Mármol es miembro del CC del PCS y Alberto Gualán primer secretario del mismo). Por parte de ambos, se agregaría, se borra toda duda de que lo que quedó llamándose Partido Comunista de El Salvador después de la matanza fue un pequeño grupo de artesanos y pequeños burgueses intelectuales *que bien pronto se dividió por lo menos en tres grupúsculos, cada uno de los cuales era nada menos y casi nada más que un Comité Central*. Pero aun en este caso, se nos seguirá diciendo, ¿no se trata de un momento común, normal, natural, en la construcción de un Partido Comunista dada en las condiciones de correlación de fuerzas extremadamente desfavorable que existe para los revolucionarios en el seno de una sociedad en desarrollo capitalista que, además, ha consolidado sus estructuras políticas y sus aparatos represivos y administrativos por medio de la violencia abierta más aguda? ¿No existía de nuevo el Partido, aunque fuera de nuevo en germen en aquellos grupúsculos? ¿No es acaso nada más que la situación de un Partido Comunista que, a causa de la violencia reaccionaria, fue retrotraído a su calidad embrionaria pero que, precisamente por ello, seguía subsistiendo en esencia, en núcleo, en los grupúsculos, y que solamente precisaba el cambio de las condiciones extremadamente opresivas para volver a su cauce normal de desarrollo y crecimiento? Nosotros creemos que los dos elementos apuntados, el desalojo social y el aparecimiento de la ideología de la supervivencia-alejamiento de las masas, hicieron desaparecer al Partido Comunista en El Salvador, y este volvió a la actividad en los frentes de masas como Partido Comunista de El Salvador. Por la actividad del PCS se reorganizaron el movimiento sindical democrático, los frentes políticos de masas y se impulsaron con contenidos nuevos los movimientos estudiantil, de mujeres, juvenil, etcétera, a lo largo de la década de los cincuenta. Asimismo el Partido estaba dotado ya de una concepción estratégica que se reflejó en su programa y en otros documentos fundamentales de su actividad.

El corte de veinte años en la existencia del PC de nuestro país tuvo, sin embargo, consecuencias más permanentes: las concepciones ideológicas acuñadas en ese lapso no desaparecieron y, por el contrario, siguieron manteniendo una influencia importante. En 1952, en 1957, en años de actividad obrera y popular posteriores, el PCS se enfrentó a la lucha con muchos resabios de su origen y preponderancia artesanales, de su historia fragmentada por el enemigo, y con su anticuado estilo de trabajo. El compañero Gualán apunta en su citado artículo que para 1962-1964 aún subsistía el viejo mal: el Partido continuaba desligado del proceso de producción y no había podido reubicarse socialmente como un organismo congruente con la estructura de las masas trabajadoras de El Salvador. Habiéndose jugado las cartas a favor del artesanado urbano (cuya desaparición por la vía del desarrollo capitalista puede ser más o menos lenta pero irreversible en lo principal) el Partido ni siquiera estaba ligado en 1964 al nuevo proletariado fabril que surgió de la instalación de las industrias de la Integración, las llamadas empresas «mixtas». Tampoco ha logrado establecer (y esta es en nuestro criterio la mayor debilidad de las organizaciones salvadoreñas —impuesta a sangre y fuego y a base de seguridad organizativa militar por la burguesía y el imperialismo desde 1932—, pero especialmente perturbadora en el caso del PC) lazos importantes con el proletariado agrícola hasta la fecha (aunque hay que señalar que entre 1970 y 1972 el PC logró establecer algunos organismo en el campo y había formado de hecho un frente campesino de trabajo que pudo llegar a tener gran importancia). En todo caso su trabajo posterior a 1964 (en cumplimiento de la tarea principal impuesta por el V Congreso celebrado en aquel año), o sea, su trabajo en el movimiento sindical y su penetración entre el proletariado fabril, su actividad en los frentes estudiantiles, magisteriales, político-electorales, etcétera, parecen confirmar que el Partido Comunista de El Salvador ha sido en realidad y a partir más o menos de 1950-1952, un núcleo marxista-leninista en desarrollo, aunque marcado por graves deficiencias y debilidades en su ubicación clasista, en sus concepciones y en la aplicación de su línea política (deficiencias originadas, en los años de su inexistencia como partido propiamente dicho, en los grupúsculos que institucionalizaron *a contrario sensu* su desaparición, por la incidencia de las posiciones derechistas surgidas a nivel internacional que, repito, han encontrado un terreno ideológico propicio y han mantenido una gravitación definitoria en sus concepciones estratégicas, etcétera).

Los sectores más consecuentes de la nueva izquierda salvadoreña (y decimos *nueva izquierda* porque se trata de un sector de reciente formación en sus perfiles actuales y no como una referencia mecánica a lo que se llama «nueva izquierda mundial» o «nueva izquierda latinoamericana») señalan que el aparecimiento y el desarrollo de los nuevos núcleos marxistas-leninistas en la ruta de una praxis nacional verdaderamente revolucionaria tendría efectos positivos, inclusive, en el propio desarrollo organizativo y revolucionario del actual Partido Comunista, maniatado en el presente por la gran trampa multiforme del sistema imperialista y de la dictadura militar electorera.

Sería impropio negar que, en determinadas coyunturas (y el proceso electoral que se desarrolló en el inicio de 1972 parece ser una de ellas), el Partido crece y se fortalece y llega incluso a tener su aparato distribuido en la mayor parte del país o en todo el país (así pasó en los años 1960-1962). Pero la experiencia histórica de nuestro país señala cuán fácilmente *desacumulable* es *esa acumulación de fuerzas* de militantes y organismos en la simple perspectiva de la política nacional (burguesa) cambiante, en ausencia de una línea auténticamente revolucionaria. En las condiciones de la dominación imperialista de nuestro país esa acumulación de fuerzas solo tendrá una *utilización* revolucionaria si a partir de un momento (el momento en que el enemigo procede a desacumularlas violentamente) el nivel de esa acumulación y su desarrollo posterior se defienden y se realizan con la violencia revolucionaria. Y esto sin considerar la que llamaríamos desacumulación coyuntural no violenta: la del reflujo revolucionario. La historia contemporánea de nuestro país muestra por lo menos las coyunturas de 1932, 1944-1945, 1948, 1952, 1962-1964 como ejemplos de distintas formas de desacumulación de las fuerzas populares: por medios agudamente violentos, por la demagogia social, por el terrorismo ideológico, por la corrupción, por el aprovechamiento de los relativos «auges» económicos, etcétera. Lo que sí hay que decir es que a partir de la presente coyuntura y según lo indican los hechos el Partido Comunista de El Salvador no será ya el único núcleo marxista-leninista por desarrollarse en el seno del pueblo y su lucha. Posiblemente se abra en nuestro país, y no precisamente a largo plazo, un proceso de desarrollo concurrente de varias fuerzas marxistas-leninistas para la conformación del futuro partido de la revolución salvadoreña, correctamente ubicado en nuestra estructura nacional y social, verdadera vanguardia organizada del pueblo para el cumplimiento de sus tareas revolucionarias. Y es claro que no se trata de un fenómeno nuevo; por el contrario, parece ser una constante —con diversos tipos de variantes internas— del desarrollo del partido de la revolución en el proceso nacional liberador y en las condiciones de existencia de un campo socialista consolidado.

La experiencia narrada en el testimonio de Miguel Mármol, específicamente su experiencia organizativa en Usulután (oriente del país) y en sus alredededores después de la masacre de 1932, antes de ser recapturado por las fuerzas represivas del martinismo, es un índice más que evidente de que el camino hacia la desaparición prolongada del Partido por la vía «prudente» del enconchamiento inmóvil de los grupúsculos pequeñoburgueses no era, ni mucho menos, fatal. Cuando aún se mataba en las calles a los acusados de comunistas, Mármol y un mínimo grupo de bisoños organizadores, sin ninguna experiencia, pudieron construir en breve tiempo una red de organizaciones comunistas, urbanas y suburbanas, que habla por sí sola de la politización que subsistía a flor de piel en las masas, aun con la proximidad de la matanza. De ello habla también el trabajo reorganizativo llevado a cabo por los camaradas Roca y Ponce (un testimonio del cual obre también en nuestro poder), Segundo, etcétera, en la ciudad de Santa Ana. *El camino de la organización clandestina de una verdadera vanguardia de las masas explotadas fundamentales* (particularmente el proletariado agrícola y el campesinado pobre que formaban el sector más bárbaramente golpeado por la represión y que aun en la derrota no podía ser dejado a su suerte por el hecho de que se parecía menos que el artesanado al proletariado industrial) *fue la alternativa desechada por la ideología de la sobrevivencia del pequeño aparato, la ideología del aislamiento de las masas.* Ello hizo del trabajo organizativo comunista algo extremadamente parcial, extremadamente ensimismado, más limitado y revertido sobre sí mismo que la labor efectuada en el caso más extremo y empirista de las desviaciones de la llamada «teoría» del foco guerrillero, con la desventaja suplementaria de que aquel llamado PCS renaciente carecía entonces inclusive de otra estrategia que no fuera la de esperar que cambiaran las condiciones reinantes en el país.

Nada de esto resta un ápice de gloria revolucionaria y de heroísmo a muchos camaradas que con toda abnegación y sinceridad recorrieron ese lento camino con la convicción de que recorrían la única ruta revolucionaria posible para las condiciones de El Salvador. Desde el punto de vista moral esos camaradas solo nos merecen a todos los revolucionarios el mayor respeto y admiración. No es necesario abundar sobre esto: los numerosos camaradas perseguidos, encarcelados, torturados, hambreados, humillados que durante años y años mantuvieron indeclinablemente sus posiciones frente al furor del enemigo; los miles de muertos; los abnegados y heroicos comunistas de siempre que, individualmente, grupuscelariamente o en el seno del Partido en desarrollo participaron mejor que cualquier otro individuo o grupo de individuos u organización en la lucha social concreta de nuestro país, inspiran las luchas de los revolucionarios actuales de El Salvador, dentro y fuera de las filas del actual PC. Sus aciertos y sus errores son patrimonio de las nuevas generaciones de revolucionarios y nos motivan y nos comprometen a todos.

III

Hay preguntas que tienen la virtud de ser desencadenantes de una especie de alud de respuestas que, a su vez, abren el camino para otras preguntas cada vez más complejas. La pregunta sobre por qué el actual Partido Comunista de El Salvador no se ha planteado nunca su historia y, dentro de ella, particular y principalísimamente, la de la etapa 1930-1932 y la de los hechos de ese último año que llevó a la destrucción del Partido y a la muerte a 30 000 trabajadores salvadoreños, es una de esas preguntas. ¿Por qué se tenía que esperar hasta que las iniciativas personales de un testimoniante y un autor posibilitaran por primera vez en 1966 el trato relativamente in extenso, aunque, desde luego, parcial, de aquella historia tan aleccionadora? ¿Por qué se ha callado durante tantos años y se habría seguido callando presumiblemente de no haber sucedido que en diversos sectores progresistas, exteriores al PC, se comenzaron a organizar investigaciones, discusiones, etcétera, sobre los sucesos de 1932 a partir inclusive de la publicación de algunos fragmentos del testimonio de Miguel Mármol que, aparecidos originalmente en Cuba, fueron reproducidos en los medios universitarios salvadoreños antes de que en Costa Rica apareciera el testimonio completo? Aun sobre la base de considerar que el Partido no existió como tal durante veinte de los cuarenta años que nos separan de 1932, hubo otros veinte años en que sí se han dado las condiciones para enfrentar con resultados positivos esa tarea. La explicación está en que ese silencio no ha sido motivado por falta de tiempo para las investigaciones, la falta de capacidad o de cuadros suficientes para enfrentar el problema: el silencio sobre los sucesos del año 1932 es una actitud política determinada que es menester estudiar y desentrañar pero que, en términos generales, se refiere en nuestro criterio a la necesidad de ocultar que en lo fundamental las debilidades organizativas y de concepción estratégica del actual PCES siguen siendo las mismas que posibilitaron la derrota del pueblo hace cuarenta años. En la base de esa actitud están los resabios del sectarismo de la época grupuscular que prefería los mecanismos de defensa a la autocrítica constructiva, pero también otras actitudes «tradicionales»: cierta subestimación de la sistematización de la experiencia histórica en nombre de las «urgencias del presente». Además, es un hecho que para extensos sectores de base tal actitud no es del todo consciente y se acepta como algo normal, y que ciertos sectores de dirección argumentan en último término y no sin alguna razón que el planteamiento mismo de toda esa problemática es algo inclusive «peligroso», por cuanto podría desencadenar el planteamiento de infinitos problemas colaterales a los de 1932 (sobre todo problemas de carácter internacional) donde el enemigo de clase hallaría el río revuelto ideal para el diversionismo ideológico.

Haciéndonos cargo de todos estos hechos, actitudes y afirmaciones, estamos de acuerdo con que se trata de una materia compleja y delicada y que para hacer el más pequeño aporte en el camino de ponerla a funcionar en favor del avance revolucionario de nuestro pueblo hay que enfrentar serias responsabilidades. Entendiendo que algo hemos dejado sentado en las páginas anteriores sobre el desarrollo sociopolítico del PCS entre 1930 y 1932 y en años posteriores, y que avanzamos en este terreno con concepciones preliminares que necesitarán de un desarrollo en muchos sentidos en el futuro, pasaremos a plantear directamente un criterio sobre los sucesos del año 1932, meollo histórico de los problemas que hemos venido exponiendo.

En 1931-1932 se planteó y se desarrolló en El Salvador (en el marco de la crisis mundial del capitalismo de 1929) una situación revolucionaria típica de acuerdo con la descripción leninista. (La cita de Lenin al respecto es clásica: «¿Cuáles son —se pregunta en "La bancarrota de la II Internacional"—, en términos generales, los signos distintivos de una situación revolucionaria? Seguramente no cometeremos un error si señalamos estos tres signos principales: 1) La imposibilidad para las clases dominantes para mantener inmutable su dominación; tal o cual crisis de las "alturas", una crisis en la política de la clase dominante que origina una grieta por la que irrumpen el descontento y la indignación de las clases oprimidas. Para que estalle la revolución no suele bastar con que "los de abajo no quieran", sino que hace falta además que "los de arriba no puedan" seguir viviendo como hasta entonces. 2) Una agravación, superior a la habitual, de la miseria y de los sufrimientos de las clases oprimidas. 3) Una intensificación considerable por estas causas de la actividad de las masas, que en tiempos de "paz" se dejan expoliar tranquilamente, pero que en épocas turbulentas son empujadas, tanto por la situación de crisis, como por los mismos de "arriba" a una acción histórica independiente»). En realidad, pocas situaciones revolucionarias en nuestro país han cumplido tan exactamente con encarnar los signos distintivos de la atinada descripción de Lenin. La situación revolucionaria salvadoreña de entonces se vio agudizada aún más con hechos como la caída del Gobierno de Araujo, el fraude electoral contra el PC (cierre de la última vía legal en el camino del poder para el pueblo) y el recrudecimiento de la represión y los crímenes del Gobierno a nivel nacional.

En 1930-1932, existía en El Salvador un partido marxista-leninista en desarrollo, algo mucho más allá que un germen grupuscular de Partido, capaz de dirigir a la clase obrera y a las masas populares dentro de la confrontación política, económica e ideológica normal en que se traducía la lucha de clases en el país, excepto en el terreno militar. El PCS se desarrollaba con las características apuntadas arriba: era la vanguardia organizada, político-reivindicativa e indiscutida del movimiento de los trabajadores salvadoreños; tenía contactos suficientes, para los fines de no ir aisladamente a la insurrección, con las capas medias de la población y con el Ejército (luego de haber resuelto a niveles importantes, por única vez en nuestra historia, la alianza obrero-campesina para la acción revolucionaria) y tenía una organización a nivel nacional-territorial. La calidad de vanguardia había sido ganada en la práctica política de masas de la que habla Arismendi, y mantenía, aunque a niveles elementales, la discusión política e ideológica permanente. La preparación teórica tenía el bajo nivel normal para la época en el seno del movimiento comunista latinoamericano. Desde el punto de vista de la insurrección parece claro que el PCS contaba con los medios suficientes para *iniciar* un proceso que a plazo intermedio *culminara* con el alzamiento en armas de las masas trabajadoras del país.

El PCS fue capaz de conducir a las masas dentro de los cauces corrientes de la lucha de clases desarrollada en los marcos de la sociedad oligárquico-dependiente (que involucraban inclusive diversas formas parciales de violencia), y llegó a poner al pueblo salvadoreño en condiciones de ganar legalmente posiciones básicas del aparato del Estado —que podrían a su vez haber abierto el camino al poder a través de un proceso democrático prolongado— por medio del triunfo en las elecciones municipales y parlamentarias. Solo por medio del fraude y la amenaza con el uso de fuerza el inicio de la represión en forma localizada pero brutal, la olímpica suspensión de las elecciones y las innumerables arbitrariedades y crímenes aquí y allá (que eran ya puras y simples provocaciones) pudo el Gobierno ilegal de Martínez evitar el triunfo del pueblo encabezado por el Partido Comunista y por el movimiento obrero en las elecciones de enero de 1932. La actitud del enemigo de clase prueba que el PCS era un organismo político eficaz en lo referente a la movilización de masas para instrumentar la lucha de clases dentro de los límites (aun los más extremos) de la legalidad (o *normalidad)* burguesa. Pero como es bien sabido la legalidad burguesa y sus formas, incluidas las elecciones para la formación del Gobierno, no son más que un recurso previo, sustitutivo del recurso fundamental de sobrevivencia y continuidad de la estructura social clasista: la violencia armada directa. Este recurso pasó a ser el medio fundamental (y ya no parcial, esporádico, aplicado a casos concretos y localizados) del Gobierno oligárquico y proimperialista de Martínez una vez que el PC demostró tener capacidades para ganar la batalla dentro de las normas que hoy llamaríamos «democrático-representativas». El primer acto de violencia global del régimen martinista fue desconocer los resultados de las elecciones, a las que las masas habían asistido con la conciencia de estar usando el último recurso *normal* para el cambio de la situación crítica, ya que en las circunstancias de 1932 en El

Salvador recursos previos a la insurrección como la huelga política general eran ya, en la práctica, actividades violentas, *anormales*, que suponían el desencadenamiento de la confrontación armada a niveles por lo menos suficientes para transformar radicalmente la situación política nacional.

Se hace necesario examinar aquí con más detenimiento algunos aspectos del primer problema planteado atrás, o sea, el de la situación revolucionaria dentro de la concepción leninista. En Lenin, el concepto de situación revolucionaria es una especie de núcleo teórico desde el cual es posible ir hacia el análisis de una situación concreta como la de El Salvador en 1932 sin perder de vista los aspectos básicos: los de la relación «clase revolucionaria-masas-organización revolucionaria-acciones de masas suficientemente fuertes para hacer caer el orden constituido». Refiriéndose a los signos con que ha descrito la situación revolucionaria, sigue diciendo Lenin después de los párrafos que citamos arriba:

> Sin estos cambios objetivos, no solo independientes de la voluntad de grupos y partidos, sino también de la voluntad de las diferentes clases, la revolución es, por regla general, imposible. El conjunto de estos cambios objetivos es precisamente lo que se llama situación revolucionaria. Esta situación se dio en Rusia en 1905 y en todas las épocas revolucionarias en Occidente; pero también existió en la década del sesenta del siglo pasado en Alemania, en 1859-1861, y en 1879-1880 en Rusia, sin que hubiera revolución en esos casos. ¿Por qué? Porque no toda situación revolucionaria origina una revolución, sino tan solo la situación en que a los cambios objetivos arriba enumerados se agrega un cambio subjetivo, a saber: la capacidad de la *clase* revolucionaria de llevar a cabo acciones revolucionarias de masas suficientemente fuertes para destruir (o quebrantar) al viejo gobierno que nunca, ni siquiera en las épocas de crisis, *caerá* si no *se le hace caer*.

Cabe repensar y elaborar teóricamente el concepto leninista de «capacidad de la clase revolucionaria de llevar a cabo acciones de masas suficientemente fuertes para hacer caer al viejo gobierno», y a la luz de ese concepto cabe pasar a analizar los factores propios de la estructura de la clase obrera salvadoreña en 1931-1932 que nos darían la medida de su *capacidad*.

Hay un elemento que concretiza y resume la capacidad de la clase para llevar a cabo esas acciones *suficientemente fuertes* de que hablaba Lenin: la organización revolucionaria. Lenin estableció en otro lugar de su obra citada en este problema («La bancarrota de la II Internacional») los requisitos y las condiciones para que las acciones de la clase puedan llegar a ser *suficientemente fuertes* para hacer caer al viejo orden, para dar una salida victoriosa a la situación revolucionaria: a) *la organización* (porque «las masas privadas de organización carecen de una voluntad única», dice Lenin) y b) *el planteamiento de la lucha como una tarea sumamente compleja, larga y difícil,* («la lucha contra la potente organización terrorista militar de los Estados centralizados —apunta Lenin— es una empresa larga y difícil») *que haga que las masas puedan acumular experiencia práctica de las formas de lucha determinantes.* Sabiendo, con Lenin, que la revolución «no se hace», no se «saca de la nada», que las revoluciones surgen de las crisis y los virajes históricos que han madurado en virtud de leyes objetivas (independientes de la voluntad de los hombres, los partidos y las clases) podríamos decir lo siguiente: la clase obrera salvadoreña, como vanguardia social del pueblo, desarrolló entre 1930 y 1932 acciones masivas que en principio no estaban destinadas a «hacer caer» al Gobierno burgués. Con la radicalización de la lucha y el surgimiento de una vanguardia objetiva (o sea, con el surgimiento y desarrollo del PCS) se planteó la tarea de «hacer caer al viejo gobierno y tomar para el pueblo el poder político con vistas a la realización de la revolución». La clase obrera, guiada por su Partido, encabezó al pueblo salvadoreño en acciones que aunque llevaban como fin último (y más o menos consciente a nivel de las masas) el «hacer caer» al viejo gobierno, no fueron suficientemente fuertes para lograr tal fin (la participación en las elecciones de diputados y alcaldes es el ejemplo concreto de tal tipo de acción), porque el «viejo gobierno» opuso una acción superior: la violencia organizada del aparato estatal. Es *entonces* que surge para la mayoría de los comunistas salvadoreños el convencimiento de que las acciones revolucionarias de masas suficientemente fuertes para destruir (o quebrantar) al régimen opresor y hacerlo caer serán aquellas que puedan destruir o volver insuficiente para detener al pueblo a la violencia organizada del Estado burgués (encarnada principalmente en sus instituciones armadas y policíacas). Sin duda esas acciones revolucionarias de masas tendrían que ser *armadas*. Es *entonces* que se plantea la insurrección armada para la toma del poder en El Salvador *como una tarea a corto plazo*.

Sin hacer consideraciones demasiado amplias al respecto, como corresponde al punto de vista de acercamiento preliminar que en estas páginas mantenemos, diremos que del material informativo directo que hemos tenido a mano (que incluye testimonios de participantes en las discusiones internas del Comité Central en funciones en 1932 sobre la insurrección) se desprenden los siguientes hechos:

1) La insurrección se acordó (en la dirección del PCS):

a) por haberse considerado que el fraude electoral y la posterior suspensión de las elecciones *habían cerrado las vías pacíficas hacia el poder* e incluso hacia las transformaciones políticas importantes. Sin embargo había sectores en el seno del mismo PC (Miguel Mármol pertenecía a esos sectores) que sostenían que aún había otros escalones a superar antes del planteamiento insurreccional: huelgas parciales, la huelga general política, etcétera;

b) por haberse considerado que las masas populares habían entrado en un ánimo insurreccional directo a nivel nacional; que las masas, sobre todo en el campo, en el centro y occidente, estaban «moralmente en armas»;

c) por haberse desatado la represión generalizada, armada, por parte del Gobierno martinista, la cual en determinados lugares estaba claramente dirigida a provocar insurrecciones parciales, fácilmente aplastables, surgía la inminente posibilidad de una gran insurrección nacional espontánea, carente de cualquier tipo de dirección centralizada, de consecuencias imprevisibles (en los hechos esta fue la situación impuesta por la acción «represiva-preventiva» del Gobierno).

A pesar de los criterios anteriores, se agotó aun el recurso de una negociación del conflicto con el régimen martinista (en concreto la propuesta por parte de la dirección del PC a Martínez de «aplacar los ánimos de las masas» si el Ejército paraba la ya iniciada masacre), negociación que fue rechazada burdamente por los personeros de este (el presidente Martínez se negó a asistir a la reunión pretextando un dolor de muelas y el ministro de la Guerra, general Valdez, se negó a aceptar las proposiciones de los comunistas y levantó finalmente la entrevista alegando que «no estaba autorizado para negociar»). La decisión de ir a la insurrección se adoptó inmediatamente después de haber fracasado este intento de conciliación a proposición —asegura él mismo en su testimonio— de Miguel Mármol (que cambiaba así radicalmente su posición anterior por el resultado de la entrevista con el Gobierno), respaldada, con base en citas de textos marxistas, por Farabundo Martí, que fungía entonces como secretario general interino del CC y que fue fusilado al inicio de la «fase organizada» de la masacre, después de un juicio militar sumario (Ver: Jorge Arias Gómez: *Farabundo*

Martí (Biografía), Colección Rueda del Tiempo, EDUCA, San José de Costa Rica, 1972).* Un importante grupo del CC, inconforme con la decisión de la mayoría, se retiró de la discusión. Al conocerse la captura de Martí y de otros dirigentes miembros de este grupo discrepante convocaron a una nueva reunión del CC para reconsiderar la decisión insurreccional, pero esta fue ratificada.

Estos hechos si bien prueban para la historia los propósitos de paz del Partido Comunista, sus intenciones de evitar el derramamiento de la sangre popular, y desenmascaran los propósitos genocidas, fríamente planificados, del Gobierno de Martínez como brazo ejecutor de la oligarquía y de los capitales extranjeros, revelan también la vacilación esencial con que se enfrentó desde el principio la salida insurreccional, que no se dejó ver nunca, o por lo menos sino hasta que ya era demasiado tarde, como una *posibilidad a evitar* (en vez de una *acción histórica a preparar* de acuerdo a su envergadura y su complejidad).

2) La decisión insurreccional adoptada fundamentalmente por la presión de la represión enemiga imponía el emprendimiento de una tarea gigantesca para la cual no se habían hecho con la debida anticipación los preparativos necesarios. Este retraso objetivo, histórico, era un hecho que no se podía hacer desaparecer, sin embargo se intentó hacerlo recurriendo a la prisa. Se dieron OCHO DÍAS para preparar todos los aspectos organizativos político-militares de la insurrección (incluso programa, política de alianzas en la nueva situación, organización militar de la insurrección, o sea, fundamentalmente, organización del ejército popular, acopio de armas, difusión de la consigna insurreccional dentro del aparato del Partido en todo el país para movilizarlo como vanguardia

---

* Ver la reciente edición: Jorge Arias Gómez: *Farabundo Martí. La biografía clásica*, Ocean Sur, México, 2010 *(N. del E.)*.

operativa, designación de las tareas locales, aspectos internacionales, etcétera) en condiciones en que las más amplias masas del país estaban, por cierto, enardecidas por la agudización de la crisis económica y por las acciones criminales del régimen, *pero no se les había planteado concretamente la salida insurreccional, sino que, por el contrario, habían sido constantemente «aplacadas» por el PCS y convocadas única y exclusivamente a acciones no armadas, electorales, sindicales, etcétera.* Solo la fe en el «espontaneísmo todopoderoso» (y antileninista) de las masas puede explicar esta actitud del PCS. Y fuera de este error básico de concepción estaba la existencia de un factor absoluto, natural-histórico, si cabe la expresión: la extrema cortedad del tiempo. Esos ocho días implicaban la imposibilidad de la creación y del desarrollo de un ejército revolucionario capaz de quebrar la fuerza armada de la burguesía, lo cual es un proceso complejo que no puede ser instrumentado eficazmente ni siquiera con la simple repartición de armas entre ciudadanos llenos de coraje y de ilusiones (hay que decir que en el caso salvadoreño no se llegó ni siquiera a esa repartición de armas). Volveremos sobre este aspecto fundamental.

3) Las vacilaciones, el desconocimiento de las más elementales normas de seguridad conspirativa, la falta de información y coordinación en el apresurado trabajo preparatorio marcaron desde el inicio la «puesta en práctica del trabajo organizativo para la insurrección». El momento del inicio de la acción insurreccional se pospuso tres veces con días de intervalo entre cada fecha (lo que supuso que los mensajeros del CC se regaran en cada ocasión por todo el país para «contener» a las bases. Los detalles preparatorios y los propósitos de la insurrección, la concepción estratégica de la misma, pudo así ser conocida con suficiente anticipación por el enemigo que la desmontó en lo fundamental y estuvo en capacidad de aplastar los brotes insurreccionales que se dieron como

respuesta a la consigna original del CC del Partido. La actitud «apaciguadora» que como hemos señalado el Partido mantuvo frente a las masas hasta última hora llegó a ser repudiada inclusive en términos amenazantes por algunos sectores de la base campesina (entre ellos los que llegaron a decirle a Mármol que el PCS «no debía seguir echando agua al fuego» y que si volvían a plantearles términos apaciguadores, los mensajeros correrían el riesgo de ser los primeros ejecutados por la ira popular).

4) El plan militar de la insurrección se circunscribió al asalto de algunos cuarteles importantes de la capital y de algunas cabeceras departamentales con el fin de obtener las armas para las masas que coronarían la insurrección ya con poder de fuego en las manos, y al nucleamiento de las masas así armadas en derredor de la dirección del Partido y de las células comunistas de soldados y oficiales del Ejército que pasarían a integrar el Comité Militar Revolucionario que dirigiría los aspectos técnico-operativos de la acción a nivel nacional, etcétera. O sea, que se trataba de un plan insuficiente, apenas esquemático, que no cubría *todos los aspectos* —como lo exigía Lenin frente a necesidades de este tipo— ni muchísimo menos del problema planteado. Miguel Mármol mismo indica justamente que aquello no era un verdadero plan militar para una insurrección armada nacional. Y el «plan» mismo en sí tenía un fallo fundamental: en caso de fracasar los asaltos de los cuarteles (como en realidad ocurrió) toda la insurrección se venía abajo, pues se volvía imposible armar al pueblo y dividir al Ejército. Todo lo demás dependía de aquellos éxitos iniciales, pero según los testigos y los estudiosos de uno y otro bandos (Mármol, Schlésinger, general Calderón) ni siquiera las acciones aquellas, los asaltos a los cuarteles, obedecieron a un plan táctico preciso. En la capital no pasaron de ser intentos de asaltos que se interrumpieron cuando falló el apoyo interno (al ser reducidos los oficiales y

los soldados comunistas, e inmediatamente ejecutados), en lugares como Sonsonate se llevaron a cabo por la masa «a pecho desnudo y a machete pelado», lo que determinó el fracaso frente a la defensa de los cuarteles dotada de armas automáticas.

Dijimos antes que volveríamos sobre el problema fundamental de la no-resolución del aspecto organizativo militar para la insurrección, de la no existencia en la situación insurreccional armada de una fuerza organizada político-militarmente. Los hechos son abrumadores en este sentido. Examinemos esta situación en dos niveles: a nivel de Partido, de organización de vanguardia, y a nivel de masas y organizaciones de masas.

Acordada la insurrección en el seno del CC del PCS se proyectó la constitución de un Comité Militar Revolucionario como órgano supremo nacional de la insurrección, que no llegó a funcionar como tal. La destrucción física del núcleo de militares comunistas en el seno del Ejército burgués y la captura de Martí y sus camaradas de dirección impidieron aquel funcionamiento. Durante los preparativos de la insurrección los mandos siguieron siendo exclusivamente políticos. El Partido no marchó hacia su conversión en el aparato político-militar básico que sustentaría la actividad más directamente operativa del Comité Militar y lo que es más, de lo que en las esperanzas del Comité Central sería el Ejército Rojo de El Salvador. Los contactos conspirativos se centralizaron tan absolutamente en Farabundo Martí y en otras dos o tres personas del CC que bastó con que ellas fueran capturadas para que toda la preparación insurreccional quedara acéfala, descoordinada y totalmente desconcertada. Además, los problemas de la unidad de criterio en la dirección del Partido frente a un hecho tan grave como es una insurrección no se resolvieron en ningún momento. Cuando se llevó a cabo la reunión posterior a la captura de Martí en que se trató inútilmente de revocar la aprobación de la insurrección, la marcha de los acontecimientos no dependía ya en absoluto de la dirección del Partido y de sus decisiones. Lo único que le quedaba era prácticamente la decisión, moralmente valedera, de tratar de ponerse al frente de aquellos sectores de las masas que habían procedido a alzarse en armas y a tomar poblados para morir en las primeras filas de combate contra las bien organizadas fuerzas del Gobierno oligárquico. Esta actitud ha sido señalada tradicionalmente entre los comunistas salvadoreños como la que se mantuvo por parte de la dirección cuando la represión se desató con la mayor intensidad, y corresponde a la realidad en muchos casos concretos, sobre todo entre los dirigentes comunistas campesinos; pero hubo un importante sector de la dirección cuyos miembros fueron copados, capturados o asesinados por el enemigo cuando estaban sumergidos en el desconcierto, sin saber qué hacer, sin tareas concretas que realizar dentro del cuadro general, sin saber exactamente lo que estaba pasando («Con los pantalones en la mano», como apunta Miguel Mármol en una frase insustituible por criolla y exacta). Y no fue problema de falta de coraje: el coraje, como en todas estas ocasiones de que está llena la historia de la revolución mundial, es lo que se suele derrochar, lo que abunda. El problema, a nivel del PCS estribaba en que como estructura orgánica y como fuerza directriz no tenía capacidad para resolver las tareas y los problemas de la etapa insurreccional que había decidido emprender. Atado en la práctica a una concepción limitada sobre el partido marxista-leninista, aunque de palabra y en los documentos se fuera más allá (concepción economicista-sindicalista-ideológico-agitativa-político-electoral), el PCS estaba atado de pies y manos en una situación que debía ser resuelta por la fuerza, bien por la clase trabajadora, bien por la clase burguesa. No había ni organización ni dirigentes político-militares, y la situación requería soluciones político-militares. Había llegado *el momento* en que, como dice Lenin: «el problema militar se convierte en el problema político fundamental», pero es claro que el problema organizativo para enfrentar esa conversión no es cuestión de un momento, sino resultado de un proceso.

La fuerza de masas con que se contaba para la insurrección no llegó tampoco a tener estructura orgánica militar. En términos militares la masa a insurreccionarse permaneció a nivel nacional (y salvo algunas excepciones donde la masa actuó en uso de formas muy elementales de ordenamiento operativo) desorganizada, lo cual es grave de por sí para los fines de una insurrección revolucionaria, y lo es más aún tratándose de una masa que no tiene en absoluto, *como tal masa*, ninguna experiencia militar. Esta situación que aparece ante nuestros ojos como otro ejemplo casi increíble de fe en el espontaneísmo de las masas por parte de un Partido Comunista, o como un caso de improvisación y de ligereza sin paralelo hasta aquel entonces, no es sino resultado de una determinada concepción sobre las masas y sobre el papel de estas en las luchas no armadas, que van creciendo hasta enfrentar posibilidades de luchas armadas, de una insurrección, *concepción que todavía prevalece y en nuestro criterio como concepción principal y determinante de la línea política de muchos partidos comunistas y de organizaciones revolucionarias de América Latina y del mundo.* Después del triunfo de la Revolución cubana y en las nuevas condiciones del dominio imperialista sobre nuestros países que dicho triunfo determinó esa concepción ha estado en la base de muchas frustraciones espectaculares, de muchos fracasos sufridos por la causa del pueblo. Creemos que ella estuvo claramente presente en los acontecimientos bolivianos acaecidos durante el Gobierno de Torres, durante la confrontación armada que impuso el golpe fascista y durante la etapa transcurrida bajo el gorilato de Hugo Banzer. Ella determinó asimismo la forma con que el pueblo salvadoreño tuvo que enfrentar la lucha contra la dictadura de Lemus y sobre todo la forma en que al pueblo se le planteó el problema de la organización revolucionaria bajo la Junta Cívico-Militar de Gobierno, en la resistencia contra la represión del Directorio Cívico-Militar y en las crisis políticas posteriores (incluidos los auges huelguísticos de 1966 y 1970 y la campaña electoral 1971-1972). Ella, para no entrar en detalles de todos conocidos, ha presidido penosos procesos de lucha popular en Colombia, Venezuela, Argentina, Brasil, Perú, Panamá, República Dominicana, Guatemala, Ecuador, Uruguay, Paraguay, etcétera, y podría tener efectos desastrosos en el futuro del proceso chileno si lograra imponerse como criterio permanente de los sectores fundamentales de la izquierda organizada. *Es la concepción de pensar en la masa en términos de fuerza política exclusivamente y de creer que la fuerza militar, de violencia armada organizada, es precisamente su fuerza política.*

¿Con quién contamos para hacer la insurrección y tomar el poder? —se tuvieron que preguntar en un momento dado Farabundo Martí y sus camaradas, para volver al caso salvadoreño. Y la respuesta, a juzgar por lo que se desprende de los hechos y de la forma como ellos se dieron, fue, en esencia: «Con la masa. Con la masa que influenciamos y dirigimos. Con la *misma* masa que va a las manifestaciones, con la masa que hace desbordar las marchas de hambre, con la masa que soporta los culatazos de la policía en las protestas por el encarcelamiento de sus dirigentes, con la masa que ha hecho temblar a los ricos de San Salvador y a los tenderos timoratos que solo pensaban en el destino de sus *ahorritos* al oír sonar los caites y los pies descalzos sobre el pavimento en el gran desfile del Primero de Mayo». Y el hecho es que en una insurrección, fenómeno materialmente militar aunque de contenido y fines (y presupuestos, claro) políticos, la masa pasa a ser un elemento encuadrado en parámetros y en leyes de nuevo tipo: los de un hecho político-militar. Todos los puntos de vista deben cambiar porque *en la realidad* ha ocurrido un salto (dialéctico) de la lucha de masas circunscrita a los límites del juego legal hacia la lucha armada, hacia la insurrección. Las masas en uno y otro casos no pueden ser las *mismas*, pues las tareas incluso son distintas. Y valga la insistencia: el salto no se da por consigna del Comité Central ni por el solo hecho de distribuir armas entre la población inexperta; salvo en casos excepcionales, el salto no se da de un día para otro o en cortos días. Si se piensa que la misma masa que desfila frente a los edificios públicos con los puños en alto (y que incluso apedrea esos edificios e incendia automóviles y tiene escaramuzas con tal o más cual policía o grupo de soldados) puede pasar a ser la masa de la insurrección armada con solo cambiar de propósitos y objetivos inmediatos o elevar la graduación de su cólera, no se advertirá que la masa de los puños en alto es una fuerza política que presiona al Ministerio del Interior y a la Policía y pone en actividad los teléfonos a Casa Presidencial, y propicia reuniones de ministros y representantes de los partido políticos y los sindicatos donde se examinan y reexaminan las concesiones exigidas, pero que cuando se declara en armas para tomar el poder pasa a ser un *objetivo material* de las preocupaciones destructoras del estado mayor conjunto de las Fuerza Armadas, un objetivo de las ametralladoras y los morteros, de los blindados y los tanques, de las bombas y los *rocketts* de los aviones de la fuerza aérea «nacional», de las tropas especiales antiinsurgentes y de la eventual intervención extranjera masiva, zonal-local (centroamericana en el caso salvadoreño) o norteamericana (todo ello en orden sucesivo o simultáneamente, de acuerdo con la urgencia de la situación) y se pensará en ella con interrogantes tales como cuántos proyectiles de mortero se necesitan para dispersar la concentración de insurrectos del centro de la ciudad y diseminar su masa en grupos pequeños que a su vez serán objetivos de las unidades especializadas, o con cuántas bombas pesadas de avión hay que atacar la concentración obrera que se apoderó de tal y cual fábricas, o cuál deberá ser la instalación ideal de las ametralladoras pesadas para rechazar a los atacantes del cuartel de la Guardia Nacional.

Es evidente que para triunfar en la insurrección la masa deberá estar preparada (tener la capacidad) para triunfar sobre el Ejército «nacional», derrotar la intervención supranacional-zonal (centroamericana en el caso de El Salvador) y la intervención norteamericana —viendo las cosas en perspectiva— y, mientras tanto, deberá estar preparada para evadir el fuego de mortero, saber defenderse de la aviación y de los grupos especiales y saber tomar un cuartel moderno a pesar de los nidos de ametralladoras, lo cual supone una experiencia militar que solamente puede ser obtenida en la práctica de la lucha armada desde sus niveles más bajos hasta sus niveles decisivos. La práctica de las masas se obtiene sobre la marcha y en las condiciones de desfavorable correlación de fuerzas del movimiento revolucionario latinoamericano de hoy, de las cuales hay que partir. Esa marcha no durará unos cuantos días. El lapso será siempre más o menos prolongado en dependencia de muchos factores, la calidad político-militar de la vanguardia, entre otros.

Y esto era cierto ya en 1932 —con algunas diferencias no principales— y quedó brutalmente comprobado con el aplastamiento de la insurrección y con la posterior masacre. También quedó comprobado *a contrario sensu* por el hecho conocido de que la masa salvadoreña que en 1932 se insurreccionó y se apoderó de poblaciones, lo hizo donde no había fuerza enemiga militarmente organizada, y permaneció en dichas poblaciones hasta que llegó o se anunció la llegada de la «columna punitiva» del Ejército proveniente de San Salvador y al mando del general Calderón. *Todas las confrontaciones de la masa salvadoreña con la fuerza militar organizada del enemigo de clase fueron adversas para aquella, para el pueblo, en 1932.* Y mientras los muertos de los obreros y de los campesinos se contaban por decenas de millares, los muertos del Gobierno (concretamente, del Ejército en operaciones represivas) se cuentan con los dedos de *una* mano. Analícese por ejemplo la frustrada toma del cuartel de Sonsonate y se comprenderá más claramente esta verdad, en el fondo de la que surge la vieja oposición entre fuerza organizada y fuerza no organizada, entre fuerza librada a su espontaneísmo y organización tecnificada. En el mejor de los casos, entre nosotros, el puñado de machetes impulsados por la sed de justicia y el coraje mancomunados, contra los nidos de ametralladoras y las unidades de infantería y motorizados que obedecían a un plan de fuego establecido por una técnica determinada, garantizado por una capacitación adecuada, y aprobado por un estado mayor. En lo que al pueblo interesa, la aceptación de una confrontación en tales circunstancias responde a una concepción, por decir lo menos, premarxista, cuya vigencia debería haber muerto en la derrota de la Comuna de París, pero que, repetimos, por el contrario, sigue inspirando numerosas líneas políticas contemporáneas que pasan aún como revolucionarias a pesar de su esencia populista, reiteradamente evidenciadas como destinadas al fracaso e inclusive a hacer retroceder al movimiento revolucionario popular.

Aunque nuestro propósito fundamental es exponer hechos tal vez sea ya el momento de intentar algunas conclusiones provisionales. Ellas serían (y desde luego, no se trata de las únicas posibles) las siguientes:

I. *La insurrección es un hecho cualitativamente distinto de la acción política no armada de las masas.* La insurrección es la continuación histórica de la lucha política no armada, *por otros medios, con otros elementos, con otros objetivos y con otras leyes de operatividad.* Entre la actividad no armada de las masas y la actividad insurreccional no hay una continuidad mecánica sino un salto dialéctico, un cambio de calidad, no de simple intensidad o cantidad.

II. *La transformación de las masas políticamente activas en términos no insurreccionales, no armados, para pasar a ser las masas de la insurrección, no puede ser espontánea, ni mecánica, ni, por regla general, inmediata.* Es un proceso más o menos prolongado que en circunstancias especiales puede reducirse muchísimo (e incluso puede ser «interrumpido» por el triunfo al desmoronarse el aparto del Gobierno burgués por la concurrencia de factores político-sociales concomitantes al hecho armado en el seno de una tradición nacional determinada, como ocurrió, según nuestro criterio, en Cuba) y que en otras ocasiones puede prolongarse por años y años de acumulación de experiencia de tipo insurreccional, armada, militar, del bajo al alto nivel. Se trata de una empresa que Lenin consideró en principio, con las excepciones que puedan darse, «larga y difícil». Un ejemplo aleccionador: el de la larga lucha del pueblo de Vietnam. Dice al respecto el general Vo Nguyen Giap:

> Durante el largo proceso de lucha bajo la dirección del Partido, el pueblo de Vietnam ha venido acumulando fecundas experiencias en todos los aspectos. *En lo que se refiere al enemigo y sus formas de guerra de agresión,* nuestro pueblo ya tiene experiencias en la utilización de la insurrección armada y guerra revolucionaria para derrotar sucesivamente a *tres grandes países imperialistas* de tres continentes: los fascistas japoneses, los más feroces fascistas; los colonialistas franceses, una vieja potencia colonialista de Europa; y el imperialismo norteamericano, cabecilla imperialista y gendarme internacional. Hemos vencido *todas sus formas de guerra de agresión* desde la guerra colonialista de viejo tipo de los franceses hasta la guerra de agresión neocolonialista de los imperialistas norteamericanos; desde la política de subyugamiento neocolonialista con medios fascistas, mediante un poder títere, hasta «la guerra especial» y «la guerra local», así como la guerra norteamericana de destrucción aeronaval. *En lo que se refiere a métodos de lucha y de utilización de la violencia revolucionaria* para la toma y la defensa del poder, la liberación nacional y la defensa de la patria, nuestro pueblo tiene ya ricas experiencias de *insurrección de todo el pueblo*; insurrección en el campo e insurrección en la ciudad,

insurrección parcial e insurrección general en todo el país; experiencias de guerra del pueblo de larga duración con luchas armadas como forma principal, contra la guerra de agresión colonialista de viejo tipo; experiencias de guerra del pueblo, de guerra revolucionaria contra la guerra de agresión neocolonialista de combinación de la lucha armada con la lucha política, de combinación de ofensivas militares y levantamientos armados; experiencias de guerra del pueblo tierra-aire vencedora de la guerra de destrucción norteamericana. En lo que se refiere a las condiciones y circunstancias internas y externas, nuestro pueblo ya tiene experiencias de guerra del pueblo, guerra revolucionaria en condiciones históricas muy variadas, en condiciones en que nuestro pueblo todavía no tiene su propio poder revolucionario o cuando ya tomó el poder, bien en regiones aisladas o en todo el territorio nacional; se apoya en la fuerza del régimen democrático popular en proceso de formación o se apoya en la superioridad absoluta del régimen socialista en construcción; cuando en todo el país se realiza una misma estrategia revolucionaria que es la estrategia de la revolución nacional, democrática y popular, o cuando el país se halla dividido en dos partes, con estrategias revolucionarias diferentes; en condiciones de una guerra mundial en que se hallan los imperialistas peleando unos contra otros en escala mundial, o se levanta en insurrección y en guerra de resistencia en circunstancias en que se halla rodeado por el imperialismo, con sus propias fuerzas aún en pañales, o cuando ya puede apoyarse sólidamente en el inmenso campo socialista, etcétera. Nuestro pueblo ha llevado a cabo una lucha revolucionaria prolongada, dura, complicada y encarnizada. Es debido a la posición estratégica sumamente importante de la revolución vietnamita en el sudeste de Asia que durante varios decenios el imperialismo internacional —los japoneses tras los franceses, de nuevo los franceses y luego los norteamericanos y sus satélites— no ha cesado de emplear de manera frenética y continua la violencia contrarrevolucionaria para tratar de reprimir a nuestro pueblo. Frente a enemigos tan poderosos y feroces, nuestro pueblo, bajo la gloriosa bandera del Partido, ha mantenido en alto el espíritu de resistencia firme, indoblegable, el espíritu revolucionario radical, ha mantenido firme y ha desarrollado la posición de ofensiva de la revolución, ha llevado la causa revolucionaria de victoria en victoria, anotándose verdaderas proezas en la historia nacional, haciendo su digna contribución a la causa revolucionaria mundial. Por otra parte, esta situación pone de relieve la base práctica, fecunda, de la línea revolucionaria y de la línea militar de nuestro Partido. Se nos planteó la necesidad de un alto espíritu de independencia, autodeterminación, un elevado espíritu creador, ya que no debemos copiar sencillamente las experiencias extranjeras ni detenernos en nuestra propias experiencias ya existentes».

III. *La vanguardia deberá estar preparada para conducir a la masa en los aspectos estratégicos y tácticos, organizativos y técnicos, especiales de la insurrección, lo cual supone en ella —en la vanguardia— un tipo especial de acumulación de experiencia político-militar que no se puede, nunca, improvisar.*

IV. *La insurrección masiva es un proceso de lucha en el cual el uso de la fuerza armada puede comenzar en formas muy diversas (autodefensa, focos guerrilleros, alzamientos de sectores del Ejército, etcétera) y a partir de formas inclusive no armadas de lucha (huelgas, elecciones, etcétera), y se va generalizando hasta alcanzar nivel nacional, internacional, etcétera.* Valga la oportunidad en este punto para rechazar ese argumento que a partir de varios sectores políticos del país y con distintas intenciones se ha levantado frente a los hechos de 1932: el que pretende ver en la insurrección salvadoreña de aquel año una copia, un calco de la insurrección bolchevique de 1917. La comparación entre los dos hechos no puede ir más allá de las motivaciones ideológicas marxistas, de algunas apariencias muy superficiales y, efectivamente, los intentos conscientes de traslado mecánico de las experiencias bolcheviques que en algunos aspectos no fundamentales se dieron entonces entre nosotros (por ejemplo: en El Salvador se levantó mecánicamente la consigna «Todo el poder a los Consejos de Obreros, Campesinos y Soldados», similar a la expresión verbal de la consigna bolchevique de 1917, pero que en nosotros nunca pasó de ser una simple frase para finalizar los manifiestos agitativos por la sencilla razón de que entre nosotros no existían —y no existieron en la realidad, a pesar de algunos intentos por demás heroicos de establecerlos en algunos lugares a raíz de la insurrección— los soviets). Estas especificaciones resultan innecesarias para quien tenga una idea de lo que pasó en El Salvador en 1932 y conozca los hechos de la insurrección de octubre en Rusia (*que fue, entre otras cosas, un prodigio de organización pero que, sobre todo, fue el acto final de un largo proceso de luchas de masas en Rusia, luchas de masas de todo tipo —incluidas las luchas de masas armadas, la lucha guerrillera, insurrecciones en el Ejército y la Flota, terrorismo, acciones de recuperación de fondos y armas, sabotajes, etcétera— que se prolongó por años y que tuvo aún, como lo dijo el propio Lenin, su «gran ensayo general» en 1905*). El énfasis en esto se explica por los «argumentos» ya citados, entre los cuales, incluso, algunos pretenden tener un origen revolucionario al señalar que el fracaso de 1932 se debió al «intento de copia mecánica de 1917». Desde luego que toda copia mecánica es improcedente cuando se trata de revoluciones, pero creo que antes que hacer esa afirmación a que nos referimos sería correcto decir que si en 1932 se hubiera tenido en El Salvador la forma militar organizada de una manera por lo menos parecida a la de los bolcheviques de 1917 y se hubiera tenido un *partido de combate* como el que dirigió Lenin, la salida de la situación revolucionaria salvadoreña de aquel año habría sido del todo diferente. Por el contrario de la bolchevique, la insurrección salvadoreña se planteó en la práctica, en los hechos y no en las palabras y los comunicados, espontaneísticamente: a pesar de que existía una vanguardia política, hasta hasta los días anteriores al planteamiento insurreccional no hubo vanguardia político-militar, no hubo vanguardia insurreccional y en las nuevas condiciones deparadas por el llamamiento a las armas y la represión desatada la vanguardia no pudo sino actuar (como apunta Mandel en su «Teoría leninista de la organización») «improvisadamente, desorganizadamente, intermitentemente y sin planeación alguna». Por el contrario de la bolchevique, la insurrección salvadoreña de 1932 no solo se planteó espontaneísticamente sino que fue controlada en lo fundamental por las fuerzas del enemigo de clase desde antes que se iniciara, lo que llevó a su temprana decapitación: los sectores de las masas que se insurreccionaron lo hicieron en ausencia de toda dirección centralizada. Contrariamente a la bolchevique, la insurrección salvadoreña de 1932 fue planteada por el PSC sin tener resuelto el principal problema instrumental: el problema de la organización militar, de la fuerza militar organizada. Si se quiere buscar comparaciones históricas para los sucesos salvadoreños no hay que buscarlos en la Rusia de 1917 sino, en todo caso, en el París de 1817, el París de la Comuna. Ni siquiera en la historia nacional nos encontramos un caso tan agudo de desarmamiento orgánico de las masas populares para enfrentar un combate revolucionario; por el contrario, la dos grandes epopeyas armadas de masas que resaltan en nuestra tradición (la lucha de nuestros antepasados indígenas contra el conquistador español y la gesta de Anastasio Aquino a mediados del siglo diecinueve) muestran incluso una gran riqueza en la inventiva de formas de luchas hasta entonces desconocidas corrientemente para enfrentar a un enemigo superior en técnica y en medios de combate, y refieren una eficiente labor organizativa político-militar, hablando en términos modernos. He aquí un problema de nuestra historia nacional digno de ser meditado por los especialistas, pues por cierto que no se trata simplemente de un «problema del pasado». Y todo esto sea comprendido sobre la base de un convencimiento muy arraigado en nosotros: creemos que para los revolucionarios salvadoreños no cabe, frente a los combatientes del año 1932 en El Salvador, otra actitud que la que tuvo Marx con respecto a los comuneros de París y Lenin con respecto a los revolucionarios rusos de 1905. Ni aquel ni este sacaron de tales derrotas objetivas la conclusión de que «no se debió empuñar las armas». Por el contrario, su conclusión fue, en ambos casos, la que resumió Lenin con sus palabras: «Sí, hicimos lo debido al tomar las armas, al insurreccionarnos; pero debimos haberlas tomado, debimos habernos insurreccionado, con más firmeza, decisión y organización».

En los trabajos de Lenin —se lee en los manuales— podemos encontrar un análisis completo de la «forma especial de la lucha política» que es la insurrección armada. Al respecto, daba los siguientes «consejos» a los revolucionarios:

1) No jugar nunca con la insurrección, y si se comienza, hay que saber firmemente que es preciso ir hasta el fin. 2) Es necesario reunir una gran superioridad de fuerzas en el lugar decisivo, pues de otra manera el enemigo, mejor preparado y organizado, destruirá a los insurrectos. 3) Una vez la insurrección ha sido empezada, hay que obrar con la mayor decisión y obligatoriamente, forzosamente, pasar a la ofensiva. La defensa es la muerte de la insurrección armada. 4) Hay que tratar de coger de sorpresa al enemigo, aprovechar el momento en que sus tropas se hallan dispersas. 5) Hay que conseguir éxitos, aunque sean pequeños, diariamente (podríamos decir que cada hora si se trata de una sola ciudad), manteniendo la superioridad moral a toda costa.

En un artículo publicado en *Proletari* en octubre de 1905 ya Lenin escribía sobre la necesaria «fuerza militar del pueblo» (del pueblo revolucionario y no del pueblo en general, especifica el jefe del proletariado soviético), puntualizando que está formada por «1) el proletariado y el campesinado *armados*, 2) los destacamentos de avanzada compuestos por los representantes de estas clases, y 3) las unidades del Ejército dispuestas a pasarse a la causa del pueblo». «Todo ello —agrega Lenin— tomado en su conjunto, constituye un *ejército revolucionario*». Y luego: «Hablar de insurrección, de su fuerza, de la transición hacia esta, y no hablar del ejército revolucionario, es un absurdo y un confusionismo tanto mayores cuanto más avance la movilización del ejército contrarrevolucionario».

> Insurrección —afirma Lenin— es una palabra muy grandiosa. El llamamiento a una insurrección es un llamamiento sumamente grave. Cuanto más compleja es la estructura social, cuanto más perfecta la organización del poder estatal, cuanto más alta la técnica militar, tanto más imperdonable es el planteamiento a la ligera de semejante consigna. Y más de una vez dijimos que los socialdemócratas revolucionarios han estado mucho tiempo preparando su planteamiento, pero lo plantearon como un llamado directo solo cuando no podía caber ninguna vacilación en cuanto a la seriedad, amplitud y profundidad del movimiento revolucionario, ninguna vacilación en cuanto al hecho de que la situación se acercaba a su desenlace en el verdadero sentido de la palabra. Es necesario comportarse muy cuidadosamente con las palabras grandiosas. Las dificultades para convertirlas en grandiosas obras son enormes. Pero precisamente por eso sería imperdonable obviar estas dificultades con una frase, rechazar las tareas serias por ficciones […], cubrirse los ojos con la visera de dulzonas quimeras acerca de una supuesta «natural transición» hacia estas tareas difíciles […] Ejército revolucionario: estas también son palabras muy grandiosas. Su creación es un proceso difícil,

complejo y largo. Pero cuando vemos que ya se ha iniciado y se desarrolla, fragmentariamente, episódicamente, pero en todas partes; cuando sabemos que sin este ejército la verdadera victoria de la revolución *es imposible*, debemos plantear la consigna categórica y directa, predicarla y convertirla en eje de las tareas políticas cotidianas. Sería erróneo creer que las clases revolucionarias poseen siempre fuerza suficiente para realizar la revolución cuando esta ha madurado por completo en razón de las condiciones del desarrollo económico-social. No. La sociedad humana no está estructurada de una manera tan racional y «cómoda» para los elementos de vanguardia. La revolución puede haber madurado y los creadores revolucionarios de esta revolución pueden carecer de fuerzas suficientes para realizarla. Entonces la sociedad entra en descomposición y esta descomposición se prolonga a veces por decenios. Es indudable que la revolución democrática en Rusia ha madurado. Pero no se sabe si las clases revolucionarias tienen ahora bastante fuerza para realizarla. Esto lo decidirá la lucha, cuyo momento crítico se aproxima con enorme rapidez, si no nos engañan una serie de síntomas directos e indirectos. La preponderancia moral es indudable, la fuerza moral es ya aplastante; sin ella, por supuesto, no podría hablarse siquiera de revolución. Es una condición indispensable *pero todavía insuficiente*. Y si llegara a transformarse en fuerza material, suficiente para quebrar la resistencia muy pero muy seria de la autocracia (no cerremos los ojos ante eso), quedará demostrado por el resultado de la lucha. La consigna de la insurrección es la consigna de la solución del problema por medio de la fuerza material. Y en la cultura europea contemporánea, esta solo lo es la fuerza militar.

La experiencia práctica de las masas en el camino hacia la formación del ejército revolucionario no se hace desde el inicio en grupos de 1 000 personas para arriba, como lo sueñan quienes creen en la organización espontánea y en la lucha armada popular espon-

El Salvador en la revolución centroamericana

tánea. Siempre será necesario partir de lo pequeño a lo grande en el terreno de la organización militar del pueblo. Y lo pequeño en las condiciones modernas son los núcleos organizados de la lucha armada, llámeseles como se les llame: focos de guerrilla urbana o rural, destacamentos de propaganda y organización armadas, unidades tácticas de combate, células político-militares de la vanguardia en formación o recomposición, siempre y cuando dependan en su labor de una perspectiva estratégica correcta en lo fundamental que involucre una línea de masas adecuada para dar un contenido real al concepto de «guerra revolucionaria del pueblo». Tal es el sentido y la función que nosotros siempre dimos al foco guerrillero (dentro de la discusión latinoamericana de la llamada «teoría del foco»): método no único para comenzar la lucha guerrillera, concepción y metodología que solo cubre una etapa del proceso organizativo político-militar y que no supone, ni aun en los momentos en que el foco sea lo único que exista como organismo revolucionario, un criterio de aislamiento con respecto a las masas, sino precisamente todo lo contrario. Porque así vistas las cosas el foco o los focos guerrilleros pasan a ser la forma guerrillera, es decir, inicial, de la insurrección de las masas. Lenin mismo saluda con entusiasmo un hecho «focal» específico en el proceso de la revolución rusa: el paso a la revolución del acorazado *Potiómkin*. Usando varias de las que ha llamado «palabras muy grandiosas» dice Lenin:

> [...] el acorazado *Potiómkin* era y sigue siendo territorio invencible de la revolución y, cualquiera que sea su suerte, podemos registrar desde ahora un hecho indudable y de una significación extraordinaria: *el intento de formación del núcleo de un ejército revolucionario*. Ninguna clase de represalias o de victorias parciales sobre la revolución podrán restar importancia a este gran acontecimiento. Se ha dado el primer paso. Se ha cruzado el Rubicón [...] Revueltas, manifestaciones, combates de calle,

destacamentos de un ejército revolucionario: tales son las etapas del desarrollo de la insurrección popular. Hemos llegado, por fin, a la última etapa. Esto no significa, por supuesto, que el movimiento en su conjunto se encuentre ya en este nuevo y elevado peldaño. No; hay todavía en el movimiento mucho aún por desarrollar, y los acontecimientos de Odessa presentan todavía claros rasgos de viejas revueltas. Pero ello significa que las primeras olas del torrente espontáneo han llegado ya hasta los mismos umbrales de la fortaleza zarista. Significa que los representantes más avanzados de la masa del pueblo han arribado ya a las nuevas y más altas tareas de la lucha, de la batalla final contra el enemigo del pueblo ruso y no precisamente a la luz de consideraciones teóricas, sino bajo la presión del creciente movimiento [...].

Siguiendo con el recuento de los hechos de 1932 en El Salvador, señalaremos los siguientes, que evidencian la carencia organizativa político-militar del pueblo salvadoreño de entonces, la incapacidad real de nuestro pueblo y de su clase obrera para llevar a cabo «acciones de masas suficientemente fuertes para destruir o quebrantar al viejo gobierno», precisamente por no haber podido quebrantar o inmovilizar al Ejército de ese «viejo gobierno» al carecer de un ejército revolucionario propio (cuyas acciones serían las acciones de masas «suficientemente fuertes» a que se refiere Lenin, sin descartar otras que en su conjunto produzcan el colapso final del aparato estatal burgués):

a) No hubo coordinación real de las acciones a nivel nacional en ningún momento. Se trabajó en este terreno sobre la base de consignas generales que llevaban a las zonas insurreccionales los emisarios del Comité Central. O sea, como lo dijimos antes, no hubo, sobre todo a partir de los momentos cruciales en que comenzó a funcionar la criminal maquinaria represiva del Gobierno, dirección centralizada de las acciones parciales de insurrección que se dieron en distintos lugares del país. No hubo dirección nacional que siquiera tomara nota de la toma efectiva de Izalco, por ejemplo, o de la fundación de un soviet en Juayúa o de la disposición combativa de más de 700 efectivos que se quedaron en el cementerio de San Miguel esperando órdenes para la acción que nunca llegaron.

b) No se contó con el armamento necesario ni para asegurar las acciones primarias contra los cuarteles, de las cuales dependía TODA la insurrección, ya que, como apuntamos arriba, de esos cuarteles se obtendrían las armas necesarias para pertrechar a las masas. Es más: no se contó ni con las armas necesarias para que los cuadros comunistas se defendieran en lo personal de la acción policial, evitaran ser capturados, etcétera. Farabundo Martí, Alfonso Luna y Mario Zapata, que en aquellos momentos constituían el núcleo principal de la dirección insurreccional, fueron capturados sin disparar un tiro, y fusilados. Nuestro informante principal, el compañero Miguel Mármol, fue capturado en San Salvador mientras se movía de un lugar a otro sin saber exactamente qué hacer, con quién contactar, a quién coordinar, sin saber si buscar refugio o ir a la zona insurrecta de occidente y, según manifiesta él mismo «sin tener ni siquiera una hojita de afeitar en el bolsillo». Las acciones de la insurrección en la zona occidental del país se efectuaron por las masas rurales y suburbanas con sus instrumentos de labranza, principalmente machetes. Las raras armas de fuego en manos del pueblo fueron viejas escopetas de caza y revólveres.

c) No llegó a funcionar ningún tipo de servicios y habría que aclarar definitivamente si ellos estaban previstos seriamente y en detalle o si habían comenzado a organizarse, ya que los únicos documentos públicos en que se habla de estos aspectos del trabajo insurreccional y del aseguramiento insurreccional son aquellos que, entre otros, Miguel Mármol señala como apócrifos, como producidos por la Policía con fines de propaganda anticomunista justificatoria de la masacre. Me refiero a servicios de seguridad para la dirección y por los puntos vulnerables del aparato del Partido, transporte, comunicaciones, información y contrainformación, abastecimientos primarios.

Frente a este panorama caótico y poblado de vacíos, carencias decisivas, desventajas determinantes, etcétera, ¿cómo actuó el enemigo? No hay necesidad de extenderse mucho en este punto porque la acción del enemigo fue tan contundente y tan certera (hablo tan solo de lo que se refiere al desmontamiento de la insurrección tan espontaneísticamente, tan empíricamente planteada por el Partido y no a la gran masacre posterior, horrible y burdo crimen sin duda desproporcionado desde todo punto de vista) que no hay lugar a buscarle vericuetos accesorios. El enemigo de clase dirigió su acción desde el inicio a lo más importante, es decir, a lo verdaderamente valedero desde el punto de vista político-militar. En una operación escalonada que revela un punto de vista adecuado a la lógica del opresor, sobre la base de una información exhaustiva, la fuerza militar de la oligarquía y el imperialismo, el Ejército que en esos momentos jefeaba el general Maximiliano H. Martínez, procedió a: I) destruir el mando político nacional de la insurrección (mediante la captura y el posterior asesinato de sus miembros); II) destruir físicamente el núcleo de la fuerza militar con que los comunistas contaban en el interior del Ejército burgués, o sea, el núcleo formado por los soldados y los oficiales comunistas o influenciados por los comunistas que debía haberse convertido en la avanzada militar de la insurrección en el seno del Comité Militar Revolucionario en proyecto. Los soldados de los distintos cuarteles que estaban involucrados en la conspiración fueron identificados, bien por delación, bien por haber evidenciado prematuramente sus propósitos, y fueron aniquilados con firmeza criminal. Las tropas que se suponía podían reaccionar aún positivamente a la influencia comunista fueron trasladadas al oriente del país, de donde fueron traídas *tropas no contaminadas por la propaganda* para hacerse cargo de las primeras tareas de la represión. En el transcurso de esos traslados algunas unidades sospechosas fueron asimismo aniquiladas por medio de emboscadas. Por otra parte, los «asaltos» a los cuarteles de la capital, como ya lo apuntamos, no fueron tales, apenas tanteos sumamente débiles, intentonas de pequeños grupos rechazados con dos o tres pases de ametralladora: al parecer se dependía demasiado del alzamiento exitoso de los oficiales y los soldados revolucionarios. III) Lanzar una fuerte columna punitiva contra las zonas insurrectas y las poblaciones que habían caído en poder de los comunistas. En ningún lugar se llegó a producir un choque frontal y prolongado entre las fuerzas fundamentales de ambos bandos. Los comunistas se retiraron de las posiciones tomadas (pueblos y ciudades) ante la llegada o el anuncio de la llegada de la columna punitiva, salvo algunas excepciones en el departamento de Ahuachapán, donde se entablaron combates esporádicas y la retirada fue organizada con algunos elementos de resistencia activa. Se puede decir que en esos momentos y desde el punto de vista militar, que era el decisivo en tales circunstancias, el Gobierno de Martínez dominaba en absoluto la situación en todo el país al grado de que pudo rechazar (y se dio el lujo de rechazar, podría decirse) el ofrecimiento de ayuda militar de las fuerzas inglesas y norteamericanas que llegaron en sus respectivas unidades navales a puertos salvadoreños y se disponían a intervenir en la matanza contra el pueblo bajo el tristemente célebre pretexto de «proteger a sus connacionales residentes en El Salvador». La intervención extranjera directa se produjo de todas maneras, ya que las unidades yanquis e inglesas (en barcos canadienses estas últimas) permanecieron a la expectativa en aguas territoriales salvadoreñas y sus oficiales desembarcaron para comprobar que el empleo de los infantes de marina no era en realidad necesario. Todo el mundo conoce el telegrama usado por el presidente Martínez para disuadir a los marinos yanquis e ingleses de efectuar el desembarco masivo: en él se transcribía un parte del jefe de operaciones punitivas, general Calderón, dando cuenta de los miles de «comunistas» que llevaba liquidados hasta ese momento. El dato de ese crimen y el control por el terror que el mismo implicaba fue, según los ideólogos de la oligarquía, el gran argumento que impidió que un desembarco extranjero «pisoteara la soberanía nacional». IV) Asesinar masivamente a la población en las zonas insurrectas, asesinar selectivamente a los militares revolucionarios, activistas sindicales y simples personas progresistas en todo el país. Estas medidas bárbaras, que causaron más de 30 000 muertos al pueblo salvadoreño, la mayor parte de los cuales cayeron durante el mes de enero de 1932 y los restantes a lo largo de la sistemática matanza que «al por menor» continuó prácticamente durante todo el Gobierno de Martínez (que duró trece largos años), estaban destinadas a destruir hasta y desde la raíz todas las posibilidades de labor revolucionaria entre las masas. Con ellas se lograba destruir el aparato del Partido, del movimiento obrero, etcétera, y se diezmaba a la masa. No se trataba de medidas militares destinadas a terminar con la insurrección, que ya había sido liquidada, sino de un crimen político masivo, de un genocidio perfectamente calculado por el Gobierno de la oligarquía antinacional con una perspectiva futura: se trataba de evitar que en muchos años pudiera resurgir una actividad revolucionaria como la que en 1930-1932 había puesto seriamente en peligro, a pesar de todos los errores de la organización dirigente, la estabilidad del poder explotador en El Salvador. Hay que aceptar que la infame medida logró sus objetivos pues aún en la actualidad las fuerzas revolucionaras salvadoreñas resienten los efectos (políticos, organizativos, ideológicos, etcétera) de aquel salvaje golpe.

Sobre todos estos problemas (y sobre muchos otros relacionados con ellos que no hemos enfocado aquí específicamente, por ejemplo: los cambios introducidos por el enemigo en su aparato represivo a partir de 1932, que hemos tocado muy lateralmente; la ideología del fascismo en la historia salvadoreña; las organizaciones de la lumpemburguesía: desde las «guardias cívicas» de 1932 hasta ORDEN y las organizaciones paramilitares terroristas en formación, etcétera, etcétera) habrá de sustanciarse aún una muy profunda discusión entre los revolucionarios salvadoreños. Si esta discusión se logra procesar bien atendiendo al fondo de las cuestiones y buscando no simples triunfos polémicos sino soluciones, vías nuevas, estímulos para la lucha revolucionaria actual, todos estos esfuerzos elaborativos habrían cumplido con creces sus objetivos, que no son, por cierto, ni mucho menos, los de sentar «últimas palabras».

Como creemos que se hace evidente nos hemos limitado aquí, en resumen, a bordear dos problemas centrales de nuestra historia revolucionaria: el problema del partido marxista-leninista salvadoreño y el problema de la lucha armada y sus formas entre nosotros a partir de la experiencia de 1932. Ambos problemas se levantan en relación con el problema central de nuestro pueblo en la actualidad: el problema de la toma del poder político y de la creación de las condiciones para la realización de la revolución antiimperialista y en desarrollo hacia el socialismo.

El tiempo no ha transcurrido en vano desde 1932. El pueblo salvadoreño ha acumulado en los últimos cuarenta años —con derrotas y sufrimientos enormes— valiosas experiencias que serán recogidas en toda solución correcta de los grandes problemas apuntados en estas páginas. A ese fin deberán estar dirigidos los esfuerzos de los diversos núcleos y organizaciones marxistas-leninistas que hoy están desarrollándose, naciendo, reorganizándose en el seno del pueblo. La actual situación internacional, marcada por la derrota yanqui ante el pueblo vietnamita, el fortalecimiento de las posiciones mundiales del campo socialista y de los pueblos que luchan y triunfan en la lucha nacional-liberadora, el avance del proceso latinoamericano iniciado con la Revolución cubana, que sigue siendo su faro y su ejemplo, las situaciones abiertas en Chile, Perú y Panamá, el mantenimiento de la lucha armada popular en la ofensiva o la resistencia en diversos países del continente, contribuyen de manera decisiva en su conjunto para que un país pequeño como El Salvador encuentre cada día mejores condiciones para llevar a buen término su proceso revolucionario nacional (que en nuestro caso está ligado indisolublemente con el proceso revolucionario centroamericano), sustanciado principalmente por la vía armada. En este proceso, marchando con espíritu unitario y fuera de todo sectarismo —pero sin renunciar a la crítica y autocrítica vivificadoras—, las fuerzas revolucionarias salvadoreñas que reivindican los principios marxistas-leninistas se enfrentan a la tarea de solucionar el problema organizativo tomando en cuenta las lecciones concretas de nuestra propia historia y la experiencia internacional.

Una nueva visión de la estructura de nuestra formación social, un conocimiento exhaustivo de la experiencia organizativa del Partido Comunista de El Salvador (que es la más prolongada que se ha dado en el país), la explicación definitiva de los acontecimientos de 1932 a nivel de masas populares, el énfasis de la categoría marxista de lo político-militar para enfrentar las tareas organizativas, teórico-ideológicas, etcétera, de la revolución que hoy nos planteamos, son elementos básicos para la lucha concreta del pueblo salvadoreño, aunque no sean los únicos. En todo caso tales elementos son indispensables como armas para aquellos hombres y aquellas organizaciones de nuestro país que, llegado el momento, harán el nuevo llamado a las armas, armas de todo tipo, para usarlas contra un enemigo implacable que también usará todas las suyas.[2]

La Habana, 1972

Notas

El Salvador, el istmo y la revolución

1. En el ensayo «Partido Revolucionario y lucha armada en la formación social contemporánea de El Salvador» que se incluye en este volumen se intenta hacer un análisis de algunos problemas fundamentales, teóricos y prácticos, que plantean los hechos conocidos de la insurrección de 1932.

2. Algunos meses después de publicada una versión de este material en la revista *Tricontinental*, apareció en el diario habanero *Juventud Rebelde* una nota nuestra, «El Che entre Vietnam y América Latina», en que se ratifican algunos conceptos centrales sobre el papel histórico del Guerrillero Heroico. La nota parte de la concentración en honor de Vietnam y de Tran Buu Kiem, que se celebró en la Plaza de la Revolución el 3 de junio de 1970 y es la siguiente:

«El Comandante Ernesto Guevara, por todas las circunstancias tan conocidas de su vida y de su muerte, es para América Latina, para los revolucionarios latinoamericanos, una concentración de experiencia histórica sin precedentes a nivel individual. Precisamente en estos días, dos materiales emitidos desde Cuba nos han llamado intensamente a la puerta para recordarnos que ese conjunto de experiencia que es la vida y la obra del Che y que esa forma tan concentrada con que tal experiencia nos llega, plantean el problema de su evaluación como una tarea abierta, como una tarea que aún comienza pero de cuya perentoriedad no cabe dudar, para beneficio de las filas revolucionarias. Nos referimos a los discursos de los compañeros Fidel Castro y Tran Buu Kiem en la concentración de apoyo a la lucha de Vietnam llevada a cabo el pasado 3 de junio en La Habana.

»El discurso de Fidel, resumen de uno de los actos políticos más emotivos y justicieros de los últimos tiempos, fue, además de la expresión del máximo responsable de la dirección revolucionaria de Cuba, del estadista y dirigente partidario, *la intervención del latinoamericano a quien los camaradas del FNL han dado la palabra para exponer a nuestros pueblos la verdad vietnamita.* En ese discurso Fidel nos recuerda y nos confirma que el Che murió en nombre de una concepción estratégica profunda y global, en nombre de la única perspectiva que deja en manos del proletariado mundial de los pueblos explotados del mundo, el problema de *su* revolución y que hoy se encarna, para admiración de todos los revolucionarios, en la lucha victoriosa del pueblo vietnamita. Creemos que siempre ha habido varias maneras de plantearse una estrategia revolucionaria, pero la única forma revolucionaria de plantearse una estrategia es aceptando sus estancias tácticas, instrumentándolas en el ejercicio ni más ni menos que en el nivel planteado por la encrucijada histórica.

»La comprensión de la dialéctica viva de la historia latinoamericana impuso al Che la grandeza de asumir el enfrentamiento de su gran tarea estratégica desde sus niveles más elementales: sabía que el estado actual de la correlación de fuerzas entre nuestros pueblos y el imperialismo nos es desfavorable todavía (lo del tiburón y las sardinas no es simplemente la frase feliz de un sinvergüenza, por el contrario, obliga a las sardinas a usar tácticas de sardinas, aunque tengan la perspectiva cierta y final, en el mar de la historia, de acabar con el tiburón), sabía que nuestra historia política contemporánea está marcada por la debilidad, la inexistencia o la declinación de las vanguardias revolucionarias concretas y que es necesario formar estas vanguardias para llevar a las grandes masas populares al nivel revolucionario adecuado para los golpes decisivos. Ni Ho Chi Minh, ni Kim Il Sung iniciando la lucha guerrillera desde la Manchuria, ni los integrantes del primer grupo de propaganda armada vietnamita comandado por el general Giap, ni Fidel Castro desembarcando en Cuba para hacer la guerra, ni el Che en Bolivia, entendieron la estrategia como una perenne manera de eludir la táctica, ni eludieron tampoco hacer de la estrategia y la táctica una unidad dialéctica con nombre y apellidos, es decir, una unidad revolucionaria, una unidad de pensamiento y acción *político-militares*, consecuente con los resultados del análisis de las fuerzas y las estructuras sociales actuantes en Asia y en América Latina en su momento. De ahí que cuando Fidel y Tran Buu Kiem coincidieron en unir el nombre y el recuerdo del Che a la lucha del pueblo vietnamita, profundizaron en una lección efectivamente imperecedera, cuyo sentido cobra una dimensión práctica e inmediata si recordamos que el acto del 3 de junio fue dirigido a la opinión pública internacional "especialmente —según dijo Fidel— a América Latina".

»El Che: históricamente un hombre entre Latinoamérica y Vietnam. El Che: un gran precursor latinoamericano de ese camino revolucionario inevitable: el camino de Vietnam y de Cuba, el camino de la lucha armada popular, revolucionaria, antiimperialista».

Partido revolucionario y lucha armada en la formación social contemporánea de El Salvador

1. A lo largo de este trabajo se harán repetidas referencias al testimonio del compañero Miguel Mármol (*Miguel Mármol: testimonio biográfico-político*, de R. Dalton, Editorial EDUCA, San José de Costa Rica, 1972, N. del A.). [Véase nuestra edición de este volumen: Roque Dalton: *Miguel Mármol. Los sucesos de 1932 en El Salvador*, Editorial Ocean Sur, México, 2007. N. del E.]. La revista cubana *Pensamiento Crítico* publicó en su número 48, enero 1971, varios capítulos de dicho libro. Miguel Mármol es uno de los fundadores del Partido Comunista de El Salvador. Participante en el levantamiento popular de 1932, fue fusilado en el inicio de la gran masacre que cobraría 30 000 víctimas, aunque logró sobrevivir milagrosamente. En el momento en que escribió este ensayo era miembro del CC del PCES. Su testimonio vital, que es un trozo de la historia del movimiento obrero y comunista de El Salvador y Centroamérica, ha sido prohibido por el actual Gobierno salvadoreño. Con todo y su importancia, el testimonio de Mármol no es sino uno de muy diversos documentos, entrevistas, análisis de interpretación, que nos han servido de base para la confección de este trabajo.

2. Una bibliografía mínima sobre los hechos de 1932 y los problemas concretos relacionados con ellos no podría excluir los siguientes títulos que son los que nos han servido de base para la elaboración del presente trabajo:

    -   Arias Gómez, Jorge: *Farabundo Martí* (biografía), EDUCA, San José de Costa Rica, 1932. [Véase nuestra edición: *Farabundo Martí. La biografía clásica*, Ocean Sur, México, 2010].

    -   Calderón, José Tomás: *Breve reseña histórica del comunismo en El Salvador*, San Salvador, 1932.

    -   Dalton, Roque: *Miguel Mármol. Los sucesos de 1932 en El Salvador*, EDUCA, San José Costa Rica, 1972. (El material presente iba a ser incluido como epílogo de este testimonio nuestro, pero no pudo ser terminado a tiempo y el texto de Mármol apareció en la edición costarricense acompañado de una simple introducción nuestra, N. del A.). [Véase la edición *Miguel Mármol. Los sucesos de 1932 en El Salvador*, Editorial Ocean Sur, México, 2007. N. del E.].

- Gualán, Alberto: «Años de lucha heroica. El 35 aniversario de la fundación del PC de El Salvador», en *Revista Internacional*, Praga, 1965.

- Luna, David: «Un heroico y trágico suceso de nuestra historia», ponencia presentada en el Seminario de Historia Centroamericana, Universidad de El Salvador, 1962. La ponencia y la discusión posterior fueron publicadas por la Editorial Universitaria, San Salvador, 1963.

- Méndez, Joaquín: *Los sucesos comunistas de El Salvador*, San Salvador, 1932.

- Ponce, León: *Una época negra de nuestra historia (1932-1944)*, art. mimeog., sin fecha, escrito entre 1966 y 1967.

- Schlésinger: *Guatemala en peligro: la revolución comunista en El Salvador*, Guatemala, 1946.

ocean sur
una nueva editorial latinoamericana
www.oceansur.com • info@oceansur.com

Ocean Sur es una casa editorial latinoamericana que ofrece a sus lectores las voces del pensamiento revolucionario de América Latina de todos los tiempos. Inspirada en la diversidad étnica, cultural y de género, las luchas por la soberanía nacional y el espíritu antiimperialista, ha desarrollado durante cinco años múltiples líneas editoriales que divulgan las reivindicaciones y los proyectos de transformación social de Nuestra América.

Nuestro catálogo de publicaciones abarca textos sobre la teoría política y filosófica de la izquierda, la historia de nuestros pueblos, la trayectoria de los movimientos sociales y la coyuntura política internacional.

El público lector puede acceder a un amplio repertorio de libros y folletos que forman parte de colecciones como el Proyecto Editorial Che Guevara, Fidel Castro, Revolución Cubana, Contexto Latinoamericano, Biblioteca Marxista, Vidas Rebeldes, Historias desde abajo, Roque Dalton, Voces del Sur, La otra historia de América Latina y Pensamiento Socialista, que promueven el debate de ideas como paradigma emancipador de la humanidad.

Ocean Sur es un lugar de encuentros.